MUTTER HUNGER

Der alles verzehrende Wunsch nach Liebe

KELLY MCDANIEL

Aus dem Englischen von Julia Heinecke

MUTTER HUNGER

Der alles verzehrende Wunsch nach Liebe

Wie Frauen den Verlust von kindlicher Geborgenheit bewältigen und innere Stärke finden

Unimedica

Impressum

Kelly McDaniel
Mutterhunger
Der alles verzehrende Wunsch nach Liebe
1. deutsche Auflage, 2024
2. deutsche Auflage, 2024
ISBN: 978-3-96257-324-9

Titel der Originalausgabe:
Mother Hunger. How Adult Daughters Can Understand and Heal from Lost Nurturance, Protection, and Guidance

Narayana Verlag GmbH edition
This edition published by arrangement with Hay House UK Ltd., London
Übersetzung aus dem Englischen: Julia Heinecke
Lektorat: Junia Folk
Satz: Buch&media GmbH, München
Coverdesign: Narayana Verlag GmbH
Covergrafik: ©Toltemara/Shutterstock.com
Autorenfoto: © Tracy Mendy

Unimedica im Narayana Verlag GmbH,
Blumenplatz 2, D-79400 Kandern
Tel.: +49 7626 974 970–0, E-Mail: info@unimedica.de
www.unimedica.de

INHALTSVERZEICHNIS

VORWORT

Meine Mutter starb, als ich achtzehn Jahre alt war. Damals hatte ich gerade mit dem Studium an einem kleinen College für freie Künste in Vermont angefangen. Zehn Jahre später schrieb ich ihr einen Brief, wie ich es jedes Jahr zu ihrem Todestag tat. »Liebe Mom, jetzt bist du zehn Jahre tot.« Schon muss ich weinen, die Tränen rinnen nur so an meinen Wangen herunter, warm und deutlich.

»Dieser Brief wird anders als die anderen sein«, schrieb ich weiter. »Die Dinge haben sich geändert. Ich habe diese zehn Jahre gebraucht, um jetzt endlich damit anzufangen, mich um mich selbst zu kümmern. Mir war nie klar, wie sehr ich mich selbst hasste, wie sehr ich vor mir selbst Angst hatte. Dieses letzte Jahr war unfassbar schwer und gleichzeitig wunderbar heilend.

Ich bin jetzt allein. Ganz allein. Kein Alkohol mehr, keine Jungs, keine Selbstzerstörung, kein Verstecken vor dem Schmerz. Es gibt nur mich, hier und allein. Und ich vermisse dich immer noch so sehr. Zehn Jahre fühlen sich an wie ein ganzes Leben. Ich bin nicht mehr das Mädchen, das ich einst war – das Mädchen, das eine Mutter hatte.

Doch das alles will ich nicht mehr. Von deinem Tod besessen sein. Ich will nicht, dass du mein ganzes Leben bestimmst. Ich bin so unglaublich dankbar dafür, wer ich geworden bin wegen dieses Verlustes, aber ich will nicht mehr, dass sich mein Leben nur noch darum dreht.

Und ich will mir selbst gegenüber nicht mehr so schrecklich sein. Ich will mich nicht verstecken. Ich will nicht mehr verzweifelt sein, mich einsam oder hasserfüllt fühlen. Ich will vorwärtsgehen. Ich will diese schwere Last des Verlustes nicht mehr tragen. Ich will sie von mir abstreifen wie einen schweren Mantel an einem Sommertag. Ich bin das alles leid. Ich will nur noch ich sein. Und um das zu sein, muss ich dich gehen lassen.

Denn ich glaube, dass ich vielleicht, ganz vielleicht dadurch, dass ich dich gehen lasse und nicht mehr versuche, dich bei mir zu halten, meinen Frieden finde. Ich hatte keinen Frieden in mir, Mom. Diese ganzen letzten zehn Jahre waren so schmerzhaft für mich. Es war so schwer. Und das will ich nicht mehr. Aber, Mom, du musst mich dafür auch freigeben.

In Liebe, deine einzige Tochter Claire.«

Diesen Brief wieder zu lesen, fällt mir jetzt, fast fünfundzwanzig Jahre nach ihrem Tod, immer noch schwer. Dass die jüngere Version von mir diesen Brief geschrieben hat, bricht mir das Herz. Und ich leide mit meiner Mutter, die niemals gewollt hätte, dass ich so viel Schmerz fühle.

Drei Jahre, nachdem ich diesen Brief geschrieben hatte, wurde ich selbst Mutter einer Tochter. In den ersten Wochen und Monaten nach ihrer Geburt saß ich in ihrem Kinderzimmer, hielt sie in meinen Armen und weinte. Meine Schwiegermutter war besorgt, dass ich unter Wochenbettdepressionen leiden könnte. Sie meinte, sie könne sich nicht erinnern, nach der Geburt ihrer Kinder jemals so viel geweint zu haben.

Aber es waren keine Wochenbettdepressionen. Vielmehr wurde

mir bewusst, dass ich meine Mutter nicht hatte gehen lassen und dass ich es niemals tun würde. Und dass ich es auch gar nicht musste. Mit meiner Tochter in meinen Armen verstand ich, dass der Grund, warum ich meine Mutter so sehr vermisste, dem entsprach, was ich gerade hier im Kinderzimmer mit meinem eigenen Nachwuchs erlebte: diese ursprüngliche Mutter-Tochter-Beziehung. Mir wurde klar, dass dies eine Liebe und Bindung ist, die so tief geht, dass keine Frau jemals ihre Anwesenheit oder ihr Fehlen leugnen könnte.

Jetzt bin ich selbst seit über einem Jahrzehnt Psychotherapeutin mit dem Schwerpunkt Trauer. Ich saß mit Hunderten, vielleicht Tausenden Frauen zusammen, während sie den Verlust ihrer Mutter verarbeiteten. Diese ganz tiefe Emotion, die sich mit der Abwesenheit der Mutter einstellt, erstaunt mich immer wieder aufs Neue. Egal ob eine Frau ihre Mutter durch Tod verliert, wie es mir widerfahren ist, oder durch Verlassen in seinen vielen Formen – diese Erfahrung begleitet eine Frau ihr Leben lang.

Als Kelly McDaniel mir zum ersten Mal den Titel ihres Buches, *Mutterhunger*, nannte, war mir sofort klar, dass dieses Buch für alle, die es lesen, lebensverändernd sein würde. Zwar sind schon viele Bücher über Verlust geschrieben worden, insbesondere auch über den Verlust der Mutter, aber keines hat die Erfahrung, was es bedeutet, sich nach der Mutter zu sehnen, je so prägnant beschrieben.

In meiner Arbeit als Psychotherapeutin sehe ich viele Versionen von Mutterverlust. Ich lerne Frauen kennen, die ihre Mütter erst kürzlich verloren haben, und andere, bei denen dies schon vor Jahrzehnten der Fall war. Frauen, deren Mütter an Krebs starben, oder durch Suizid, Mord, Unfälle und Krankheit. Darunter sind auch Frauen, deren Mütter immer noch leben, die sie aber dennoch durch Verlassen, Sucht, Gedächtnisverlust, psychische Krankheiten etc. verloren haben. Manche dieser Verluste sind traumatischer als andere, doch die Erfahrung des Sich-Sehnens, die sich aus diesem Verlust ergibt, ist dieselbe. Das Verzehren nach der Mutter, der »Mutterhunger«, den diese Frauen mit sich tragen, formt jede einzelne von ihnen auf einzigartige, anhaltende Weise – und all das wird von Kelly in diesem zutiefst mutigen Buch angesprochen.

Doch in meinen Augen ist noch viel wichtiger, dass Kelly in *Mutterhunger* die gravierende Erfahrung durch den Verlust der Mutter bestätigt. Der Satz, den ich von all meinen Klientinnen mehr als jeden anderen höre, lautet: *Ich kann nicht glauben, dass mich das immer noch so beschäftigt.* Kelly illustriert, dass diese Sehnsucht nach der Mutter Frauen so tief in ihrem Inneren trifft, dass sie diese nicht nur ein Leben lang begleitet, sondern sogar auf die nächsten Generationen übertragen wird. Dass das vorliegende Buch diese Auswirkungen nicht nur für eindeutig existent erklärt, sondern auch Lösungswege aufzeigt, um davon zu heilen, wird in den nächsten Jahren eine starke Wirkung entfalten.

Ich brauchte sehr lange, um mir selbst zu verzeihen, dass mich der Tod meiner Mutter derart getroffen hatte. Allerdings haben viele Frauen Schwierigkeiten, den Schmerz über den Verlust ihrer Mutter zu überwinden. Kellys Buch wird das für immer verändern. Dass es *Mutterhunger* jetzt gibt und darauf wartet, von den Frauen, die ein solches Buch am dringendsten benötigen, gelesen zu werden, macht mir das Herz leicht und gibt mir Hoffnung, dass Heilung möglich ist.

Sollte ich meiner Mutter jetzt noch einmal einen Brief schreiben, würde ich ihr sagen, dass ich sie in all den Jahren nicht vergessen habe, dass ich niemals aufhören werde, sie zu lieben, aber dass ich jetzt doch Wege gefunden habe, um mit meinem Leben zufrieden zu sein. Ich hoffe, dass dies auch auf alle, die dieses Buch lesen, zutreffen wird.

Claire Bidwell Smith, Psychotherapeutin, Autorin von *Anxiety: The Missing Stage of Grief* (›Angst – die fehlende Phase der Trauer‹)

EINFÜHRUNG

In ihren wunderschön geschriebenen Lebenserinnerungen *Our Lady of Perpetual Hunger* (zu Deutsch: ›Unserer lieben Frau des immerwährenden Hungers‹) hält Lisa Donovan fest:

> »Wir, die Frauen in meiner Familie, tragen den Schmerz der jeweils anderen tief in uns drin. Er ist wie ein zusätzliches Organ, eine zerbrochene Kammer in unseren Herzen, von der keiner weiß, wie sie funktioniert. Aber sie hält unsere Herzen davon ab, die normalen Dinge zu tun, die anderer Leute Herzen tun.«[1]

Donovan fängt den Herzschmerz ein, diese »zerbrochene Kammer«, die manche Tochter von ihrer Mutter geerbt hat. Während ich an diesem Buch, das Sie jetzt in den Händen halten, arbeitete, waren Donovans Worte Balsam für meine Seele, eine Anerkennung des vermachten Herzschmerzes unserer Vorfahren. Es ist ein Thema, über das sich schwer sprechen oder schreiben lässt und von dem wir wenig wissen.

Im Laufe von zwei Jahren hätte ich fast mit dem Schreiben dieses Manuskripts aufgehört – teilweise, weil ich häufig daran erinnert wurde, wie wenig die meisten Menschen von diesem Thema wissen wollen, aber vor allem, weil es eben einfach sehr schwierig ist. Routinemäßig fragte ich mich selbst: *Warum tust du dir das an?* Ich blieb dran, und zwar aus einem Grund: Dies ist das Buch, das ich selbst gerne gehabt hätte, als ich eine junge Frau war.

Ich stamme aus einem dynamischen Familienumfeld mit Frauen, die ihre Kinder so gut erzogen haben, wie es ihnen möglich war, und wie bei so vielen von Ihnen gibt es auch bei mir einen schmerzhaften Hintergrund. Zwar profitiere ich von weißer Hautfarbe, einer soliden Ausbildung und anderen Vorteilen, doch selbst ein privilegiertes Leben schützt vor Mutterhunger nicht.

Meine Urgroßmutter mütterlicherseits verließ meine Großmutter, als sie noch ein kleines Mädchen war. Sie nahm ihre andere Tochter mit und zog fort, um mit einem neuen Mann zusammenzuleben – der schließlich einer von fünf Männern war, die sie heiratete und von denen sie sich wieder scheiden ließ. Das kleine zurückgelassene Mädchen wuchs heran und wurde meine Großmutter.

Ich liebte sie wahnsinnig. Wir besuchten sie nur einmal im Jahr – es war für mich stets eine zauberhafte Zeit. Meine Mutter mochte meine Großmutter nicht besonders. Zweifellos ließ das Erbe des Verlassenwerdens meine Großmutter nach etwas verzehren, das meine Mutter ihr nicht zu geben vermochte. Es muss eine Last gewesen sein, ihre Tochter zu sein. Ich kenne keine Details, weil meine Mutter sich an ihre Kindheit kaum erinnern kann und sie auch wenig Lust hat, darüber zu sprechen.

Das Konzept des Mutterhungers, des Sich-Verzehrens nach der Mutter, habe ich erst richtig verstanden, als ich selbst schon lange Mutter war und mitten im Berufsleben stand. Aber selbst in jungem Alter war mir klar, dass in meiner Familie etwas nicht stimmte. Im Nachhinein und aus fachlicher Sicht glaube ich nicht, dass mir damals, noch in der Obhut meiner Mutter, mehr Informationen geholfen hätten; ich war zu sehr damit beschäftigt, zu versuchen, eine gute Tochter zu sein. Ich war damit beschäftigt, zu überleben. Glücklicherweise stolperte ich mit Anfang zwanzig in verschiedene Kurse zur Frauenforschung, die mir die Augen öffneten – hier fand ich die »Zutaten«, um dem Sich-Verzehren nach der Mutter, dem Mutterhunger, einen Namen zu geben. Zwanzig Jahre später veröffentlichte ich mein erstes Buch *Ready to Heal* (zu Deutsch: ›Bereit zur Heilung‹), in dem ich zum ersten Mal Mutterhunger als die Wurzel einer süchtig machenden Liebe bezeichnete. Seitdem unterstütze ich Frauen darin, den Schmerz in ihren Herzen, der durch mangelnde frühe Bindung entsteht, zu verstehen und zu heilen. *Mutterhunger – der alles verzehrende Wunsch nach Liebe* ist eine Sammlung von Lebensweisheiten, zusammengestellt aus den letzten drei Jahrzehnten Forschung, Praxis und Weiterbildung. Es ist wie ein langer Brief von mir an Sie – von einer Tochter an die andere – über das Vermächtnis, mit einem Schmerz im Herzen zu leben, der teils biologisch, teils psychologisch, teils kulturell und teils spirituell ist.

Trotz der verschiedensten Geschichten habe ich festgestellt, dass sich jede Frau mit Mutterhunger vor allem nach einer Sache sehnt: einer bestimmten Qualität von Liebe – einer fürsorglich-nährenden, sicheren, inspirierenden Liebe, die wir als »Mutterliebe« bezeichnen. Es ist die Art von Liebe, die wir für einen guten Start ins Leben benötigen. Es ist eine *bedingungslose* Liebe, die nicht durch eine romantische Beziehung, eine Freundschaft oder einen Geburtstagskuchen ersetzt werden kann.

Viele sind der Meinung, dass auch Väter diese einzigartige Liebe bieten können. Natürlich haben Töchter, die von aufmerksamen, fürsorglichen Vätern großgezogen werden, viele Vorteile. Doch Väter können die Mutter nicht ersetzen. Mutterhunger beim Namen zu nennen, bedeutet nicht, die Wichtigkeit der Väter oder von anderen primären Bezugspersonen kleinzureden. Es geht auch nicht darum, Müttern die Schuld für etwas zu geben, das sie nicht leisten konnten. Mutterhunger bietet einen Rahmen, um die wesentlichen Elemente mütterlicher Zuwendung zu identifizieren, damit Sie erkennen können, was Sie verloren haben, und zurückzufordern, was Sie benötigen.

In diesem Buch wird untersucht, was Mutterhunger verursacht und was man dagegen tun kann. Es mag sich beim Lesen dieser Seiten und der damit verbundenen Entdeckungen nicht immer gut anfühlen, die heilende Kraft der Anerkennung von Leid zu spüren, aber sie wird Ihnen auch neue Hoffnung und neue Energie geben. Seien Sie versichert, dass Mutterhunger auch ohne die physische Anwesenheit Ihrer Mutter oder ohne deren Anerkennung Ihres Leids geheilt werden kann. Mutterhunger bedeutet nicht, dass Sie selbst Mutter sein wollen oder dass Sie Ihrer eigenen Mutter nah sein müssen. Er kann unabhängig davon auftreten, ob man von der eigenen oder einer Adoptivmutter, einer Pflegemutter oder von einem Vater, zwei Müttern, zwei Vätern, einer alleinerziehenden Mutter oder von mehreren Bezugspersonen aufgezogen wurde. Mutterhunger dreht sich weniger darum, wer Sie tatsächlich großgezogen hat, sondern vielmehr darum, welche Entwicklungsbedürfnisse in den Sie prägenden Jahren nicht erfüllt wurden. Mutterhunger benennt die Sehnsucht, mit der Sie leben, das Sich-Verzehren nach einer bestimmten Qualität von Liebe.

Die folgenden Kapitel sind so aufgebaut, dass Sie behutsam Unterstützung erfahren. Im ersten Kapitel wird der Begriff »Mutterhunger« definiert, was Ihnen sofort Klarheit und eine gewisse Linderung verschaffen wird. Im weiteren Verlauf des Buches werden die drei wesentlichen Elemente der mütterlichen Liebe im Detail erläutert. Ausgehend vom mütterlichen Element der Fürsorge, des Nährens, werden wir von den Tieren lernen, über Bindung sprechen und die komplizierte Beziehung zu Essen und Sex als Teil des Mutterhungers näher in den Blick nehmen.

Weiter geht es mit dem zweiten wesentlichen mütterlichen Element: dem Schutz. Ein Überblick über die turbulenten gesellschaftlichen Kräfte, die Frauen schaden, wird ein Mitgefühl dafür wecken, warum so viele von uns Symptome von Mutterhunger haben. Der sich tatsächlich zugetragene Fall von »Dirty John« veranschaulicht drastisch, was passiert, wenn eine Mutter ihre Tochter nicht beschützen kann, und zeigt, wie sehr Angst in die weibliche Wesensart verwoben ist.

Danach blicken wir auf das dritte so wichtige mütterliche Element – die Führung: Wie kann eine Mutter ihre Tochter inspirieren? Gegen Ende des Buches wird Mutterhunger dritten Grades betrachtet: Er ist wie eine Beziehungsverbrennung dritten Grades, die das Leben einer Frau zerstören kann, so wie es bei Judy Garland und Édith Piaf der Fall war. Zu guter Letzt werde ich die Trauer, die in Mutterhunger eingebettet ist, untersuchen.

Mutterhunger zeigt sich in verschiedenen Formen, manchmal schwerer, manchmal leichter, weshalb auch die Heilung davon für jede Frau anders aussieht. Bei manchen von Ihnen ist die Mutter bereits verstorben und Ihr Weg zur Heilung sieht anders aus als der von Frauen, deren Mütter noch leben. Doch unabhängig davon, ob Ihre Mutter noch lebt oder nicht, bedeutet Heilung, dass etwas, was in Ihrer frühen Kindheit verloren gegangen ist, ersetzt werden muss. Nicht alle Gedanken in diesem Buch passen zu Ihren Erfahrungen als Tochter. Aber irgendwo in diesen Kapiteln werden Sie auf die richtigen Worte für den Schmerz stoßen, der Sie bedrückt. Und allein diese Klarheit wird schon den Heilungsprozess in Ihnen anstoßen.

Auch wenn Ihr Weg zur Heilung einzigartig ist, gibt es doch allgemeingültige Anzeichen für Heilung, auf die Sie sich freuen können: eine größere emotionale Sicherheit, eine leichtere Entscheidungsfindung, weniger Angst und ein Verständnis für die Art, wie Sie sich binden. Sie werden Mitgefühl für die Entscheidungen erfahren, die Sie getroffen haben (selbst für diejenigen, die Sie am meisten bereuen), und es wird Ihnen leichter fallen, Freunde und Partner zu wählen, die freundlich und respektvoll sind. Wenn Sie selbst Kinder haben, wird es einfacher werden, sie zu lieben.

Mutterhunger ist nicht ungewöhnlich. Aber ohne einen Namen bleibt dieser belastende Zustand im Verborgenen und ist mit Scham besetzt. Sich selbst die Erlaubnis zu geben, über diese Beziehungsverletzung zu sprechen und daraus zu lernen, ist radikal. Es ist ein mutiger Schritt, um die Liebe zurückzugewinnen, die Sie benötigen.

Wenn Sie selbst Mutter sind, könnte es verlockend sein, das Buch als Anleitung zum Muttersein zu lesen oder um Dinge zu überdenken, die Sie bedauern. Versuchen Sie, das nicht zu tun. *Bitte lesen Sie dieses Buch mit den Augen einer Tochter.* In diesem Buch geht es darum, zu erkennen, was Sie in Ihrer Entwicklung verpasst haben, und daraus wiederum die zarten Teile Ihres Selbst zurückzuerobern, die geopfert wurden, um die Liebe Ihrer Mutter zu gewinnen oder um ihre Abwesenheit zu überleben. Während Sie die Teile der Geschichte, die Tochter Ihrer Mutter zu sein, zusammensetzen, werden Sie neue Ressourcen für die verlorene Fürsorge, den verlorenen Schutz und die verlorene Führung durch Ihre Mutter finden. Sich dem Schmerz aus dem gebrochenen Herzen, der Ihr Leben beherrscht, zu stellen, eröffnet Ihnen neue Möglichkeiten für Freude und Bindung.

Wenn Sie jetzt auf den folgenden Seiten neue Erkenntnisse gewinnen, bin ich mit ganzem Herzen bei Ihnen.

KAPITEL 1

DEM VERZEHREN NACH DER MUTTER EINEN NAMEN GEBEN

Gäbe es eine Jobbeschreibung für Mutterschaft, dann müsste sie ungefähr so aussehen:

Die ideale Kandidatin muss selbstständig arbeiten können und in der Lage sein, mit einem neugeborenen, verletzlichen Wesen eine Bindung aufzubauen und es zu beruhigen, indem sie es hält, füttert und auf nonverbale Signale reagiert. Zu ihrem Aufgabenbereich gehören der Schutz dieses Geschöpfes vor Gefahren von außen sowie der aktive Einsatz für dessen geistige, soziale und schulische Entwicklung. Die Kandidatin muss zu gleichen Teilen Zärtlichkeit und Stärke, Liebreiz in Drucksituationen und eine gesunde Abgrenzung aufweisen. Die Arbeit erfolgt unbezahlt.

Warum sollte irgendjemand diesen Job annehmen wollen? Er ist fordernd, es wird einem kaum gedankt und die Bezahlung ist furchtbar. Die Arbeit einer Mutter ist erstaunlich. Zu der überwältigenden Verantwortung, ein Neugeborenes zu pflegen und zu beschützen und das Kind durch die komplexen Phasen der menschlichen Entwicklung zu führen, kommen Isolation, finanzielle Probleme und Geschlechterdiskriminierung. Darüber hinaus wird das Muttersein über die Maßen verklärt (oder dramatisiert) – am Ende steht das Tabu, die Realität als etwas anderes als eine göttliche Erfahrung (oder furchtbare Last) zu beschreiben. Beide Extreme verwischen die Komplexität des Mutterseins. Wenn sich eine Frau »minderwertig« fühlt, weil sie das Muttersein einer anderen Beschäftigung vorzieht, oder wenn sie dafür verurteilt wird, dass sie ihre Karrierepläne auf Eis legt, dann läuft in unserem kollektiven Denken etwas falsch.

Die mütterliche Liebe ist unsere erste Erfahrung damit, wie sich Liebe anfühlt, und die mütterliche Pflege, die wir erhalten, prägt unser ganzes Leben lang unser Selbstwertgefühl. Muttersein ist das wichtigste menschliche Bestreben überhaupt. Und doch: Wenn wir dann versuchen, zu definieren, was eine gute Mutter ausmacht, ist es schwierig, die richtigen Worte zu finden. Es gibt keine akkurate, universelle Definition für *Mutter* oder *bemuttern*.

Das Cambridge Wörterbuch definiert *Mothering* (›Muttersein‹ beziehungsweise ›bemuttern‹) als »the process of caring for children as their mother or of caring for people in the way a mother does« (zu Deutsch: ›den Prozess, sich als Mutter um Kinder zu kümmern oder sich wie eine Mutter um Menschen zu kümmern‹). Das Merriam-Webster-Wörterbuch bestimmt denselben Begriff als »to bring forth from the womb; to give birth to« (zu Deutsch: ›aus dem Mutterbauch entstehend; gebärend‹). Diese Definitionen bieten nichts Konkretes, sondern implizieren, dass Mutterschaft einfach ist und dem Weiblichen innewohnt.

Um Frauen dabei zu helfen, ihren Mutterhunger zu heilen, brauchte ich eine funktionierende Definition von *Muttersein*. Ich brauchte Jahre, in denen ich erwachsenen Frauen mit gebrochenen Herzen zuhörte und gleichzeitig die Bindungstheorie gründlich erforschte, um einen Rahmen zu schaffen, der Leitlinie für den Behandlungsprozess sein kann. Ich fand heraus, dass Muttersein drei grundlegende Elemente erfordert: Fürsorge, Schützen und Führen. Die ersten zwei Elemente – Fürsorge und Schützen – sind die natürlichsten Bedürfnisse, die Säuglinge an ihre Mütter richten. Führung, das dritte Element, kommt erst später. Wird uns eines oder mehrere dieser Entwicklungsbedürfnisse vorenthalten, haben wir im Laufe unseres Heranwachsens mit den Symptomen unsicherer Bindung zu kämpfen. Wenn wir zum Beispiel keine frühe mütterliche Fürsorge bekommen, wachsen wir mit der Sehnsucht nach Berührung und Zugehörigkeit auf. Ohne den frühen mütterlichen Schutz leben wir in ständiger Anspannung und Angst. Ohne mütterliche Führung fehlt uns der innere Kompass, der uns bei unseren Entscheidungen leitet. Das sind die Symptome von Mutterhunger.

Mutterhunger klingt vielleicht nach einer weiteren Ausrede dafür, unseren Müttern die Schuld für unsere Probleme zu geben, doch das ist es nicht. Es ist tatsächlich genau das Gegenteil. Wenn wir verstehen, dass Mütter uns auf ihre bestmögliche und einzige Art und Weise, die sie kennen, lieben, dann haben Schuldzuweisungen keinen Platz. Eine Mutter kann ihrem Kind nur das geben, was sie selbst hat.

Mutterhunger entsteht aus dem generationenübergreifenden Erbe des Aufwachsens in einer Kultur, in der Männer, männliche Eigenschaften und Unabhängigkeit bevorzugt und Frauen, weibliche Eigenschaften und gegenseitige Abhängigkeit abgewertet werden. Wenn wir die Schuldzuweisung an Mütter oder die Tendenz zu pauschalen Verallgemeinerungen über Frauen, die versuchen, Familie und Beruf zu vereinbaren, und deshalb Mühe haben, in ihren Familien präsent zu sein, beiseitelassen, könnte ein neues kollektives Verständnis von Mutterhunger entstehen. Dieses würde stattdessen dazu führen, Frauen bei der Vorbereitung auf ihre Mutterschaft zu unterstützen. Immerhin profitiert auf lange Sicht jeder von mütterlicher Fürsorge, Schutz, Pflege und Führung.

Wir brauchen unsere Mütter

Wenn Sie sich schon immer zu bedürftig und zu abhängig gefühlt haben, dann könnte dieser Abschnitt Ihnen erklären, warum. Wir brauchen unsere Mütter. Dieses Bedürfnis ist biologisch in unserem Körper und Gehirn verankert. Bekommen wir nicht genug Bemutterung, dann bleibt uns die Sehnsucht nach Liebe erhalten. Beim Begriff *Mutter* beziehe ich mich primär auf die biologische Mutter – aber auch das Verb *bemuttern* enthält das Wort *Mutter*; und jeder Erwachsene mit dem Bedürfnis, der Fähigkeit und dem Willen, für ein Kind zu sorgen, es zu beschützen und durch das Leben zu führen, kann eine Mutter sein. Allerdings stimme ich mit Erica Komisars Beobachtung in *Being There* absolut überein: »Die Verleugnung der sehr spezifischen und besonderen körperlichen und emotionalen Rolle der Mutter für ihr Kind, gerade in unserem Bemühen, modern zu sein, ist nicht im besten Interesse der Kinder und ihrer Bedürfnisse.«[1] Ebenso wie Komisar bekomme ich in meiner Praxis hautnah mit, was passiert, wenn diese wichtige Beziehung gefährdet wird.

Mutterschaft ist eine zeitaufwendige Arbeit, denn die kleinen Kinder kommen mit starken Überlebensinstinkten auf die Welt. Gleich nach der Geburt zwingt der Instinkt Neugeborene, in der Nähe ihrer biologischen Mutter zu bleiben, da ihnen ihre Stimme, ihr Geruch und ihr Körper bereits vertraut sind. Die Mutter ist das *Zuhause*. Wie Erwachsene, die sich einen einzigen Liebespartner oder einen besten Freund wünschen, gedeihen Babys in den ersten Monaten in einer vertrauten, beruhigenden Beziehung am besten. Das ist Biologie.

Steht die biologische Mutter nicht zur Verfügung, kann ein anderer Mensch als primäre Bezugsperson einspringen. Nach einem medizinischen Notfall, dem Tod der Mutter oder einer Adoption kommt es jedoch möglicherweise vor, dass die Bindung an eine andere Bezugsperson nach der Trennung von der biologischen Mutter erschwert ist. »Die Natur«, so die Adoptionsexpertin Dr. Marcy Axness, »ist eine strenge Lehrmeisterin: Weder die besten Absichten noch die hehrsten Rechtfertigungen können ihre neurophysiologischen Gesetze umschreiben.«[2] Axness forscht und publiziert hauptsächlich über das Thema Adoption und adoptierte Menschen und arbeitet daran, das »sozialwissenschaftliche Rätsel« zu lösen, welches erklärt, warum Adoptierte mehr psychische Probleme haben als Nichtadoptierte. Sie zitiert Dr. Gabor Maté, der sagt, dass viele Erwachsene, die als Kleinkinder adoptiert wurden, »ein Leben lang das starke Gefühl der Ablehnung in sich tragen«.[3] Die Arbeiten von Maté und Axness bieten wertvolle Informationen über die Prozesse in der frühesten Kindheit und zeigen, wie riskant die Trennung von der Mutter sein kann. So kommt Axness diesbezüglich zu folgender Erkenntnis:

> »Eine Adoption kann für alle Beteiligten als großer Segen empfunden werden, aber man sollte nicht vergessen, dass dieser Segen sich meistens aus einem Verlust ergibt – für die leiblichen Eltern ist es der Verlust eines Kindes, das sie selbst nicht großziehen können; für die Adoptiveltern der Verlust des Traums von einem eigenen, biologischen Kind, das sie nicht bekommen können; und für das adoptierte Kind der Verlust seiner biologischen, genealogischen und möglicherweise kulturellen Verbindungen. Den Säugling mit

> seinem Trennungstrauma, dem Verlust und der Trauer, welche durch Adoption, Leihmutterschaft oder Aufenthalt auf der Intensivstation entstehen, mitfühlend zu versorgen – das kann und sollte unmittelbar beginnen.«[4]

Ein Baby, das einen abrupten Verlust der biologischen Mutter verkraften muss, benötigt besondere Zuwendung. Es ist wichtig, dass der durch die Trennung entstandene Stress anerkannt wird. Passiert dies nicht, kann der frühe Trennungsriss eine lebenslange seelische Qual auslösen. Wenn dies auf Sie zutrifft, so will ich Sie dazu ermuntern, sich zu verinnerlichen, dass die frühe Trennung von der Mutter einen wirklich schweren Umstand darstellt.

Fehlende mütterliche Zuwendung

»Mutterhunger« – diesen Begriff habe ich kreiert, um zu beschreiben, wie es sich anfühlt, ohne die Qualität mütterlicher Zuwendung aufzuwachsen, durch die emotionale Werte und Beziehungssicherheit geprägt werden. Mutterhunger fühlt sich an wie eine Leerstelle in der Seele, die schwer zu beschreiben ist, weil sie vielleicht schon im Säuglingsalter oder vor der Sprachentwicklung einsetzt und Teil eines immerwährenden Gefühls ist. Der Begriff »Mutterhunger« umfasst eine zwingende, unstillbare Sehnsucht nach Liebe – der Art von Liebe, von der wir träumen, die wir aber niemals finden können. Viele verwechseln Mutterhunger mit der starken Sehnsucht nach romantischer Liebe. Aber in Wirklichkeit sehnen wir uns nach der Liebe, die wir in unseren prägenden Momenten, Monaten und Jahren nie bekommen haben.

Wesentliche Elemente der mütterlichen Zuwendung schaffen die Basis für ein widerstandsfähiges, gesundes Gehirn, das bereit ist, sich zu binden und zu lernen. Säuglinge brauchen verlässliche, einfühlsame Nähe, damit ihr Gehirn die notwendigen sozialen Areale für die menschliche Bindung entwickeln kann. Unsere erste Liebe, die Liebe der Mutter, lehrt uns, wie sich Liebe in Zukunft anfühlen wird.

> »Heutzutage, da Väter sich mehr denn je an der Kindererziehung beteiligen, mag die Vorstellung von der einzigartigen und unersetzlichen Rolle der Mutter altmodisch klingen. Und doch gibt es deutliche Hinweise darauf, dass die Biologie Einfluss darauf nimmt, wie unterschiedlich Männer und Frauen ihre Kinder großziehen. Jüngste Forschungen zeigen, dass die einzigartige Präsenz der Mutter für die emotionale Entwicklung und die geistige Gesundheit ihrer Kinder in den ersten Lebensjahren entscheidend ist.«[5]

Hungrig nach Bindung

Wenn Sie dieses Buch lesen, kann es sein, dass Sie sich manchmal verrückt fühlen, beschämt oder gebrochen – aber das sind Sie nicht. Mutterhunger wird zutiefst missverstanden, und Menschen, die daran nicht leiden, können schlicht nicht nachempfinden, wie sich das anfühlt. Das führt natürlich dazu, dass wir uns mit all unseren verwirrenden Gefühlen und Verhaltensweisen allein fühlen.

2008 habe ich Mutterhunger noch in der vorherrschenden medizinischen Fachsprache als eine *Bindungsstörung* beschrieben. Diese Terminologie bedaure ich, weil Mutterhunger keine Störung ist, sondern eine *Verletzung* – ein gebrochenes Herz, das aus unzulänglicher mütterlicher Fürsorge, fehlendem Schutz oder nicht vorhandener Führung in der frühen Entwicklung entsteht. *Verletzung* beschreibt treffend das Sich-Verzehren nach der Mutter, den Mutterhunger also, denn damit zu leben, tut weh – immer. Es ist wie Trauer, komplizierte Trauer, die daher rührt, dass die betroffenen Frauen eine unbekannte, unsichtbare Last allein in sich tragen.

Auch wenn man als Kind die wesentlichen Elemente mütterlicher Fürsorge und des Schutzes nicht bekommen hat, so hat man doch immer die Mutter geliebt – aber man hat schlicht nicht gelernt, sich selbst zu lieben. Das ist die Essenz von Mutterhunger. Es ist ein Kummer, der alles in Ihrer Welt und Ihrem Leben tangiert, vor allem Ihre Beziehungen zu anderen und Ihr eigenes Selbstwertgefühl. In diesem Buch werde ich dieses Konzept aus vielen verschiedenen Perspektiven beleuchten – der biologischen, emotionalen und psychologischen –, damit Sie sich nicht länger verwirrt, verrückt oder einsam fühlen.

In der Sprache der Bindungstheorie stellt Mutterhunger eine Möglichkeit dar, *unsichere Bindung* neu zu benennen. »Unsichere Bindung« ist eine unliebsame Bezeichnung, denn sie impliziert, dass mit Ihnen und Ihren Beziehungen zu anderen etwas nicht stimmt. Niemand möchte als »unsicher« bezeichnet werden. »Unsichere Bindung« ist jedoch keine Charakterschwäche. Es handelt sich um einen Begriff, der zu Forschungszwecken kreiert wurde und der kategorisiert, wie man sich an andere bindet, was wiederum ein direktes Ergebnis dessen ist, wie man als Kind erzogen und beschützt wurde. Mindestens 50 Prozent der Bevölkerung haben einen unsicheren Bindungsstil (darauf komme ich im nächsten Kapitel genauer zu sprechen). Wenn Sie also als kleines Kind unerwünschte oder keine vertrauenswürdigen Erfahrungen mit Beziehungen gemacht haben, sind Sie damit in bester Gesellschaft.[6]

Werden die frühen Bedürfnisse nach Fürsorge und Schutz nicht gestillt, ist das die beste Grundlage für die Entwicklung von Mutterhunger. Auch wenn viele Erwachsene daran leiden, zeigt sich Mutterhunger bei jeder/jedem von uns anders. Je nachdem, welches mütterliche Element Ihnen wie lange und in welchem Ausmaß gefehlt hat, kann Ihr Mutterhunger leicht oder schwer sein.

Mutterhunger rührt von Ereignissen her, die schon vor der Sprachentwicklung stattfinden können, also dann, wenn die Fürsorge der Mutter noch den Mittelpunkt der gesamten eigenen Welt darstellt. Um eine Vorstellung davon zu bekommen, denke man sich die biologische Mutter als das erste Zuhause. Ihr Körper, ihre Umarmungen und ihre Gefühle sind die erste Umgebung, die man als Säugling erlebt, und unzertrennbar mit dem neugeborenen Körper und den eigenen Gefühlen verbunden. Für einen Säugling ist der Körper der Mutter der natürliche Lebensraum, in dem die Atmung, die Körpertemperatur, der Schlafrhythmus und der Herzschlag reguliert werden. Die Natur hat es so vorgesehen, dass die Mutter in der Nähe bleibt, damit die Entwicklung ihres Kindes reibungslos verläuft.

Verspürt ein Baby durch Hunger, Schmerz oder Trennung ein Bedürfnis, dann sieht die Natur vor, dass die beruhigenden Berührungen und Laute der Mutter dieses Bedürfnis stillen. Im Laufe der Zeit werden mit der mütterlichen Reaktion durch positive Interaktionen die entwicklungsbedingten Belohnungssysteme gestärkt, die uns helfen, anderen zu vertrauen und Stress zu bewältigen. Auf diese Weise sind die tagtäglichen Interaktionen zwischen Mutter und Kind und der nächtliche Trost der Mutter »der neurobiologische Klebstoff für alle zukünftigen gesunden Beziehungen«.[7]

Wenn Ihre eigene Mutter – aus welchen Gründen auch immer – nicht bereit war, Mutter zu sein, oder wenn sie wie viele andere keine Ahnung von den Konzepten hatte, die ich hier bespreche, dann geht die Wissenschaft davon aus, dass Sie die Ambivalenz, die Furcht oder die Wut, die Ihre Mutter gefühlt hat, in sich tragen. Die Reaktionen Ihrer Mutter auf Ihre Bedürfnisse und ihre physische Anwesenheit waren möglicherweise unzureichend. Auch wenn Sie selbst keine klare Erinnerung an die frühe mütterliche Fürsorge haben – Ihr Körper hat es. Fehlen die wesentlichen Elemente der mütterlichen Fürsorge, kann dies zu einer Bindungsverletzung führen, die den Grundstein für Ihr weiteres Denken und Fühlen legt.

Das implizite Gedächtnis

Ihr Körper weiß, wie sich frühe Liebe angefühlt hat. Aus diesem Grund liegt ein Schwerpunkt dieses Buches auf den ersten zwei Lebensjahren, bevor sich das Gedächtnis explizit entwickelt und die Kognition zur Verfügung steht – wenn also »Denken« noch überhaupt kein Denken ist, sondern ein Gefühl. Das »Denken« von Säuglingen und Kleinkindern ist ein körperbasiertes, emotionales Erleben, geprägt durch ihre frühe Umgebung.[8]

Da sich das denkende Gehirn, der Neokortex, erst mit etwa drei Jahren entwickelt (nämlich dann, wenn die Kinder anfangen, ständig »warum« zu fragen), steht Logik bis dahin nicht zur Verfügung.[9] Man kann sich das so vorstellen: Für ein Baby sind Gefühle Fakten. Hat es Angst oder ist es hungrig und ein sensibler Erwachsener reagiert auf diese Zeichen, ist alles gut. Ist keiner da, ist nichts gut. Die Trennung von einer vertrauten Bezugsperson bedeutet Gefahr.

Emotionen werden im Körper gespeichert und schaffen eine bestimmte Realität oder ein Glaubenssystem: *Die Welt ist sicher und ich bin es auch* oder *Die Welt ist beängstigend und ich bin ganz allein.* Solche gespeicherten Empfindungen wie diese werden zu impliziten Erinnerungen. Im Gegensatz zum expliziten Gedächtnis, das sich bewusst abspielt und eine Sprache hat, verläuft das implizite Gedächtnis unbewusst und ohne Sprache. Implizite Erinnerungen stecken tief in den limbischen Strukturen des Gehirns und vermitteln dem restlichen Körper subtile Botschaften bez. Sicherheit oder Gefahr. Frühe Erfahrungen haben durch Gefühle und körperliche Empfindungen Einfluss auf das sich entwickelnde zentrale Nervensystem. Daher ist das »Erinnern« an Dinge aus der frühen Kindheit eher eine Empfindung als eine bewusste Wahrnehmung.

Gefühle schaffen implizite Erinnerungen an präverbale, präkognitive Momente mit oder ohne unsere Mutter. Frühe emotionale Erfahrungen werden buchstäblich in die Architektur unseres Gehirns eingebettet.[10] Registriert das verletzliche Nervensystem eines Säuglings, dass etwas nicht sicher ist, etwa bei einer frühen Trennung von der Mutter oder unsensibler Pflege, ruft die Natur eine Angstreaktion hervor. Angst setzt Cortisol und Adrenalin frei, die für die sich entwickelnden Gehirnregionen toxisch sein können. Wenn das Kind bei Angst nicht getröstet und beruhigt wird und dies häufig passiert, speichert das Baby die ängstlichen Empfindungen in seinen Zellen ab. Es baut einen Körper und ein Gehirn auf, die auf Gefahr ausgerichtet sind – zwar hungrig nach Liebe, aber misstrauisch gegenüber menschlichen Verbindungen.

Mit dem Wissen um das implizite Gedächtnis erklärt sich, weshalb wir manchmal keine Ahnung haben, warum wir uns so verhalten, wie wir es tun. Wir können die Not in unserem Körper nicht erkennen. Frühe Erinnerungen sind vom Bewusstsein abgekoppelt, aber sie steuern unsere Stimmungen und unsere Gesundheit ein Leben lang.[11] Dr. Daniel J. Siegel spricht über die Wichtigkeit, das implizite und das explizite Gedächtnis zusammenzuführen, um zu verstehen, wie die Vergangenheit uns beeinflusst. Das tun Sie gerade jetzt, indem Sie Mutterhunger, das Sich-Verzehren nach der Mutter, anerkennen und verstehen, wie man es heilen kann.

Menschliche Bindung

Die erste Umgebung, die jede und jeder Einzelne von uns erlebt, ist unsere biologische Mutter. In der Gebärmutter informieren ihre Emotionen und Ernährung uns über die Welt, in die wir geboren werden, und wie wir darin leben. Unser Zugehörigkeitsgefühl beginnt hier. Menschliche Bindung – unsere Fähigkeiten, mit anderen eine Verbindung einzugehen und ihnen zu vertrauen – entwickelt sich zunächst im Mutterleib und wächst später in einer angemessenen primären Beziehung heran, sodass wir für soziale Beziehungen mit anderen bereit sind.

Es ist bekannt, dass den größten Einflusswert auf die menschliche Gesundheit nicht Reichtum oder Status darstellen, sondern die Anzahl der liebevollen Beziehungen, die wir haben. Der Grundstein für ein lebenslanges psychobiologisches Wohlbefinden wird in den ersten 1000 Tagen unseres Lebens gelegt. Dr. Allan Schore, weltweit führend in der Bindungstheorie, unterstreicht die Wichtigkeit der ersten 1000 Tage, die von der Empfängnis bis zum Ende des zweiten Lebensjahrs reichen. Er nennt diese ersten Tage »den Ursprung des sich früh bildenden subjektiven impliziten Selbst«.[12]

Das Gehirn, so beschreiben es die Neurowissenschaftler, macht zwischen emotionalem Schmerz und physischem Schmerz keinen Unterschied. Der Körper kann den Unterschied zwischen einem gebrochenen Knochen und einem gebrochenen Herzen nicht erkennen. Ein Säugling, der hungrig ist oder sich allein fühlt, empfindet Schmerz. Ist keine nahestehende Bezugsperson da, um das Baby zu trösten, nimmt der Schmerz zu. Das Gehirn des Säuglings kann seinen Körper nicht informieren, *warum* er Schmerzen hat. Ist die mütterliche Pflege also während der ersten drei Jahre beeinträchtigt, ist dieser Mangel an Fürsorge für das Baby herzzerreißend.

Die Wissenschaft ist hier unumstößlich: Kinder brauchen die Fürsorge, den Schutz und die Führung ihrer frühen Bezugspersonen, um die notwendigen Gehirnprozesse für ein optimales Leben zu entwickeln. Die *Centers for Disease Control and Prevention* (CDC), eine Behörde des US-amerikanischen Gesundheitsministeriums, haben »sichere, stabile und fürsorgende Beziehungen« als grundlegend für die Förderung einer gesunden sozialen und emotionalen Entwicklung von Kindern identifiziert. Im Rahmen dieser Beziehungen können Erwachsene die Kampf-oder-Flucht-Reaktionen (*fight or flight*) von Kindern in Stresssituationen abfedern. So sind Kinder in der

Lage, ihre Persönlichkeit positiv zu entwickeln und ihre sozialen Fähigkeiten zu stärken. Die *CDC* definieren *sicher, stabil* und *fürsorgend* wie folgt:

- **Sicherheit:** das Ausmaß, in dem ein Kind in seinem sozialen und physischen Umfeld frei von Angst und sicher vor körperlichen oder geistigen Schäden ist.
- **Stabilität:** der Grad an Vorhersehbarkeit und Beständigkeit in der sozialen, emotionalen und physischen Umgebung eines Kindes.
- **Fürsorge:** das Ausmaß, in dem die körperlichen, emotionalen und entwicklungsbezogenen Bedürfnisse von Kindern sensibel und konsequent gestillt werden.[13]

Anmerkung: Die *CDC* sprechen hier zwar von Kindern, betonen aber, dass auch Erwachsene, um fürsorgliche Beziehungen zu ihren Kindern pflegen zu können, selbst sichere, stabile und fürsorgende Beziehungen zu anderen Erwachsenen brauchen. Dies wird häufig als *soziale Unterstützung* oder *soziales Kapital* bezeichnet. Das *Center for Health Care Strategies* erklärt, dass »ein entscheidendes Ergebnis dieser sicheren, stabilen und fürsorgenden Beziehungen die sichere Bindung ist«.[14]

Wir können von Säuglingen und Kindern nicht erwarten, dass sie diese Bedürfnisse nicht haben, nur weil es uns unbequem ist, sie zu stillen. Die Kosten, sie zu ignorieren, sind viel zu hoch. Erica Komisar weist darauf hin: »Wir wollen psychische Probleme wie Depressionen, Angstzustände und Gewalt bei Kindern und jungen Erwachsenen ausmerzen, aber wir wollen bloß nicht zu intensiv die Wurzel des Übels betrachten.«[15] Bei genauerem Hinsehen müssten wir große Veränderungen vornehmen, um die systemischen Probleme bei der Elternzeit und den frauenfeindlichen Lebensformen, die

Frauen objektivieren und entmachten, zu lösen. Wir werden uns in Kapitel 6 zum Thema »Schutz« näher mit dem Patriarchat beschäftigen.

Zugehörigkeit bedeutet Überleben

Eine Geburt soll sich nicht so anfühlen, als würde man von zu Hause ausziehen. Babys sind darauf ausgelegt, in der Nähe ihrer biologischen Mutter zu bleiben, die ihre vertrauteste Umgebung darstellt. Die Mutter bietet Schutz und Nahrung. In den ersten sechs bis neun Monaten ihres Lebens können Babys nicht zwischen ihrem Selbst und ihrer Mutter unterscheiden.[16] Dieser Plan der Natur sichert das Überleben des Säuglings. Das Gehirn und der Säuglingskörper sind auf eine enge Pflege durch die Mutter ausgelegt, was bedeutet, dass sie getragen, gehalten und gestillt werden. Säuglinge sind einfach nicht dafür geschaffen, eine lange Zeit von ihrer Hauptbezugsperson getrennt zu sein. Unreife Entwicklungssysteme wie Atmung, Herzschlag, Temperatur und emotionale Sicherheit sind auf menschliche Berührung und Nähe angewiesen.

Ich will zu meiner Mama ist ein universell anerkannter Ruf eines verzweifelten Kleinkinds. Wir haben dieses Weinen gehört. Vielleicht haben wir dieses Weinen schon einmal gespürt und diese Bitte hallt tief in unseren Herzen wider. Was passiert, wenn das Weinen unbeantwortet bleibt? Oder wenn diesem mit irritierenden, ungeduldigen Reaktionen begegnet wird? Hören wir deshalb auf, unsere Mutter zu benötigen? Überhaupt nicht. Mit der Zeit und ohne mütterlichen Trost lernen wir, dieses Bedürfnis zu begraben. Doch das Bedürfnis verschwindet damit nicht. Unerfüllte Bedürfnisse nach mütterlicher Fürsorge und Schutz schwelen wie eine böse Entzündung. Der Körper behält die Erinnerung an emotionalen Schmerz und kann im Laufe der Zeit chronische Leiden und Unsicherheit erzeugen. Wird Leiden zur Norm, wird es toxisch. Toxischer Stress wiederum erzeugt physiologische Entzündungen und schwächt das Immunsystem. Der Mangel an früher Fürsorge oder Schutz wird so zu einer Form von Widrigkeit und führt zu einer Bindungsverletzung. Das verängstigte oder einsame Kleinkind in uns folgt uns bis ins Erwachsenenalter und richtet in unserem Körper, in unseren Beziehungen und in unserer beruflichen Entwicklung Schaden an.[17] Dieses früh gebrochene Herz ist die Wurzel von Mutterhunger.

»Keiner liebt dich so wie deine Mutter«

Die Wahrheit ist: Wir wachsen nie richtig aus dem Bedürfnis nach einer Mutter heraus, die uns tröstet, unsere Leistungen feiert oder uns eine Suppe kocht. Um die Autorin Adrienne Rich zu zitieren: »In den meisten von uns steckt ein Mädchen, das sich noch immer nach der Fürsorge, Zärtlichkeit und Anerkennung einer Frau sehnt.«[18] Für Töchter fühlt sich eine gesunde mütterliche Liebe immer gut an. Mütter und Töchter, die ihr Leben lang eine warme Verbindung miteinander haben, sind beide gesünder und glücklicher als solche, die sich gegenseitig verloren haben.

Mütter, die für eine angemessene Fürsorge, für Schutz und Führung sorgen, ziehen sicher gebundene Töchter heran, die ohne unnötigen Kummer und Sorgen durch das Leben kommen. Doch der Mythos, dass alle Mütter ihre Töchter lieben, blendet die Wahrheit aus, die viele Frauen kennen: Mütterliche Liebe fühlte sich für sie nicht gut an. Die Vorstellung der mütterlichen Liebe traf hier nicht zu. Für viele Töchter, die diese Art von Zärtlichkeit nie kennengelernt haben, stiftet dieser Mythos Verwirrung.

Mutterhunger – das Sich-Verzehren nach mütterlicher Liebe – kann durch wohlmeinende Mütter ausgelöst werden, die nicht da sein konnten, oder durch Mütter, die zwar da *waren* und lieben *wollten*, denen aber die richtige Infrastruktur für Bindung in ihrer eigenen Psyche fehlte. *Mutterhunger* macht zwischen ethnischer oder Klassenzugehörigkeit keinen Unterschied, denn Säuglinge sind universell. Die Art der Zuwendung, die wir als Säuglinge und Kleinkinder bekommen haben, lehrt uns, ob wir wertvoll, liebenswert und sicher sind. Tatsächlich habe ich die Erfahrung gemacht, dass eine unfreundliche oder vernachlässigende Mutter genauso schädlich sein kann wie gar keine Mutter zu haben.

Töchter von schädlichen Müttern klammern sich an die Hoffnung – die Hoffnung, dass die Mutter, die sie haben, die Mutter wird, die sie *brauchen*. Die anhaltende Hoffnung schafft eine pathologische Fantasie, die Frauen in einem Kreislauf aus Enttäuschung und Trauer gefangen hält. Wahlmöglichkeiten fühlen sich eher nach Zwang an. Entscheidungen zu treffen, basiert auf Druck von außen anstatt auf inneren Werten. Es braucht Substitute, einen Ersatz. In der Kindheit sehen Ersatzmütter vielleicht so aus wie Kuchen, Eiscreme oder Märchenfiguren. Doch schließlich nehmen Wodka, Drogen oder hastige, Hals über Kopf eingegangene Beziehungen diesen Platz ein. In allen Phasen des Lebens giert unbehandelter Mutterhunger nach einer schnellen Lösung, um das Loch, das in einem lauert, irgendwie zu füllen.

Töchter »ohne Mütter«

Nachdem ich mein erstes Buch *Ready to Heal* herausgebracht hatte, suchten Frauen, die bei sich selbst *Mutterhunger* festgestellt hatten, meine Unterstützung. Ich brauchte eine bessere Sprache, um die wortlose Verzweiflung zu beschreiben, die erwachsene Töchter in Vorstandsetagen, Restaurants, in romantische Abenteuer und in die Mutterschaft begleitete. Wundersamerweise lief mir genau da Hope Edelmans Buch *Motherless Daughters* (deutsche Übersetzung:

Töchter ohne Mütter: Vom Verlust der Geborgenheit) über den Weg. Edelman, eine talentierte Journalistin und Autorin, hat ihre eigene Mutter viel zu früh verloren. Sie fand eine Sprache für das emotionale Erbe, eine mutterlose Tochter zu sein. Gekonnt beschreibt sie die emotionale, soziale und psychologische Entwicklungshemmung, die ohne mütterliche Zuwendung stattfindet. Ihr Buch faszinierte mich, denn ihre Beschreibungen von mutterlosen Töchtern klangen wie diejenigen meiner Klientinnen – auch wenn die Mütter von den meisten noch lebten.

Um dies zu verstehen, stieß ich auf die wichtige Arbeit von Dr. Pauline Boss über den »uneindeutigen Verlust« – den *Ambiguous Loss*. Sie verwendet diesen Begriff, um zu erklären, was passiert, wenn jemand, den wir lieben, sich verändert, zum Beispiel durch Demenz, Alzheimer oder nach einem Schädel-Hirn-Trauma. So etwas tritt auf, wenn psychologische Abwesenheit mit physischer Anwesenheit einhergeht – anders ausgedrückt: wenn eine Person zwar körperlich anwesend, aber geistig und emotional abwesend ist. Die Beschreibungen von Boss halfen mir zu verstehen, warum meine Klientinnen wie Edelmans mutterlose Töchter wirkten.

Eine Tochter kann mit den Symptomen von Mutterlosigkeit heranwachsen, weil ihr die Aufmerksamkeit und das Einfühlungsvermögen seitens der Mutter fehlen. Aufmerksamkeit ist für Fürsorge und Schutz essenziell. Um geliebt zu werden, brauchen Kinder das emotionale Vermögen der Mutter, sich ganz auf sie einzustimmen, genauso wie deren körperliche Anwesenheit. Die Abwesenheit mütterlicher emotionaler Verfügbarkeit hat einen direkten Einfluss auf die Qualität ihrer Zuwendung. Ein mangelndes mütterliches Einfühlungsvermögen kann viele Gründe haben: berufliche Anforderungen, den Blick aufs Smartphone und andere Bildschirme, verschiedene Süchte oder ein schlechter Gesundheitszustand. Leidet eine Mutter selbst an nicht überwundenen psychischen Verletzungen, kann das ihre Fähigkeiten in Bezug auf ihre Aufmerksamkeit und emotionale Einstimmung gegenüber ihrem Kind beeinträchtigen und sie aus dem jeweiligen Moment und von ihrer Tochter entfernen.

Eine Mutter ist zunächst einmal eine Tochter

Brauche ich eine Sprache für Mutterhunger, dann ist es stets Adrienne Rich, die mich inspiriert. Rich schreibt:

> »Viele von uns wurden auf eine Art und Weise bemuttert, die wir nicht einmal wahrnehmen können; wir wissen nur, dass unsere Mütter auf irgendeine unberechenbare Art und Weise an unserer Seite waren. Wenn wir aber von einer Mutter verlassen wurden – durch Tod, Freigabe zur Adoption oder weil ihr Leben sie in eine Alkohol- oder Drogenabhängigkeit trieb, sie unter chronischen Depressionen oder Wahnsinn litt, […] wenn sie gezwungen war, uns bei gleichgültigen, gefühllosen Fremden zu lassen, um Geld für unser Essen zu verdienen, […] wenn sie versucht hatte, eine ›gute Mutter‹ zu sein, ganz wie es von ihr verlangt wurde, und sie sich dadurch in eine ängstliche, besorgte, puritanische Hüterin unserer Jungfräulichkeit verwandelte, oder wenn sie uns einfach deswegen verlassen hatte, weil sie ohne Kind leben musste […] dann fühlt sich das Kind in uns, die kleine Frau, die in einer männerkontrollierten Welt groß wurde, hin und wieder furchtbar unbemuttert.«[19]

Viele Mütter, die es mit ihren Töchtern gut meinten, haben ihnen dennoch keine angemessene Fürsorge, keinen Schutz und keine Führung geboten, ganz einfach, weil sie schlicht nicht geben konnten, was sie selbst nicht hatten. Mütter sind zunächst einmal Töchter, und vielleicht leben sie selbst auch mit ihrem eigenen, nicht entdeckten und unbehandelten Mutterhunger. Jede Mutter trägt die Ressourcen, Glaubensvorstellungen und Traumata ihrer Vorfahren mütterlicherseits in sich. Und für jede einzelne Frau ist »der Verlust der Tochter für die Mutter und der Verlust der Mutter für die Tochter die wesentliche weibliche Tragödie.«[20]

Aus vielerlei Gründen kann dieses Buch bei Ihnen etwas lostreten. Mutterhunger zu identifizieren, bedeutet auf der einen Seite, dass unerfüllte Grundbedürfnisse jetzt im Erwachsenenalter auf Heilung stoßen. Während der Lektüre dieses Buches schwanken Sie vielleicht zwischen Wut auf Ihre Mutter und dem Gefühl, sie zu betrügen, weil Sie dies hier lesen. Die meisten von uns sind darauf trainiert, gute Töchter zu sein, und egal, wie sehr es schmerzt, bagatellisieren wir das Verhalten unserer Mutter. Auf der anderen Seite möchten Sie vielleicht Ihrer Mutter die Schuld geben. Schuld ist eine natürliche Phase der Trauer und ein sehr normaler Teil von Mutterhunger, aber es ist furchtbar, in ihr gefangen zu sein. Wenn Sie es nicht schaffen, die Schuldgefühle zu überwinden, könnte dies ein Zeichen dafür sein, dass Sie mehr Unterstützung benötigen, um diese Wunde zu schließen.

Falls Sie selbst Kinder haben, kann die Lektüre dieses Buches noch einmal eine ganz besondere Herausforderung sein. Mutterschaft ist nichts für schwache Nerven. Biologisch sind wir dazu veranlagt, Kinder fürsorglich zu nähren und zu beschützen, gleichzeitig aber erhalten Mütter widersprüchliche Ratschläge, die diese Aufgabe erheblich erschweren. Sie wissen bereits, wie es ist, wenn man mit Schuldgefühlen kämpft, weil man einer künstlich geschaffenen Mutterschaftsnorm nicht gerecht werden kann. Es gibt diese Tage, an denen Ihnen der Geduldsfaden reißt, Sie die Beherrschung verlieren – und Ihren Verstand. Da fragen Sie sich vielleicht, warum Sie überhaupt Kinder bekommen haben. Das sind ganz normale Gefühle, die mit dem unglaublichen Druck einhergehen, dem man als

Mutter ausgesetzt ist – in einer soziokulturellen Wildnis, die Frauen nicht adäquat unterstützt.

Wenn Ihre Kinder schon älter sind, sich von Ihnen entfremdet haben oder sich mit ihrem eigenen Leben schwertun, fühlen Sie sich wegen des Verlusts der Nähe zu ihnen vielleicht verzweifelt. Doch während Sie beim Lesen neue Erkenntnisse gewinnen, denken Sie daran, Ihr Augenmerk auf Ihre Erfahrung als *Tochter* zu legen. Obwohl ich die Grundsätze von Mutterschaft behandle, ist dieses Buch kein Erziehungsratgeber für Eltern. Ich habe diese Informationen nur mit aufgenommen, um Ihnen dabei zu helfen, zu erkennen, was Ihnen verloren ging, als Sie zu der Person heranwuchsen, die Sie heute sind. Ihren Mutterhunger zu heilen, ist hier der Zweck und nicht eine Überprüfung Ihrer Mutterschaft.

Noch einmal: Es ist die Beziehung zu *Ihrer Mutter*, weshalb Sie mein Buch lesen. Während Sie die verlorenen Teile Ihres Selbst zusammensuchen, wenden Sie sich bitte nicht an Ihre Kinder, egal, wie alt sie sind, um die noch rohen Gefühle in Bezug auf diese Thematik zu verarbeiten. Wenn Ihr Herz gesundet, werden Ihre Kinder die Früchte Ihrer Arbeit ernten können, ganz ohne Erklärungen. In den wohlformulierten Worten von *My Grandmother's Hands* (zu Deutsch: ›Die Hände meiner Großmutter‹) sagt die Sozialarbeiterin Resmaa Menakem: »Das Beste, was jeder von uns tun kann – nicht nur für uns, sondern auch für unsere Kinder und Enkel –, ist, unseren Schmerz zu verdauen und unser Trauma zu heilen.«[21] Falls Sie Mutter einer Tochter sind, dann vertrauen Sie darauf, dass Töchter immer ihre Mütter haben wollen. In fast jeder Lebensphase ist eine neue Verbindung möglich – vor allem in Zeiten von gewaltigen Übergängen, etwa in der Pubertät oder wenn Ihre Tochter selbst Mutter wird; dann, wenn viele Töchter sich wieder nach der Liebe und Führung der Mutter sehnen.

Bei vielen von Ihnen kann die Lektüre dieses Buches einige

schmerzhafte Flashbacks an Ihre Kindheit auslösen. In diesem Fall möchte ich Sie ermutigen, eine in Bindungstherapie gut ausgebildete, traumasensible Fachperson aufzusuchen, die Sie darin unterstützen kann, verstörende Emotionen und Erinnerungen zu deuten. Die Heilung von Mutterhunger geht nicht in Isolation vonstatten. Es handelt sich hierbei um eine Beziehungswunde, die über Beziehung geheilt werden will. Um zu verhindern, dass Sie aus Ihrer Verzweiflung nicht herausfinden, ist es enorm wichtig, eine vertrauenswürdige Person zu haben, die Sie anleitet.

Männer, Frauen und Mutterhunger

Ich werde oft gefragt, ob auch Männer an Mutterhunger leiden können. Die kurze Antwort lautet: Ja. Alle Babys brauchen mütterliche Fürsorge und Schutz. Fehlen diese, erfahren sowohl Jungen als auch Mädchen Mutterhunger. Aber wenn die Jungen älter werden, verschiebt sich ihr Bedürfnis nach Führung von der Mutter auf den Vater. Jungen wenden sich typischerweise der Männerwelt zu, um dort Mentoren zu finden und um den kulturell maskulinen Idealen zu entsprechen. Für nicht dominante Jungen ist dieser Prozess mit Komplikationen befrachtet, aber nicht unbedingt mit Mutterhunger.

Auch wenn verschiedene Vorbilder für die Heranreifung von Mädchen hilfreich sein können, profitieren diese insbesondere von der ununterbrochenen mütterlichen Führung. Tatsächlich definieren Töchter Weiblichkeit, Biologie und sich selbst über den Körper, den Geist und die Seele ihrer Mutter.

Eine »hinreichend gute« Mutter

Vor Jahrzehnten gab uns der britische Kinderarzt und Psychoanalytiker Dr. Donald Winnicott das Konzept der Mutter, die »hinreichend gut« sei, an die Hand, die sogenannte *Good enough Mother*. Gleichzeitig bot er eine der wenigen funktionierenden Definitionen von *Mutterschaft*. Winnicott erläuterte, dass »hinreichend gute« Mütter sich auf die Bedürfnisse ihrer Neugeborenen einstimmen. Aus irgendeinem Grund verstehen «hinreichend gute« Mütter die vorübergehende Dringlichkeit der Bedürfnisse des Babys. Sie scheinen zu wissen, dass eine sensible Zuwendung für die Gesundheit ihres Neugeborenen entscheidend ist und dass die frühen Bindungsprozesse grundsätzlich gut sind. Den Widrigkeiten des Lebens zum Trotz tragen diese «hinreichend guten« Mütter dazu bei, bindungssichere Kinder heranzuziehen, die große Entwicklungsschritte vollziehen, weil sie sich geborgen und geliebt fühlen.[22]

Mit dem Begriff *good enough* – ›hinreichend gut‹ – fühle ich mich allerdings unwohl. Während ein Teil von mir ihn als Erleichterung empfindet – es ist eine Möglichkeit, über Mutterschaft (oder irgendetwas anderes) nachzudenken, ohne dass wir uns selbst an einen unmöglichen Standard halten –, bagatellisiert diese Bezeichnung die gewaltige Bedeutung früher Bindungsprozesse und den entscheidenden Stellenwert des Mutterseins. Es ist daher kein Begriff, den ich verwende, um Mutterhunger zu erklären.

Drei wesentliche Elemente von Mutterschaft

Um Mutterhunger zu verstehen, zu behandeln und darüber zu schreiben, benötigte ich für die Quantifizierung mütterlicher Liebe einen präziseren Rahmen als »hinreichend gut«. Mit der Zeit machte ich drei wesentliche mütterliche Elemente aus, die zu einem Gefühl von Wertsein und Sicherheit beitragen: Fürsorge, Schutz und Führung. Das sind die Elemente der Pflege, die sich in mütterliche Liebe verwandeln.

- **Fürsorge:** Eine Mutter ist unsere erste Quelle des Nährens. Sie sorgt für Nahrung und Wohlbefinden. Ihre Fähigkeit, auf Hunger oder unser Bedürfnis nach Nähe zu reagieren, lehrt uns entscheidendes Wissen über die Welt vom ersten Lebensmoment an. Von ihrer Fürsorge lernen wir, ob wir wichtig sind oder nicht. Wir lernen, wie sich Liebe anfühlt.

- **Schutz:** Mütterlicher Schutz ist grundlegend, um zu überleben. Schutz unterstützt die Entwicklung, indem er Bedrohungen abfedert, die andernfalls Angst und Anspannung auslösen würden. Diese Bedrohungen können von einer fehlenden Zuflucht über erzürnte Geschwister bis zu unsensiblen Erwachsenen reichen. Schutz beginnt in der Gebärmutter und hält lange an, da Töchter den mütterlichen Schutz vor bestimmten Kräften benötigen, die Mädchen abwerten und verletzen.

- **Führung:** Mit zunehmendem Alter beobachten Töchter ihre Mütter dahin gehend, wie es ist, eine Frau zu sein. Töchter lernen durch den Respekt und die Zuwendung der Mutter, wie sie andere Frauen behandeln sollen. Sie lernen durch ihr Beispiel, stark und freundlich, warmherzig und mutig zu sein. Wenn jedoch die ersten beiden Elemente – Fürsorge und Schutz – fehlen, ist es unwahrscheinlich, dass eine Tochter der Führung ihrer Mutter vertraut. Das Band zwischen ihnen ist schlicht zu fragil. Stattdessen bricht sie vielleicht mit den Regeln ihrer Mutter, deren Stil oder Wünschen.

Mütter, die diese wesentlichen Elemente bieten, sind wie eine Schutzhütte im Sturm des Lebens. Natürlich machen auch diese Mütter in all der Zeit haufenweise Fehler. Doch zum Glück lösen Fehler keinen Mutterhunger aus. Dieser kommt von einer nicht eingestandenen

Schädigung von Fürsorge, Schutz oder Führung. Mütter, die ihre Fehler erkennen und an ihnen arbeiten, sichern die Bindung. Damit eine Mutter dies erfüllen kann, braucht sie die Fürsorge von Freunden, den Schutz ihres Partners und die Unterstützung ihrer Familie. Sind diese Ressourcen nicht vorhanden, kann eine Mutter sich professionelle Hilfe suchen, um den Anforderungen an das Muttersein gerecht zu werden.

Spiegelung und Empathie

Durch Wiederholung und Vorhersehbarkeit ahmt der neuronale Baukasten eines Säuglings seine Bezugsperson nach und prägt auf diese Weise eine Art »Vorlage«, wie man liebt und fühlt. Warme, regelmäßige Berührungen fördern das Wachstum seines Gehirns und nähren die Neuronen, die die Bindung fördern. Ein Baby entwickelt sich in den Armen seiner Mutter, am Herzen seiner Mutter, mit einem Atemzug nach dem anderen. In dieser Mutter-Säuglings-Dyade orchestriert die Sinfonie der Liebe ein Gehirn, das ausgestattet wird mit den Fähigkeiten zu beobachten, zu kommunizieren und soziale Beziehungen aufzubauen, die ihm sein ganzes Leben lang dienlich sein werden. Durch Spiegelung wird dieses nonverbale Lernen möglich.

Wenn wir jemanden anlächeln, werden dessen Spiegelneuronen für Lächeln in Gang gesetzt, was wiederum eine chemische Reaktion im Gehirn auslöst, die Dopamin und Serotonin freisetzt – Hormone, die das Glücksgefühl steigern und Stress reduzieren. Genauso werden auch unsere eigenen Spiegelneuronen zum Lächeln angeregt, wenn wir jemanden lächeln sehen.[23] Das ist das Spiegelungsprinzip in Aktion. Durch das Spiegeln fühlen oder »verstehen« wir eine andere Person. Dazu braucht es keine kognitive Anstrengung – es ist biologisch in unseren Spiegelneuronen verankert. Auf diese Weise spüren wir automatisch, was unser Gegenüber fühlt, einfach nur durch seinen Gesichtsausdruck. Spiegelung ist der Anfang von Empathie. Und Empathie macht uns menschlich, sie bietet die Grundlage für Verbindung und Gemeinschaft und bewahrt uns vor Einsamkeit.

Die Spiegelung beginnt in den ersten Lebensmonaten. Alle Babys studieren das Gesicht ihrer Mutter. Deren Augen, ihr Lächeln, ihre Gesichtsausdrücke geben Hinweise darauf, ob der Säugling sicher ist und geliebt wird oder nicht. Sieht das Gesicht der Mutter warm und entspannt aus, kann ihr Kind daraus lesen, dass alles gut ist. Sieht die Mutter hingegen wütend oder kalt aus, registrieren die Spiegelneuronen des Babys eine Bedrohung. Wenn das leere Gesicht oder die gerunzelte Stirn der Mutter ihr Neugeborenes begrüßen, kann die menschliche Verbindung für das sich entwickelnde Baby zu einer unangenehmen, gar schrecklichen Erfahrung werden.

Isolation und Einsamkeit

In einem kürzlich erschienenen Interview sprach der ehemalige Leiter des öffentlichen Gesundheitsdienstes der USA, Dr. Vivek Murthy, über die toxische Natur von Einsamkeit. Darin erklärt er, dass andauernde Einsamkeit einen »chronischen Stresszustand« erzeugt, der wiederum das Immunsystem angreift, Entzündungen, Herzprobleme, Depressionen und Angstzustände hervorruft und die Wahrscheinlichkeit eines vorzeitigen Todes erhöht. »Chronische Einsamkeit entspricht dem Konsum von 15 Zigaretten am Tag«, so Dr. Murphy.[24] In einer Kultur, die Säuglinge und Kinder zu Selbstständigkeit ermutigt, sind viel zu vielen Eltern die wichtigen Bindungsbedürfnisse ihres Babys überhaupt nicht bewusst. Aus Angst, ihre Kinder könnten schwach, bedürftig oder verwöhnt werden, machen die meisten wohlmeinenden Eltern Fehler und lassen ihre

Kleinen allein, was sich negativ auf die sichere Bindung auswirkt und zum Nährboden von Mutterhunger werden kann.

Als Erwachsene leben viele von uns mit einem tiefen, unbewussten Verlangen nach Liebe und Geborgenheit, das von zu viel Einsamkeit während der verletzlichen, dynamischen Phasen des Gehirnwachstums herrührt. Während wir nach außen fähig und stark erscheinen, nagt tief in uns das Gefühl der Einsamkeit. Sich früh im Leben an Einsamkeit zu gewöhnen, hinterlässt ein tiefes Loch dort, wo eigentlich Liebe und Verbundenheit sein sollten. Uns fehlt der innere Kompass für die Liebe und das Leben, und wir schlagen uns durchs Leben mit einem Gehirn, das sich an Einsamkeit angepasst hat und auf gesunde Beziehungen nicht vorbereitet ist.

Erste Liebe

Ob verstörend oder bestätigend: Die Liebe der Mutter ist Ihre erste Liebe, die den Samen dafür legt, wie Sie später sich selbst, andere Menschen und die Welt um sich herum sehen. Sind Ihre ersten Erfahrungen mit Liebe positiv, sind es andere Beziehungen oft auch. Ist dies nicht der Fall, dann legt eine zerrüttete Bindung zur Mutter den Grundstein für alle weiteren Beziehungen in Ihrem Leben. Ganz gleich, ob Sie die Last der Verantwortung für das emotionale Wohlergehen Ihrer Mutter spürten oder von ihrer Aufmerksamkeit nicht genug bekommen konnten: Diese kaputte Verbindung mit der wichtigsten Person in Ihrem Leben bewirkt, dass Sie sich falsch oder schlecht fühlen – und macht Sie anfällig für Sucht, Stimmungsschwankungen, Isolation und Scham.

Viele Frauen erzählen mir, wie gutgesinnte Freunde, spirituelle Führer und psychosozial Beratende diesen Schmerz nicht nachvollziehen können. Einige raten sogar aktiv davon ab, darüber zu sprechen. Kein Wunder also, dass Sie sich unter Umständen illoyal oder undankbar fühlen, wenn das Thema auf Ihre Mutter zu sprechen kommt. Gibt es für Sie keinen sicheren Ort, um über Ihren Verlust zu reden, dann bleibt die Trauer in Ihrem Körper stecken. Der Mutterhunger bleibt Ihnen ungesehen und unbehandelt erhalten, und er wird weiterhin Ihre Stimmungen und diejenigen, die Sie lieben, beeinflussen. Die Art Ihrer ersten Beziehung in Ihrem Leben zu verstehen, bedeutet nicht, dass Sie undankbar sind oder sich selbst bemitleiden müssen. Sehen Sie darin lieber einen mutigen Schritt Richtung Ganzheit. *Wenn Sie erkennen, was Sie hatten und was Sie verloren haben, können Sie sich das zurückholen, was Sie brauchen.*

Ihr Schmerz hat einen Namen

Ein Dasein mit unerkanntem Mutterhunger ist, als würde man mit Scheuklappen durchs Leben gehen. Sie können schlicht nicht heilen, was Sie nicht sehen. Auf den folgenden Seiten legen wir die emotionalen Scheuklappen ab, um die Elemente mütterlicher Zuwendung herauszuarbeiten, die nicht Teil Ihrer Erziehung waren. Wir werden uns die drei entscheidenden Elemente von Mutterschaft genauer anschauen, damit Sie verstehen, was mit der Entwicklung passiert, wenn eines oder mehrere davon darin nicht vorkommen. Das Muttersein zu verstehen, wird Ihnen helfen, sich zurückzuholen, was Sie verloren haben.

Ihre Erfahrungen mit Mutterhunger sind einzigartig hinsichtlich der Beziehung zu Ihrer Mutter, aber die Pein ist universell. Zu den Emotionen, die mit Mutterhunger einhergehen, gehören normale menschliche Gefühle wie Traurigkeit, Ängstlichkeit oder Verwirrung. Diese universellen Gefühle werden normalerweise in Beziehungen mit Freunden, Freundinnen und Partnern gelindert. Doch Mutterhunger verkompliziert die Bindung mit anderen, daher schaffen Beziehungen leider nicht immer Erleichterung. Und so bleibt man leicht auf der Strecke. Der Mutterhunger gedeiht prächtig und überlebt in einem Klima der Einsamkeit, Angst und Scham. Diese stressigen Emotionen brauchen wie bei einer Sucht regelmäßig Linderung, weshalb für viele Menschen Essen, Sex, Liebe, Arbeit, Sport oder Geldausgeben zur Sucht werden können. Ich werde dies ausführlich in Kapitel 4 zum Thema »Ersatzbefriedigung« beschreiben.

Obwohl es ein sehr schwieriges Thema ist, hoffe ich, dass dieses Buch Sie dabei unterstützt, sich weniger allein zu fühlen, wenn Sie bei sich Mutterhunger feststellen und ihn besiegen wollen. Nach der Lektüre dieses Kapitels wissen Sie: *Ihr Schmerz hat einen Namen*. In der Umgebung, in der Sie während Ihrer prägenden Jahre betreut wurden, haben entscheidende Dinge gefehlt. Jahrelang verschüttete Gefühle werden jetzt an die Oberfläche kommen, wenn die Erkenntnis in Ihrem Körper die Oberhand gewinnt. Hat Ihr Schmerz erst einmal einen Namen, keimt neue Stärke am Horizont auf.

KAPITEL 2

BINDUNGSTHEORIE UND MUTTERHUNGER

Die Bindungstheorie gewinnt als übergreifende psychologische Erklärung dafür, warum Menschen leben und lieben, wie wir es tun, immer mehr an Bedeutung.[1] Unser ganz individueller Bindungsstil ist wie eine eingebettete Landkarte dafür, wie wir uns mit anderen verbinden. Zwar gibt es bei den Menschen vielfältige Formen des Bindungsverhaltens. Dennoch hat jeder von uns dominierende Muster, wie Bindungen eingegangen und Beziehungen geführt werden, die schon sehr früh geprägt werden. Um Mutterhunger zu verstehen, werde ich genauer auf die prägenden Monate in der Obhut der Mutter eingehen, in denen wir »lernen«, uns zu binden.

Der Autor, Psychiater und Direktor des *Center for Human Development* an der University of California, Dr. Dan Siegel, bietet eine Perspektive aus der klinischen Psychologie: »Bindung stellt eine zwischenmenschliche Beziehung her, die dem unreifen Gehirn [des Kindes] hilft, die reifen Funktionen des elterlichen Gehirns zu nutzen, um seine eigenen Prozesse zu organisieren.«[2] Fehlt eine stetige, fürsorglich-nährende, beschützende erwachsene Person, können die frühen Bindungs-«Lehrstunden« zu Unsicherheit führen. Mutterhunger ist ein Begriff, der beschreibt, wie sich der unsichere Bindungsstil eines Erwachsenen *anfühlt* und was passiert, wenn die wesentlichen Elemente der mütterlichen Zuwendung fehlen. Die Grundursache unsicherer Bindungen zu erkennen, führt zu Heilung und erhöht die Möglichkeit, sich im Erwachsenenalter sicher binden zu können.

Die Bindungstheorie

Die Bindungstheorie entstand nach dem Zweiten Weltkrieg. Dem britischen Psychiater und Psychoanalytiker John Bowlby fiel bei seiner Arbeit in Waisenhäusern auf, dass Kinder, selbst wenn sie Essen, ein Obdach und ärztliche Hilfe bekamen, dennoch nicht gediehen. Tatsächlich starben viele,[3] und Bowlby machte sich daran, zu untersuchen, warum. Später baute die Psychologin Mary Ainsworth auf seinen Arbeiten auf. Von ihrer Forschung, die seitdem weltweit vielfach erprobt wurde, bringt uns die Bindungstheorie wieder zurück zu einer grundlegenden Wahrheit: Menschliche Babys sind darauf programmiert, von der Fürsorge einer Bezugsperson abhängig zu sein.[4] Säuglinge sind Bindungsmaschinen, biologisch darauf ausgelegt, in der Nähe ihrer primären Bezugsperson zu bleiben. Wenn ein Baby oder Kleinkind nicht gedeiht, muss das nicht bedeuten, dass etwas mit ihm nicht stimmt. Es könnte vielmehr ein Indikator dafür sein, dass jemand aus der Fürsorgeumgebung abwesend ist.

Genauso wie Neugeborene Proteine und Fett benötigen, um ihr Gehirn und ihren Körper zu entwickeln, benötigen sie die Wärme ihrer Mutter, um die für die soziale Entwicklung zuständigen Bereiche des Gehirns zu stärken. Kuscheln stimuliert das Wachstum des

Säuglingsgehirns, genauso wie die Tausenden von täglichen Interaktionen durch Windelwechseln, Füttern und Tragen. Jeder Moment hat das Potenzial, das Gefühl zu vermitteln, dass *Menschen* gleichbedeutend mit *Freude* sind und dass die Welt ein willkommener, sicherer Ort ist.

Friedliche, aufmerksame Interaktionen zwischen einer Mutter und ihrem Säugling stimulieren dessen Belohnungszentrum im Gehirn, wodurch Dopamin, Serotonin und andere Neurotransmitter freigesetzt werden, die für ein gutes Lebensgefühl sorgen. Je mehr Liebkosungen es in der Welt des Babys gibt, umso empfänglicher wird sein Gehirn für Liebe und andere Glücksgefühle, während es heranwächst. In den ersten achtzehn Lebensmonaten lernen seine schnell wachsenden sensorischen Neuronen still und leise von der aufmerksamen Nähe seiner Mutter.

Eine gesunde mütterliche Zuwendung verbessert die Entwicklung der rechten Gehirnhälfte. Diese ist das Herzstück zukünftigen Vernunftdenkens und der Fähigkeit, die Signale anderer Menschen zu lesen sowie Empathie dafür zu entwickeln, wie andere sich fühlen. *Das Wachstum der rechten Gehirnhälfte hängt von vorhersehbaren, sensiblen Bindungsmomenten ab.*[5] Dr. Allan Schore, Professor für interpersonale Neurobiologie an der *Geffen School of Medicine* der University of California, bezeichnet dies als einen »erfahrungsabhängigen« Prozess.[6] Die Liebe der Mutter ist demnach die Grundlage für ein Gehirn, das einer menschlichen Bindung fundamental vertraut oder misstraut.

Bindung lernen

Primitive Erfahrungen wie liebevolle Berührungen und Sicherheit gebende Geräusche sind im Körper als implizite Erinnerungen gespeichert. Das implizite beziehungsweise körpereigene Gedächtnis ist die Art und Weise, wie wir Informationen über die Welt und unsere Familie speichern, bevor das explizite beziehungsweise bewusste Gedächtnis aktiviert wird. Mit dem expliziten Gedächtnis erinnern wir uns daran, was gestern, letztes Jahr oder letzte Nacht passiert ist. Unser Verständnis über das implizite Gedächtnis verdanken wir den Psychologen Peter Graf und Daniel L. Schacter, deren Forschungsergebnisse illustrieren, wie und warum wir manchmal auf frühe Erfahrungen reagieren, ohne bewusste Erinnerungen daran zu haben.[7] Unsere Zellen speichern die Inhalte der sehr frühen Erfahrungen, unabhängig davon, wie viel Zeit seitdem vergangen ist. Das implizite Gedächtnis hingegen hat keine Erinnerung.

Da Teile unseres limbischen Systems, insbesondere die Amygdala, in der die Emotionen verarbeitet werden, bereits bei der Geburt funktionieren, sind die ersten menschlichen Interaktionen sehr wichtig. Selbst Säuglinge speichern schon Empfindungen aus der Umgebung (Sicherheit, Zugehörigkeit, Freude, Stress) in ihrem impliziten Gedächtnis. Das implizite Gedächtnis ist der primitive Teil unserer angeborenen Intelligenz, der uns Sicherheit und Liebe vermittelt, bevor sich höhere kortikale Areale des Gehirns entwickeln, mit denen wir die Realität verstehen lernen.

Vom letzten Drittel der Schwangerschaft bis zum Ende des zweiten Lebensjahrs verdoppelt sich die Größe des Gehirns. In dieser Zeit raschen Wachstums ist das Säuglingsgehirn bei der emotionalen Regulierung auf das Gehirn seiner primären Bezugsperson angewiesen – um Stress zu lindern, sich sicher zu fühlen und der menschlichen Verbindung zu trauen. Noch kann das Baby nicht selbst »denken«. Anders ausgedrückt: Es braucht seine Bezugspersonen, um die Liebe in die Säuglingssprache zu übersetzen – durch Laute, Berührung und Beständigkeit.

Angesichts der wissenschaftlichen Erkenntnisse, dass die ganz Kleinen nicht die Fähigkeit haben, wie Kinder oder Erwachsene zu denken, ist es ein unglücklicher Zustand, wie viele falsch informierte Experten Eltern immer noch weismachen wollen, dass Babys manipulativ sein können. Manipulation ist ein komplexerer Denkprozess, der zu dieser Zeit noch gar nicht möglich ist – und die nächsten Jahre auch nicht möglich sein wird. Weinen oder Wutanfälle sind keine Versuche, die Bezugspersonen zu manipulieren – es sind Zeichen der Not und ein Ruf nach Hilfe. Kleine, sich entwickelnde Kinder haben noch nicht die Fähigkeit, ihre Emotionen selbst zu regulieren. Das lernen sie erst durch die Zuwendung, die sie erhalten.

Babys teilen quasi ein Gehirn mit ihren Müttern, bis ihre kognitiven Hirnregionen, die für Logik und Vernunft zuständig sind, anfangen, sich zu entwickeln. Körperliche Nähe und einfühlsame Interaktionen mit der Mutter oder primären Bezugsperson unterstützen die biologischen Prozesse, um das Gehirn optimal reifen zu lassen. Wenn die Gehirnhälften gut zusammenarbeiten, fällt es leichter, Emotionen zu erlernen und zu regulieren. Beide Fähigkeiten hängen vollständig von der frühen Fürsorge und dem frühen Schutz ab, was bedeutet, dass Mütter im Wesentlichen Gehirnarchitektinnen sind. Mir war ganz sicher nicht das Ausmaß des Mutterseins bewusst, als ich selbst junge Mutter war. Diese Information gab es nicht, und ich wusste nicht, was ich nicht wusste.

Bindungsmuster

Die Gefühle, die mit früher Zuwendung verbunden sind, sind im impliziten Gedächtnis verankert. Das implizite Gedächtnis wiederum prägt unser einzigartiges Muster bei der Suche nach Bindungen. Auf diese Weise steuert unser Körper/Geist unser tägliches Leben, ob wir uns dessen bewusst sind oder nicht. Mangelndes Bewusstsein und fehlender Zugang zu diesen frühen Erfahrungen erklären, warum wir glauben, dass alle Menschen auf die gleiche Weise mit anderen in Kontakt treten, sich binden, spielen oder arbeiten. Möglicherweise verstehen wir nicht, wie einzigartig unsere Bindungsmuster und -verhaltensweisen sind, bis es mit jemandem, der uns wichtig ist, einen Konflikt gibt. Konflikte bergen die Chance, etwas Neues darüber zu erfahren, wie wir uns binden, was wir brauchen und wie andere unser Verhalten interpretieren. Doch viele von uns scheuen die Weisheit, die in Konflikten steckt, weil wir nicht über die Werkzeuge verfügen, um unsere eigenen beunruhigenden Stimmungen oder unsere glühende Eifersucht zu verstehen. Wir wissen schlicht nicht, *warum* wir uns so fühlen, wie wir uns fühlen.

Dem logischen Bereich unseres Gehirns fehlt der Schlüssel (das explizite Gedächtnis) zur frühen Persönlichkeitsbildung (dem impliziten Gedächtnis). Sobald wir die Empfindungen unseres Körpers verstehen lernen und auf unsere Gefühle achten, haben wir mehr Kontrolle über unsere Entscheidungen und Verhaltensweisen. Dieser Prozess erfordert jedoch Zeit, denn ohne explizite Erinnerung an unsere prägenden Monate und Jahre ist die Art und Weise, wie wir gelernt haben, uns zu binden und zu lieben, nicht ohne Weiteres verfügbar. Doch seien Sie gewiss: Während Sie mehr über die wesentlichen Elemente mütterlicher Zuwendung lernen, etwa über Einstimmung (*Attunement*) und Spiegelung, beginnt Ihr Körper/Geist zu erkennen, was in Ihren prägenden Jahren verloren gegangen ist. Auch wenn dieses Erkennen schwierige Emotionen mit sich bringen kann, bereiten diese unangenehmen, erschreckenden Gefühle Sie auf Heilung und Veränderung vor.

Einstimmung (Attunement)

Wenn Ihnen jemand oder etwas wichtig ist, dann widmen Sie dieser Person oder dieser Sache Ihre volle Aufmerksamkeit. Damit demonstrieren Sie Wertschätzung, Liebe und Respekt. Aufmerksamkeit erfordert sowohl körperliche als auch emotionale Präsenz. Aufmerksamkeit bedeutet, sich einzustimmen, also sich auf etwas oder eine Person einzustellen. Sich auf Ihre Lieblingsbeschäftigung, auf die Lieblingslehrerin oder -freundin einzustimmen, ist eine Demonstration dessen, was Ihnen wichtig ist. Somit ist Einstimmung ein Ganzkörperausdruck Ihres gesamten Selbst.

Säuglinge und Kleinkinder, die von ihrer primären Bezugsperson in den ersten drei Lebensjahren Einstimmung erfahren, sind später, wenn sie heranwachsen, besser in der Lage, ein weites Spektrum an Emotionen zu bewältigen und darauf zurückzugreifen. Bindungsforschende bezeichnen diese Kleinkinder als *sicher gebunden*. Sicher gebundene Kinder haben glückliche Gehirne. Das bedeutet nicht, dass sie immer glückliche Kinder sind, sondern einfach, dass ihre Gehirne gut funktionieren.

Attunement, also Einstimmung, ist die Sprache der mütterlichen Liebe. Durch ihren Blick, ihre Laute und Berührungen lehrt eine Mutter ihrem Baby, wie sich Liebe anfühlt. Ein Baby himmelt das Gesicht seiner Mutter an. Es ist ihm egal, ob seine Mutter toll oder hübsch ist, es möchte nur, dass sie da ist. Selbst wenn ein Baby sich jetzt noch nicht auf jedes einzelne Detail im Gesichtsausdruck der Mutter fokussieren kann, spürt es die Einstimmung seiner Mutter. Die Untersuchungen von Dr. Edward Tronick illustrieren die mütterliche Einstimmung auf ihr Kind.[8] In seinem mittlerweile berühmten »Still-Face-Experiment« (dem Experiment mit dem ausdruckslosen Gesicht) haben die Mütter zunächst wie sonst auch mit ihren Babys interagiert. Man sieht, wie sie sich aneinander erfreuen, wie sie Laute, Gesten und Blicke austauschen. Nach ein paar Minuten bekommen die Mütter die Anweisung, sich von ihren Babys abzuwenden und ein ausdrucksloses Gesicht aufzusetzen, während sie in ihrer Position verharren.

Die Mütter hören auf, zu lächeln und Laute von sich zu geben.

Es dauert nur wenige Augenblicke und die zuvor fröhlichen Babys sind angesichts ihrer nicht ansprechbaren, ausdruckslosen Mutter verwirrt und verzweifelt. Sie fangen aus Protest an zu schreien und strengen sich an, die Aufmerksamkeit ihrer Mutter zurückzubekommen. Universell unternehmen die Babys immer wieder den Versuch, sich mit ihren Müttern zu verbinden, während die Gesichter der Mütter leer und ausdruckslos bleiben. Es fällt wirklich schwer, sich diese Interaktionen anzuschauen. Man kann die Not sehen. Es ist, als würde das Baby sagen: »Was ist passiert? Wo bist du hingegangen? Was *stimmt nicht*? *Ich brauche dich!*« Ohne Einstimmung kommt ein Baby nicht mit der Nähe seiner Mutter zurecht. Es reicht nicht aus, dass die Mutter physisch da ist, das Baby braucht auch ihre emotionale Anwesenheit.

Glücklicherweise leisten die Mütter in diesem Experiment schnelle Wiedergutmachung (sonst wäre es einfach nur grausam), indem sie ihre Kinder in den Arm nehmen, sie anlächeln, gurren und deren Not lindern. Die Live-Demonstration zwischen Mutter und Kind zeigt uns, wie kraftvoll der warme Tanz der Einstimmung ist. Diese frühen Beziehungserfahrungen sind die Bausteine für sichere Bindungen und ein zukünftiges Selbstwertgefühl.

Zusätzlich zu der mütterlichen Einstimmung wird in dem Still-Face-Experiment deutlich, wie widerstandsfähig (resilient) und anpassungsfähig Babys sind. Werden sie einfühlsam getröstet, erholen sie sich schnell von ihrer Verzweiflung. Keine Mutter ist die ganze Zeit perfekt auf ihr Baby eingestimmt, und das muss sie auch nicht. Aber Mütter, die sich auf ihren Nachwuchs einstimmen, lassen ihn weder zu lange noch zu oft in dessen Qual allein. Wie die Mütter im Still-Face-Experiment von Edward Tronick kümmern sie sich zeitnah darum, die Verbindung zu ihrem Kind wiederherzustellen.

Das hin und her schwingen zwischen Mutter und Kind baut Vertrauen und eine sichere Bindung auf und ist für die Entwicklung der rechten Hirnhälfte essenziell.[9] Aktuelle Forschungen zeigen, dass ein Säuglingsmädchen bis zum Alter von drei Monaten die Laute und Ausdrücke seiner Mutter nachahmt.[10] Und ab dem vierten Monat, so dokumentiert es Beatrice Beebe, Professorin für Psychologie am *New York State Psychiatric Institute* und Expertin für Mutter-Kind-Kommunikation, verliert das Säuglingsmädchen die Gesichtsausdrücke, die seine Mutter nicht hat. Beebes Forschungsergebnisse zeigen die tiefen Auswirkungen auf ein Säuglingsmädchen, deren Mutter die ganze Zeit mit ihrem Telefon beschäftigt ist, von zu vielen anderen Verantwortlichkeiten abgelenkt wird oder schlicht einen starren Gesichtsausdruck hat. Die Mimik der Mutter vermittelt nicht nur Emotionen, sie bildet auch die Schaltkreise im Gehirn ihres Babys aus. Die Qualität und Präsenz des mütterlichen Blicks ist Teil dieses psychobiologischen Prozesses. So wird verständlich, wie aus dem Mangel an mütterlicher Einstimmung ein frühes Problem wird.

Liebe allein reicht nicht

Liebe allein reicht nicht aus, um eine sichere Bindung aufzubauen. Und eine geteilte DNA ist auch keine Garantie dafür, dass sich ein Kind geliebt fühlt. *Attunement*, die Einstimmung – also die Fähigkeit der Mutter, auf ihr Kind einzugehen, sich auf es einzustellen – übersetzt Liebe in die Sprache der Säuglinge. Und unabhängig von unserem Alter erfahren wir alle Liebe durch *Attunement*. Wir stimmen uns auf die Menschen ein, die uns wichtig sind – zumindest versuchen wir das. Für viele von uns ist das ein Kampf, denn die Einstimmung passiert nicht von allein. Wenn wir diese Zuwendung als Kinder nicht erfahren haben, dann brauchen wir Hilfe, um zu erlernen, wie man sich auf diejenigen einstimmt, die uns am Herzen liegen. Das erklärt die Popularität des Megabestsellers *The Five Love Languages* (deutsche Übersetzung: *Die fünf Sprachen der*

Liebe). Darin lehrt der Autor Gary Chapman Erwachsene, Liebe so auszudrücken, dass der Partner sie fühlen kann. Chapman erklärt, dass es nicht ausreicht, nur »verliebt« zu sein. Wir müssen Liebe in der Sprache ausdrücken, die unser Partner versteht. Da dies auf Erwachsene zutrifft, ist es verständlich, dass dies umso mehr für Säuglinge und Kinder gilt, die sich auf das Verhalten von Erwachsenen keinen Reim machen können.

Attunement ist die sichtbare Arbeit mütterlicher Zuwendung. Mütter stimmen sich auf ihre Kinder unterschiedlich ein – zum Beispiel, indem sie auf Signale achten, dass ihr Kind Schlaf, Nahrung oder Trost braucht. Eine eingestimmte Mutter beobachtet, was ihr Kind beruhigt. Eine fürsorgliche Mutter passt ihre Berührungen daraufhin an, was ihrem Kind gefällt. Sie schaut nach Signalen, die ihr anzeigen, ob ihr Kind einsam ist oder Angst hat. Eine eingestimmte Mutter gibt ihrem Kind Raum, wenn das Kleine zufrieden wirkt. Das sind die kraftvollen und zugleich einfachen Gesten, die eine Beziehung schaffen. Sich einzustimmen, ist eine Tätigkeit und ein aktiver Ausdruck von Liebe.

Manchmal haben Bezugspersonen Angst, dass, wenn sie zu oft und zu schnell auf die Signale des Säuglings reagieren, sie damit ihr Baby verwöhnen und ihm etwas Schlechtes tun. Im Englischen bedeutet das Wort für Verwöhnen – *spoil* – auch, dass man etwas liegen- und verrotten lässt. Man kann ein Baby überhaupt nicht verwöhnen – und doch ist dies ein weitverbreiteter Irrglaube. Die Bedürfnisse eines Babys nach Trost, Nahrung und Berührung zu befriedigen, schafft Zugehörigkeit, Liebe und Vertrauen. Das sind grundlegende menschliche Bedürfnisse. Wenn diese Bedürfnisse zum richtigen Zeitpunkt in der Entwicklung befriedigt werden, können die späteren Aufgaben der Sozialisation, des Lernens und der Ausprägung des Individuums leicht verlaufen. *Attunement* bildet ein gesundes, widerstandsfähiges Nervensystem, das es dem Kind ermöglicht, sich selbst kennenzulernen, die Welt zu erforschen und in Zukunft glückliche Verbindungen mit anderen aufzubauen.

Sichere Bindung

Fürsorge und *Attunement* müssen nicht perfekt sein, damit Babys eine sichere Bindung aufbauen können. Alle Mütter machen viele Fehler, wenn sie sich um ihre Kinder kümmern. Indem sie ihr Kind im Arm halten, es wiegen und sich entschuldigen, machen sie natürliche Fehler wieder gut. Durch einfühlsame Wiedergutmachungsmaßnahmen wie diese stellen Mütter die Verbindung zu ihren Kindern wieder her, wenn sie zu lange fort waren oder einen emotionalen Ausbruch hatten. Die Natur braucht keine Perfektion. Und Kinder auch nicht. Eine sichere Bindung entsteht durch eine beziehungsorientierte, wechselseitige Interaktion zwischen Mutter und Kind, woraus man lernt, dass Beziehungen Schmerzen lindern. Diese frühen Beziehungslektionen stärken die sich entwickelnden Gehirnsysteme für dauerhaftes Gesund- und Glücklichsein und schaffen sichere Bindungen.

Ein sicher gebundenes Kind großzuziehen, ist der Zauber des Mutterseins: eine aktive Einstimmung und die gewaltige Choreografie, ein menschliches Wesen zu unterstützen.

Sichere Bindung sorgt dafür, dass der Reifeprozess gut verläuft. Unabhängigkeit ist dann ein Nebenprodukt gesunder Abhängigkeitsbedürfnisse, die in den verletzlichsten Monaten und Jahren erfüllt wurden. Sichere Bindung bedeutet, einen sicheren Ort zum Leben zu haben und einen emotionalen Ort, den man sein Zuhause nennt. Kinder mit sicheren Bindungen sind in der Regel neugieriger und weniger aggressiv als ihre unsicher gebundenen Altersgenossen. Sie sind in der Lage, Empathie für andere zu zeigen und mit bestimmten Schwierigkeiten umzugehen. Sicher gebundene Kinder gehen im Laufe ihres Lebens selbst enge Verbindungen ein – mit Freunden, Liebespartnern und schließlich auch mit ihren eigenen Kindern.

Unsichere Bindung

Es ist völlig normal, dass auch sicher gebundene Kinder aus dem Gleichgewicht geraten, wenn ihnen etwas Schlimmes passiert, doch sie kommen schnell wieder auf die Beine und vertrauen darauf, dass andere ihnen helfen, wenn es mal schwierig wird. Säuglinge ohne adäquate frühe Fürsorge sind hingegen innerlich gestresst. Kinder ohne sichere Bindung werden zu Erwachsenen mit einem komplett anderen Nervensystem als dem von Menschen, die sichere Bindungsstile erfahren haben. Während sie körperlich heranwachsen, ist es für unsicher gebundene Kinder schwierig, mit ihrer emotionalen Reifung klarzukommen. Unsichere Bindung kann zu Angstsymptomen führen. Anderen zu vertrauen ist genauso eine Herausforderung wie sich zu konzentrieren. Sobald die Kinder das mittlere Schulalter erreicht haben, kann sich unsichere Bindung in Form von Depressionen, Unentschlossenheit, Prokrastination (Aufschiebeverhalten), sozialer Isolation, Essstörungen oder Suchtverhalten äußern. Aus der Bindungswissenschaft wissen wir, dass ungefähr fünfzig Prozent der Bevölkerung einen unsicheren Bindungsstil haben.[11] »Mutterhunger« ist der Begriff, der beschreibt, wie sich unsichere Bindung *anfühlt* – es ist ein Hunger, ein Sich-Verzehren nach Zugehörigkeit, nach Zuneigung und nach Sicherheit, das trotz aller möglichen psychologischen Gymnastikübungen einfach nicht weggeht.

Anzeichen unsicherer Bindung

Für unsicher gebundene Kinder und Erwachsene stellt emotionaler Stress eine größere Herausforderung dar als für diejenigen, die sichere Bindungen erfahren haben. Durch die fehlende frühe Fürsorge haben es unsicher gebundene Kinder und Erwachsene schwer, mit anderen gut zurechtzukommen; wenn sie Angst empfinden, ziehen sie sich zurück oder isolieren sich. Unsicher gebundene Menschen können exzessiv abhängig sein und weniger Geduld und Flexibilität an den Tag legen als ihre sicher gebundenen Altersgenossen. Das Gedächtnis ist beeinträchtigt. Da es für sie weniger wahrscheinlich ist, Freundschaften auf Dauer zu pflegen, kämpfen unsicher gebundene Kinder mit Einsamkeit. Manche werden in Konfliktsituationen aggressiv.[12]

Die Anzahl von Menschen mit unsicherer Bindung ist so signifikant, dass es überhaupt keinen Sinn ergibt, diese menschliche Erfahrung zu pathologisieren. Tatsächlich könnte man eher unsichere Bindung als »normal« betrachten, falls wir uns trauen sollten, so ein Wort zu verwenden. Psychologische Anpassungen an unsichere Bindung (psychische Aspekte, Süchte und andere gesundheitliche Probleme) haben mit mangelnder Unterstützung zu tun, nicht mit moralischer Schwäche. Fehlende Fürsorge schädigt die Schaltkreise im Gehirn, die für Bindung zuständig sind, und stärkt wiederum jene, die für die Bewahrung zuständig sind. So schafft unsichere Bindung potenzielle, dauerhafte Einsamkeit. Unsichere Bindung erklärt die allgemeingültige Erfahrung, die viele von uns gemacht haben – die starke Sehnsucht nach etwas oder jemandem, das oder der den Schmerz der Einsamkeit lindert.

Fehlender mütterlicher Trost und Schutz können eine Bindungsverletzung ausbilden, bevor überhaupt höhere Funktionen wie das explizite Gedächtnis, Kognition und Logik entwickelt werden. Es ist schwierig, über etwas zu reden, an das wir uns gar nicht erinnern können. Frauen mit unsicherer Bindung beschreiben, dass sie sich schwer, benommen oder aufgewühlt fühlen, ohne zu wissen, warum. Häufig haben sie mit Symptomen wie Depressionen, Dysthymie (depressiver Verstimmung) oder allgemeiner Angst zu kämpfen. Mutterhunger dritten Grades (der in Kapitel 8 besprochen wird) weist die gleichen Symptome wie bipolare Störungen und Borderline-Persönlichkeitsstörungen auf. Mutterhunger klärt die Verwirrung um diese Symptome auf und beleuchtet den inneren Herzschmerz, der sich dahinter verbirgt.

Frauen, die sichere mütterliche Bindungen erfahren haben, können die Verzweiflung und die Scham, die mit Mutterhunger einhergehen, nicht nachvollziehen. Nicht, weil sie nicht wohlmeinend sind oder keine Zustände von Trauer kennen würden, sondern sicher gebundene Frauen leiden schlicht nicht an Mutterhunger. Für sie ist das unvorstellbar. Sie lehnen sich in die warmen Arme ihrer Mütter, wenn das Leben schwer ist, und feiern die glücklichen Zeiten zusammen. Sie fragen nach Hilfe, wenn sie welche benötigen. Sicher gebundene Töchter teilen erreichte Ziele und andere Freuden mit ihren Müttern, seien es Hochzeit, Beförderung, ein einfaches Rezept oder die Geburt eines Kindes. Die anhaltenden Interaktionen zwischen Mutter und Tochter bleiben ein intimer, prägender Teil des Lebens.

Unsicher gebundene Frauen hingegen können nicht auf warmherzige Mutter-Tochter-Beziehungen zurückgreifen. Von klein auf haben sie gelernt, nicht auf ihre Mütter zuzugehen, wenn sie sich fürchteten oder traurig waren – manchmal nicht einmal, wenn sie glücklich waren, da ihnen bewusst war, dass Freude ihre emotional fragile Mutter bedrohen könnte. Die Frauen erinnern sich an Spitznamen, die ihnen das Gefühl gaben, bedürftig zu sein und sie beschämten, so als ob sie eine Belastung für ihre Mütter seien. Manche sprechen davon, wie sie weggeschubst wurden, dabei hätten sie doch nur eine Umarmung gebraucht. Andere fühlten sich von der Bedürftigkeit der eigenen Mutter überwältigt.

Ohne gesunde mütterliche Fürsorge wachsen kleine Mädchen mit dem impliziten, eingebetteten Gefühl auf: *Ich bin allein, und das ist meine Schuld.* Gedanken wie diese schaffen Scham und einen Selbsthass, welcher der Selbstfürsorge, gesunden Beziehungen und echten Momenten der Freude im Wege steht. Scham fühlt sich an, wie in einem abgeschlossenen Käfig zu sitzen. Dr. Jean Baker Miller hat den Begriff *Condemned Isolation* – ›zu Einsamkeit verurteilt‹ – geprägt, um diese Erfahrung von Isolation und Scham zu beschreiben.[13] Sarah Peyton, Autorin von *Your Resonant Self* (deutsche Übersetzung: *Selbstresonanz. Im Einklang mit sich und seinem Leben*), nennt sie *Alarmed Aloneness* – ›alarmiertes Alleinsein‹.[14] Die Tatsache, dass es mehrere Begriffe gibt, um die Qualen von Scham und Einsamkeit in Worte zu fassen, zeigt, dass Sie nicht die Einzige sind, wenn Sie mit diesem Schmerz kämpfen.

In all den Jahren meiner beruflichen Praxis habe ich noch nie eine sicher gebundene Frau wegen Mutterhunger behandelt. Stattdessen hatte ich unzählige Gelegenheiten, die Vielfältigkeit von unsicherer Bindung zu erkunden. Unsichere Bindung wird im Allgemeinen in zwei Kategorien eingeteilt: ängstlich oder vermeidend. Ich werde hier über beide Typen sprechen. Desorganisierte Bindung, eine umfangreiche, komplexe Kategorie, die manchmal auch als ängstlich-vermeidende Bindung bezeichnet wird, wird oft übersehen oder missverstanden. Aus diesem Grund werde ich in Kapitel 8 ausführlicher über desorganisierte Bindung sprechen, da sie bei Mutterhunger dritten Grades zutrifft.

Kategorien zu Bindungsstilen sind hilfreich, um menschliches Verhalten zu konzeptualisieren, aber man sollte immer daran denken, dass sie für Forschungszwecke geschaffen wurden – und nicht, um uns zu etikettieren. Die verschiedenen Nuancen von Bindung kennenzulernen und zu verstehen, dient schlicht und ergreifend Ihrem eigenen Verständnis. Verständnis führt zu diesem Aha-Moment, wenn das implizite Gedächtnis auf einmal Sinn ergibt, und kann dann in einen Teil des Gehirns vordringen, der uns Zugang zu Logik und Veränderung verschafft. So schreiben Sie Ihre eigene Geschichte um, um zu heilen.

Bei der Beschäftigung mit vermeidenden und ängstlichen Bindungen ist es hilfreich, zu wissen, dass niemand jeweils vollständig in eine der beiden Kategorien passt. Ihr Bindungsstil kann sogar schwanken, je nachdem, mit wem Sie in einer Beziehung stehen.

Vermeidende Bindung

Kinder mit vermeidendem Bindungsstil lernen bereits in einem sehr jungen Alter, ihre Gefühle wegzusperren. Die meisten schaffen sich einen emotionalen Abstand zu anderen Menschen als Abwehrmaßnahme – um nicht zurückgewiesen oder erstickt zu werden. Als Erwachsene sind Frauen mit vermeidendem Bindungsverhalten eher linear denkende Menschen. Emotionen oder Gefühle zu diskutieren, macht Menschen mit Vermeidungsverhalten sehr nervös. Daher wird dieser Bindungsstil oft als *abweisend* bezeichnet, weil wir dabei unsere eigenen Gefühle verdrängen. Es fällt uns schwer, aufrichtig nachzuvollziehen, wie andere sich fühlen.

Ich habe zwei grundlegende Arten beobachtet, wie vermeidendes Bindungsverhalten entsteht:

- **Unterbemutterung:** Die primäre Bezugsperson war häufig nicht in der Lage, zu reagieren. Sie hat ihr Kind zu früh und zu oft allein gelassen und schuf so einen nicht verheilten Trennungsschmerz, der die frühe Bindungsfähigkeit beeinträchtigte. Fehlende Fürsorge zwang das Kind, seine Bemühungen aufzugeben, seine Mutter zu erreichen. War niemand sonst da, um seine Not zu lindern, nahm die Entwicklung zu einer vermeidenden Persönlichkeitsstruktur ihren Lauf. Sie bot eine Möglichkeit, das Bedürfnis nach menschlichem Trost abzuschalten und das Unerträgliche zu ertragen.

- **Überbemutterung:** Die primäre Bezugsperson nahm dem Kind die Luft. Für Säuglinge ist Überbemutterung zunächst kein Problem. Zu viel Fürsorge ist besser als zu wenig. Aber im Lauf der Zeit haben überbemutterte Töchter Schwierigkeiten, sich von einer Mutter zu lösen, die sie einengt. In der Fachsprache wird dieses Phänomen als *Enmeshment* bezeichnet, als starke Verstrickung von Familienmitgliedern. *Enmeshment* entsteht, wenn das Bedürfnis der Mutter nach Gesellschaft und Bestätigung die Autonomie- und Sorgefähigkeiten ihres Kindes übersteigt. Die umgekehrten Rollen erfordern von der Tochter, sich um ihre Mutter zu kümmern und zu umsorgen statt umgekehrt.

Enmeshment ist eine tückische Form von Vernachlässigung. Es ist das Gegenteil von Fürsorge. Als Teenagerinnen und Erwachsene sind in solche Netze verstrickte Töchter von der Wut und Frustration, die sie gegenüber ihren Müttern spüren, die doch eigentlich so »nett« sind, irritiert. Therapiepersonen können sie unabsichtlich zu mehr Geduld anleiten und dabei die Augen vor der schweren Last verschließen, die diese Töchter tragen. So wird die Wut, die eine derart verstrickte Tochter spürt, ignoriert und kann sich zu einer Depression entwickeln. Ohne angemessene Intervention verlieren diese Töchter die korrekte Validierung ihrer Situation und erkennen nicht, dass ihre Wut eine Freundin ist, die ihnen auf die Schulter tippt, damit sie merken, dass etwas nicht stimmt. Diese Art von Mutter-Tochter-*Enmeshment* werden wir genauer in Kapitel 7 betrachten.

Frauen mit einem vermeidenden Bindungsverhalten können auf den ersten Blick sehr charmant sein und den Eindruck vermitteln, dass sie emotional anwesend sind. Im Allgemeinen ist das ein erlerntes Verhalten und kein Maß für Zugänglichkeit. Als Erwachsene fühlen sie sich oft so, als würden sie ersticken oder als seien sie von ihren engsten Begleitern eingesperrt worden. Distanzierende Verhaltensweisen, die die meisten von uns bei Fremden im Aufzug oder in der U-Bahn an den Tag legen, sind für diese Frauen Standardgesten. Unbewusst kommunizieren ihre Körpersprache und ihr Gesichtsausdruck: *Bleib weg* oder *Lass mich allein.*

Frauen mit vermeidendem Bindungsverhalten übersehen leicht die Signale anderer für Nähe. Sie sind frustriert, wenn die Menschen um sie herum Versicherung brauchen, und beurteilen diese als bedürftig und unterlegen. Das Urteilsvermögen ist eine psychologische Anpassung, die die darunterliegende zarte Bindungsverletzung überdeckt. Diese Selbsterhaltungsstrategie schafft ein falsches Gefühl von Macht, was das Gleichgewicht in jeder Beziehung durcheinanderbringt. Da es sich bei diesen Vermeidungsstrategien um ursprüngliche, implizite Anpassungen an unerträglichen emotionalen Schmerz handelt, passieren sie weitestgehend unbewusst und stiften bei Frauen Verwirrung, wenn sie von Freundinnen oder Partnern darauf hingewiesen werden.

Seit wir in einer Kultur leben, die Unabhängigkeit über gegenseitige Abhängigkeit stellt, bekommen Frauen mit vermeidendem Bindungsstil häufig Anerkennung für ihre Leistungen, ihren Ehrgeiz und ihre Stärke. Typischerweise fühlen sie sich stärker als die anderen. Ein ruhiges Wesen, ein charmanter Geist oder eine superaktive Persönlichkeit können eine tief sitzende Unsicherheit vor sich selbst oder vor anderen um sie herum verbergen.

Frauen mit vermeidendem Bindungsstil fühlen sich typischerweise zu Menschen hingezogen, die eine ängstlichere Art, sich zu binden, haben (und mehr in die Beziehung investieren), um unbewusst die Kontrolle zu behalten und die Illusion aufrechtzuerhalten, dass alles in Ordnung sei. So werden ihre Bedürfnisse nach Nähe erfüllt, ohne dass sie diese einfordern müssen. Um Bindung einzufordern, braucht es Verletzlichkeit, und emotionale Verletzlichkeit ist für Frauen mit vermeidendem Bindungsstil nicht tolerierbar.

Auf diese Weise gebundene Frauen glauben, dass sie stärker und unabhängiger sind, als es tatsächlich der Fall ist. Sie langweilen sich schnell und benutzen ihre Freunde und Partner, um Energie und Aktivitäten zu generieren und sich damit beschäftigt zu halten. Aus diesen Gründen kann es bei Frauen mit vermeidendem Bindungsverhalten lange dauern, bis Mutterhunger bei ihnen festgestellt wird. Dafür braucht es üblicherweise eine Krise, damit eine Frau zu ihrer Traurigkeit und Verletzlichkeit Zugang bekommt. Der drohende Verlust einer wichtigen Beziehung oder eine verpasste Karrierechance rühren an ihren tief sitzenden Ängsten vor dem Verlassenwerden und lösen eine Lawine des Kummers aus, die sie zur Heilung anregen kann.

Ängstliche Bindung

Anders als Frauen mit vermeidendem Bindungsverhalten ist Frauen mit ängstlichem Bindungsstil bewusst, dass irgendetwas in ihren Beziehungsmustern nicht stimmt. Typischerweise schämen sie sich für ihre emotionalen Bedürfnisse. In einer Kultur, die Beziehungen und Verbundenheit kleinmacht, erhalten ängstlich gebundene Frauen gerne das Etikett *bedürftig, klammernd* oder *abhängig*, wenn sie versuchen, sich an andere zu binden. In Wahrheit verzehren sich Frauen mit ängstlichem Bindungsverhalten nach Nähe, und dieses Sich-Verzehren ist schwer zu befriedigen. Das ist aber nicht pathologisch, sondern lediglich eine Form von Mutterhunger.

Denn ängstliches Bindungsverhalten entsteht, wenn die Mütter sich nicht auf vorhersehbare Weise auf ihre Töchter einstimmen. Mütter mit Schwierigkeiten, Zuneigung zu zeigen, oder häufigen, unerklärlichen Stimmungsschwankungen erziehen ängstliche Töchter. Auch überaus strenge und perfektionistische Mütter erziehen ängstliche Töchter. Mütter, die sich von den natürlichen Bedürfnissen eines Kindes überfordert fühlen, legen eine Mimik oder Körpersprache an den Tag, die bei der Tochter Gefühle von Schmerz oder Scham auslösen. Zurück bleibt sie mit der Frage: »Bin ich liebenswert?«

Im Erwachsenenalter fehlt den ängstlich gebundenen Frauen die innere Struktur, um sich mit sich selbst und anderen wohlzufühlen. Sie sehnen sich nach Nähe mit Freunden und Partnern, sind aber leicht eifersüchtig und schnell wütend. An Entbehrungen gewöhnt, haben sie gelernt, dass es nur einen begrenzten Vorrat an Liebe gibt. Ihre emotionale Intensität erinnert manchmal an ein Baby oder ein Kleinkind in der Trotzphase (wenn es einen Wutanfall hat): Weinen, Schreien oder Schmollen, um jemanden in der Nähe zu haben. Ängstlich gebundene Frauen können in Rage geraten, schmollen, hungern oder sich rächen, wenn sie merken, dass sie verlassen werden — auch von ihren Töchtern.

Frauen mit ängstlichem Bindungsstil haben das gleiche Bedürfnis nach Autonomie wie jede andere auch, aber sie fühlen es nicht. Für sie ist Alleinsein eine Tortur und die Vorstellung, Alleinsein als erholsam zu betrachten, ist für sie undenkbar.

Veränderung ist möglich

Auch wenn jede von uns einen dominierenden Bindungsstil hat, können wir uns ein bisschen verändern, je nach Beziehung, in der wir uns gerade befinden. Selbst wenn Sie zum Beispiel von Natur aus beziehungsvermeidend sind, könnte es Verwirrung und Unsicherheit bei Ihnen auslösen, wenn Ihre beste Freundin viel Zeit für sich allein benötigt. Genauso fühlen Sie sich als ängstlicher Bindungstyp vielleicht in einer Beziehung mit jemandem, der ebenfalls einen ängstlichen Bindungsstil hat, eingeengt.

Unabhängig von Ihrem Bindungsstil ist es sehr gut möglich, das zu schaffen, was Forschende eine *verdiente sichere Bindung* nennen. Anders ausgedrückt: Sie können Ihren Bindungsstil verändern. Mit der Rückgewinnung und Wiederherstellung der mütterlichen Elemente, die Sie nicht hatten, sind Sie in der Lage, sich ein neues Gefühl von Sicherheit aufzubauen. Heilungsbemühungen verändern die neuronale Gesundheit und füllen die Lücken auf, in denen die frühe Bindung hätte stattfinden sollen. Genauso wie regelmäßiger Sport Ihren Körper stärkt, stärken Anstrengungen zur Wiederherstellung von Fürsorge, Schutz und Führung Ihr Gehirn. Verdiente Sicherheit erfordert eine bewusste Anstrengung, aber damit gehen Sie jetzt den wichtigsten Schritt: Sie werden sich dessen bewusst.

Viele Frauen erarbeiten sich diese Sicherheit mit therapeutischer Hilfe. Manche bauen ein inneres Sicherheitsgefühl mit der Unterstützung von guten Freundinnen, Partnern und sogar Haustieren auf. Abhängig von der Schwere Ihres Mutterhungers gibt es unterschiedliche Möglichkeiten, Ihren Bindungsstil zu verbessern. Vielleicht interessiert Sie die Onlineversion der sogenannten *Experiences in Close Relationships Scale* (›Skala für Erfahrungen in engen Beziehungen‹, in englischer Sprache), um Ihren Bindungsstil zu überprüfen: openpsychometrics.org/tests/ECR.php. In Kapitel 9 wird ausführlich behandelt, wie Heilung aussehen kann. Hilfreiche praktische Übungen dazu sind im gesamten Buch zu finden.

Im nächsten Kapitel werden wir das wesentliche Element der mütterlichen Fürsorge betrachten, das einen dramatischen Einfluss darauf hat, welchen Bindungsstil wir entwickeln, sowie darauf, ob wir wissen, wie Liebe sich anfühlt.

KAPITEL 3

FÜRSORGE

Das erste wesentliche Element, das Babys von ihrer primären Bezugsperson brauchen, um für ihr weiteres Leben ein sicheres Fundament zu legen, ist Fürsorge (*Nurturance*). Fürsorge erfolgt nonverbal und teilt dem Neugeborenen mit: *Ich liebe dich und ich bin da*. Das Merriam-Webster definiert das englische Verb *to nurture* als »caring for and encouraging the growth or development of someone or something.« Übersetzt bedeutet dies: ›die Pflege und Förderung des Wachstums oder der Entwicklung von jemandem oder etwas‹. Es kommt vom lateinischen Wort *nutrire*, was so viel heißt wie ›säugen‹ und ›(er-)nähren‹. Ich verbinde den Begriff *Nurturance*, also »Fürsorge« beziehungsweise »Nähren«, gerne mit *Nursing*, was im Deutschen mit ›Stillen‹ und/oder ›Pflege‹ übersetzt wird. *Stillen* beziehungsweise *Pflegen* bedeutet, sich der Bedürfnisse eines anderen anzunehmen, der abhängig ist. Vielleicht erklärt das, warum wir mit Fürsorge allgemein Frauen assoziieren, denn wir Frauen können unseren Neugeborenen die Brust geben. Aber auch Männer können Babys nähren beziehungsweise Fürsorge bieten.

Sowohl Männer als auch Frauen haben Oxytocin-Rezeptoren, die das Bindungsverhalten erleichtern.

Um zu verstehen, wie Mutterhunger anfängt, schauen wir genauer dahin, was unter *Fürsorge* zu verstehen ist:

- Fürsorge ist die Qualität der aufmerksamen Zuwendung und Pflege eines Säuglings durch seine primäre erwachsene Bezugsperson.
- Fürsorge ist Berühren, Halten, Füttern, Beruhigen, Pflegen und Reagieren.
- Fürsorge ist die Sprache der Liebe; das Säuglingsgehirn lernt durch Fühlen.
- Fürsorge ist in den ersten 1000 Tagen, wenn das Gehirn des Babys am schnellsten wächst, entscheidend.
- Fürsorge legt den Grundstein für eine sichere Bindung und ein gesundes Gehirn.
- Fürsorge ist für alle Säugetiere elementar. Vom Moment der Geburt an beschmusen, lecken, stupsen und säugen Mütter jeder Art ihre Jungen.

Nach der Geburt erkennt ein Baby die Stimme seiner Mutter und zieht sie allen anderen vor. Es erkennt zwar auch andere vertraute Geräusche und Stimmen, die aber durch das Fruchtwasser neun Monate lang gedämpft waren. Sie stellen nur den Hintergrund für die deutliche Verbindung mit der Stimme der Mutter dar. In den ersten 1000 Lebenstagen wird die emotionale, geistige und körperliche Entwicklung eines Neugeborenen durch die frühe Fürsorge der Mutter geprägt. »Die Art und der Ablauf der Geburt, der enge Kontakt mit der Haut der Mutter, das Stillen und die emotionale Zuwendung, der Schutz und die Stimulierung durch die Familie setzen diese Prozesse aus der Schwangerschaft über die Geburt hinaus fort.«[1]

Der Zauber von Fürsorge

Die zärtlichen Momente und Monate nach der Geburt sind so entscheidend, dass Säuglingsexperten sie als *viertes Trimester* bezeichnen. Im vierten Trimester (den drei Monaten, die unmittelbar auf die Kindsgeburt folgen) müssen Mutter und Kind zur Ruhe kommen. Diese Zeit der Zärtlichkeit sollte auch als Teil der Schwangerschaft betrachtet werden, da das Säuglingsgehirn mit erstaunlicher Geschwindigkeit wächst – und mütterliche Fürsorge ist der Dünger für dieses Wachstum.

Sowohl für die Mutter als auch für das Kind wird in den ersten 90 Tagen außerhalb des Mutterleibs die Produktion von Bindungshormonen durch Augenkontakt, Berührungen der Haut und Geruch intensiviert, und dadurch werden beide Gehirne geformt. Berührungen sind in dieser Phase so wichtig, dass der Kinderarzt Matthew Grossmann von der Yale-Universität die Pflegeleitlinie, die er auf Säuglinge von opiodidabhängigen Müttern angewendet hatte, umänderte. Statt diese Babys mit Morphinen zu behandeln und sie allein zu lassen (was der traditionellen Leitlinie entspricht und Wochen dauern kann), behielt er sie nahe der Mutter, ließ Hautkontakt zu, um den Entzugsprozess zu lindern. Babys in seiner Behandlung wurden früher aus dem Krankenhaus entlassen als diejenigen, die rein pharmakologisch behandelt wurden.[2]

In den Monaten nach der Geburt verlieben sich Mutter und Kind. Hautkontakt fördert die Bildung von Oxytocin, das auch als Liebeshormon bezeichnet wird. Das hat die Natur so für das menschliche Überleben vorgesehen. Bei manchen findet die Bindung sofort statt, bei anderen baut sie sich allmählich auf.[3] Eine Trennung von Mutter und Kind ist im vierten Trimester, in der Phase des Verliebens, riskant. Für das Baby wird der frühe Verlust mütterlicher Nähe als eine große Bedrohung empfunden und gespeichert. Die Trennung von der Mutter ist der primäre Grund für Neugeborenenstress und kann sich in einem erhöhten Herzschlag und Blutdruck manifestieren sowie in einer verringerten Sauerstoffsättigung im Blut.[4]

Eltern, die ihre Kleinen in Tragetüchern tragen, setzen damit kein modisches Statement, sondern sind Oxytocin produzierende Fabriken. Je mehr Berührung und Nähe zwischen den beiden, desto mehr Oxytocin. Forschungen zeigen, dass Säuglinge, die regelmäßig berührt werden, größere und bessere Gehirne haben als diejenigen, die dies nicht erfahren. Oxytocin löst eine biologische Reaktion in der Mutter aus, die dabei helfen kann, Angst zu lindern, und das Bedürfnis verringert, beschäftigt zu sein. Oxytocin hilft ihr, dass sie mit ihrem Säugling interagieren und seine Bedürfnisse stillen möchte. Die Natur sorgt dafür, dass Bindung sich gut anfühlt und uns entschleunigt. Oxytocin flutet uns in Momenten wie Stillen, bei der Kindsgeburt, beim im Arm-Halten und bei Orgasmen. Das sind die Momente, die durch Stille verbessert werden, Momente, die ausgelegt sind für die Bindung. Oxytocin hilft dabei, dass Paare nach dem Sex beieinanderliegen. Oxytocin bringt Mütter dazu, ihre Babys halten zu wollen. Oxytocin sorgt dafür, dass jemand anderes die Küche aufräumen kann und dass es so auch in Ordnung ist![5]

Leider sind vielen Menschen dieses Hormon und die simple Technik, wie man es maximieren kann, nicht bekannt. Frischgebackene Mütter, die ihre Babys häufig ins Bettchen oder in eine Babywippe legen, anstatt sie im Arm zu halten, verpassen möglicherweise diese magische Bindungsformel der Natur. Wohlmeinendes Klinikpersonal oder Familienmitglieder, die die Mutter von ihrem Baby trennen, »damit sie sich erholen kann«, stören dieses wichtige Bindungshormon. Arbeitsrichtlinien, die nur sechs Wochen Mutterschaftsurlaub vorsehen, sind für den Bindungsprozess katastrophal. Die Mutter und ihr Säugling müssen so lange wie möglich – in einem Kokon aus Neurohormonen – in engem Kontakt sein. Ähnlich wie bei der ersten romantischen Verliebtheit dient die Verliebtheit ins eigene Baby einem höheren Zweck: Sie soll die beiden sicher aneinanderbinden und die Voraussetzungen für eine optimale Bindung in den ersten drei Lebensjahren schaffen.

Eine primäre Bezugsperson benötigt sehr viel Unterstützung in den ersten Monaten und Jahren. Anders ausgedrückt: Mütter müssen bemuttert werden. Ein Mangel an Verständnis dafür, wie viel Unterstützung eine primäre Bezugsperson braucht, setzt Mutter und Kind einem Risiko aus. Früher wurden die Frauen traditionellerweise von anderen Frauen aus der Gemeinschaft unterstützt. In der modernen Welt jedoch leben wir eher weit voneinander entfernt und getrennt, sodass es diese Art von Unterstützung kaum noch gibt. Eine Hebamme oder eine Doula, also eine Begleiterin für die Mutter nach der Geburt, sind eine Möglichkeit, um diese überwältigende Phase abzufedern. Wenn die Mutter jemanden hat, der oder die sich um sie und das Essen, um die anderen Familienmitglieder und den Haushalt kümmert, dann kann sie sich ganz auf den Bindungsprozess konzentrieren.

Zusätzlich zu Oxytocin schüttet die Hypophyse der Mutter nach der Geburt Prolaktin aus. Das ist das Hormon für die Milchbildung. Jedes Mal, wenn das Baby gestillt wird, wird durch die Stimulierung der Brustwarzen Prolaktin freigesetzt – und damit starke Gefühle der Liebe, Hingabe und Entspannung. Das Saugen des Babys stimuliert außerdem Hormone, die der Mutter ein Gefühl der Zufriedenheit geben. Dem Säugling helfen ebendiese Hormone bei der Verdauung.[6]

Babys wissen, wie viel sie saugen müssen. Manchmal geht es um Hunger, manchmal um Trost und Zuwendung. Aus diesem Grund passt für mich in der englischen Sprache der Begriff *Nursing*, der für Stillen und Pflege benutzt wird, besser als *Breastfeeding*, also die Brust geben. Stillen ist Fürsorge, Nähren. Stillen beinhaltet Kuscheln, Augenkontakt, Wiegen und Singen – alles, was den Oxytocinfluss am Laufen hält und für den Fortgang des Verbindens und Bindens sorgt.

Die Wissenschaft rund ums Stillen ist erstaunlich, und Frauen sollten sich nicht täuschen: Stillen kann schwierig sein. Einige der Herausforderungen – verstopfte Milchkanäle, mangelnde Unterstützung oder Schwierigkeiten beim Anlegen – machen es schwierig, durchzuhalten. Mütter, die in der Lage sind, zu stillen, brauchen Zeit, Geduld und Unterstützung, um zu lernen, wie sie sich auf die Signale ihres Säuglings einstimmen können. Druck zu empfinden, um anderweitige Verpflichtungen zu erfüllen oder an den Arbeitsplatz zurückzukehren, sind eine Gefahr für den so wichtigen Bindungsprozess, den Mutter und Kind brauchen.

Von den Tieren lernen

Die Versorgung des Säuglings sollte instinktiv sein, aber leider haben Generationen von Frauen ohne adäquate Fürsorge Schwierigkeiten damit, den Zugang zu dem zu finden, was die Natur vorsieht. Moderne Elternschaftsexperten sind keine Hilfe. Viele führen Eltern eher in die Irre und empfehlen Strategien, die Babys und Kinder unnötigen Risiken aussetzen, insbesondere zu viel Trennung von der Mutter. Als Gegenmaßnahme lässt sich viel über Säuglingspflege von den Tieren lernen. Die Wissenschaft untersucht Mäuse, Ratten, Präriewühlmäuse, Schafe, Affen und andere Säugetiere, die dem Menschen ähnliche Gehirnstrukturen haben, um unsere ursprünglichen Bedürfnisse nach mütterlicher Zugehörigkeit und Schutz besser zu verstehen.

Wie andere Säugetiere auch nutzen menschliche Babys Laute, Gerüche und Berührungen, um ihre Mutter zu identifizieren, und sie ziehen sie jeder anderen Person vor. Muttersäugetiere bleiben in der Nähe ihrer Jungen, säubern sie und schützen sie vor jeglichem Schaden. Tierbabys bleiben nicht allein, um sich auszuweinen, es sei denn, der Mutter ist etwas Schreckliches zugestoßen.

Michael J. Meaneys Forschungen mit Rattenmüttern und ihren Jungen zeigen, dass der Nachwuchs stark von der mütterlichen Pflege beeinflusst ist. Wenn die Rattenmutter ihren Nachwuchs leckt und putzt, werden Gene aktiviert, die die kleinen Tiere vor zukünftigem Stress schützen. Dieser frühe Schutz durch die Mutter hält bis ins Erwachsenenalter an. Bleibt den Jungen jedoch diese Pflege vorenthalten, bleiben dieselben Gene inaktiv.[7] Die frühe mütterliche Fürsorge verändert also dauerhaft die Hirnregionen, die die Stressreaktivität regulieren. Meaneys Forschungen spiegeln die Ergebnisse einer Untersuchung der Weltgesundheitsorganisation (WHO) über die Bedeutung früher Bezugspersonen für die Entwicklung und das Heranwachsen von Säuglingen und Kindern wider.[8]

Seine Ergebnisse haben enorme Auswirkungen auf das Verständnis, wie Störungen im Bindungsprozess über Generationen hinweg von Müttern an ihre Töchter weitergegeben werden. So fand er heraus, dass eine frühe Trennung von der Mutter die Fähigkeit der weiblichen Jungtiere beeinträchtigt, später selbst ihren eigenen Nachwuchs großzuziehen. Junge von Müttern, die ihren Nachwuchs mehr leckten und säugten, zeigten nicht nur signifikant bessere Fähigkeiten, mit Stress umzugehen; sie umsorgten auch ihre eigenen Jungen auf dieselbe Art. Meaneys Schlussfolgerungen erklären, warum es für Frauen, die sich der Liebe ihrer Mütter sicher sind, wahrscheinlicher ist, selbst sichere Kinder zu bekommen und in ihrem Leben eher stabile Freundschaften und Partnerschaften zu führen.

Auch die Forschungsergebnisse darüber, was passiert, wenn kleine Kinder in institutionelle Obhut genommen werden, beweisen eindrucksvoll, wie wichtig eine unterstützende, stabile Bezugsperson-

Kind-Beziehung für die Gesundheit der Kinder und ihre kognitive und soziale Entwicklung ist. Kleinkinder in Gruppenbetreuung gedeihen oft nicht, sind eher krank, aufmerksamkeitsfordernd und haben Schwierigkeiten damit, mit Gleichaltrigen eine altersgerechte Beziehung einzugehen.[9]

Studien haben gezeigt, dass die fürsorgliche Berührung genauso nötig ist wie Nahrung, damit das Kind überlebt. Vielleicht kennen Sie die berühmte Arbeit von Harry Harlow mit den Rhesusaffen.[10] Harlow trennte die Affenbabys von ihren Müttern und teilte sie in zwei Gruppen auf: Eine Gruppe bekam als Mutter eine Drahtattrappe mit einer Milchflasche. Die andere Gruppe erhielt eine weiche Stoffattrappe mit einer Milchflasche. Die Jungtiere verbrachten mehr Zeit mit der weichen Stoffmutter, egal, ob sie gefüttert wurden oder nicht. Harlow entfernte die Milchflasche von der Stoffmutter, um zu sehen, ob die Kleinen dann die Drahtmutter bevorzugten, die nach wie vor Milch anbot. Doch immer nach dem Füttern kehrten die Jungtiere zur weichen Ersatzmutter zurück. Harlows Studie machte auch deutlich, dass die Affenbabys die Stoffmutter brauchten, um getröstet zu werden. War »sie« da, waren die Jungtiere neugierig und zufrieden. Wurde sie jedoch entfernt, erstarrten die kleinen Affen, kauerten sich zusammen und lutschten an ihren Daumen.

Epigenetische Einflüsse

Dr. Rachel Yehuda, Direktorin der Abteilung für Studien zu traumatischem Stress am Mount Sinai Hospital in New York, fand heraus, dass Kinder von Holocaust-Überlebenden die gleichen posttraumatischen Stresssymptome aufweisen wie ihre Eltern und Großeltern.[11] Yehuda entdeckte außerdem, dass Babys von Müttern, die nach der Attacke auf das World Trade Center eine posttraumatische Belastungsstörung entwickelt hatten, ebenfalls Symptome von toxischem

Stress zeigten, etwa dass sie sich von lauten Geräuschen und ihnen unbekannten Menschen leicht aus der Ruhe bringen ließen.[12] Da die meisten epigenetischen Übertragungen matrilinear verlaufen, also über die Mutter, helfen uns diese Forschungsergebnisse dabei, zu verstehen, wie die Emotionen der Mutter den Weg zu ihren Kindern finden können. So stellt Bruce Lipton, Wissenschaftler an der Stanford Medical School, fest: »Die Gefühle der Mutter wie Angst, Wut, Liebe, Hoffnung und andere können die Genexpression des Nachwuchses biochemisch beeinflussen.«[13]

Liptons und Yehudas Forschungen haben weitreichende Auswirkungen auf das Verständnis von Mutterhunger. Denn selbst wenn Ihre Mutter gerne in der Lage gewesen sein wollte, Sie fürsorglich zu nähren, Sie zu beschützen und zu führen, so können doch ihre nicht geheilten Ängste oder zerplatzten Hoffnungen auf Ihrer Seele einen Stempel hinterlassen haben. Vielleicht tragen Sie eine Traurigkeit oder Wut in sich, die schon bei Ihrer Mutter oder Großmutter ihren Anfang nahm. »Als Ihre Großmutter im fünften Monat mit Ihrer Mutter schwanger war, befand sich die Vorläuferzelle der Eizelle, aus der Sie später entstanden sind, schon in den Eierstöcken Ihrer Mutter. Das bedeutet: Schon bevor Ihre Mutter überhaupt geboren war, waren Ihre Mutter, Ihre Großmutter und die frühsten Spuren von Ihnen schon alle im selben Körper.«[14]

Die *Epigenetik* bezieht sich eher auf eine Modifizierung der Genexpression als auf eine Veränderung im tatsächlichen genetischen Code.[15] Die Kultur, die Ernährung und der Lebensstil können die Genexpression beeinflussen und verändern. Genveränderungen werden von der Mutter auf die Tochter auf die Enkelin übertragen und passen sich der Umwelt an. Da Ihre biologische Mutter Ihre erste Umgebung war, haben Sie, wenn diese gestresst, widersprüchlich, überfordert oder mit ihrem eigenen, nicht verarbeiteten Trauma beschäftigt war, dann vielleicht Gefühle von Angst und Schrecken geerbt, bevor Ihre eigene Lebenserfahrung Sie gelehrt hat, sich so zu fühlen.[16]

Elterndasein in der Nacht

Mütter sehnen sich aus einem Grund nach ihren Babys: Die Nähe sichert ihrem Nachwuchs die besten Überlebenschancen. Da sind unser Säugetiergehirn und -körper voll in Aktion. Babys, die zu wenig Zeit bei ihrer primären Bezugsperson verbringen, sind verletzlich. Erica Komisar bringt es auf den Punkt: »Unsere Verleugnung der sehr spezifischen, besonderen physischen und emotionalen Funktion der Mutter und ihres Kindes, vor allem in unserem Bestreben, modern zu sein, ist nicht im besten Interesse der Kinder und ihrer Bedürfnisse.«[17]

Mütter werden mit falschen Ratschlägen über die Bedürfnisse von Säuglingen und Kleinkindern bombardiert, vor allem zum Thema Schlaf. Für einen Säugling oder ein Kleinkind ist Einschlafen ein Moment der Trennung. Säuglinge haben sich seit unserer Zeit als Jäger und Sammler nicht verändert, aber in unserer modernen Welt wird irgendwie erwartet, dass Babys ganz allein stundenlang in ihren Bettchen schlafen. Erst seit Kurzem erkennt man die Forschung, die unterstützt, dass Mutter und Kind beim Schlafen eng beieinander sein sollten, mehr und mehr an.[18] Wir lernen beziehungsweise lernen wieder, was Säuglingsschlaf ist und wie normal es ist, dass Babys häufig aufwachen. Von Natur aus muss das Baby die Nähe des Körpers seiner Mutter spüren, um beruhigt zu sein. So wird vermieden, dass der Körper unnötige Hormone ausschüttet, wenn er Gefahr spürt. Babys, die die Brust bekommen, profitieren von häufigem Stillen in der Nacht. Je näher sie also bei ihrer Mutter sind, desto leichter für beide.

Für ein Baby bedeutet die Trennung vom Körper der Mutter Gefahr. Viel zu viele Eltern erkennen gar nicht, wie schädlich die Stunden der Trennung für abhängige Neugeborene sein können.[19] Erica Komisar erklärt detailliert, welche Vorteile sich sowohl für die Mutter als auch für das Kind ergeben, wenn sie bis zu sechs Monate oder einem Jahr eng beieinander schlafen (im selben Raum oder Bett, in gegenseitiger sensorischer Nähe). Komisar führt aus, dass die Sicherheit in der Nacht noch wichtiger sei als während des Tages – vor allem, wenn die Mutter den ganzen Tag fort ist.[20]

In seinem Buch *Nighttime Parenting* (deutsche Übersetzung: *Schlafen und Wachen: Das Elternbuch für Kindernächte*) erklärt Dr. William Sears, wie unterschiedlich Babys im Vergleich zu Erwachsenen schlafen und warum. Die Kleinen sind von Natur aus auf Überleben programmiert, also wachen sie regelmäßig auf, um sich selbst mit ihrer Mutter zu regulieren. Sears erklärt, dass Säuglinge, die allein aufwachen, sich erschrecken und ihre Mutter suchen. Eine erhöhte Adrenalinausschüttung und zunehmender Herzschlag führen zum Weinen und erschweren es, wieder einzuschlafen. Er erklärt weiter, dass Babys, die nicht allein schlafen, nachts selten weinen und weniger Angst haben. Als Erwachsene haben sie seltener Schlafstörungen als solche, die als Säugling allein schlafen mussten.

Mit der Ausnahme von Kindern, deren Bezugspersonen alkohol- und nikotinabhängig sind, bauen Babys eine robuste Physiologie durch die nächtliche Nähe zu ihren Eltern auf. So ist die eigene Körpertemperatur, die Neugeborene noch nicht selbst regulieren können, stabiler bei Babys, die in der Nähe ihrer Eltern schlafen. Darüber hinaus regt das von den Eltern ausgeatmete Kohlendioxid die Atmung des Babys an. Säuglinge, die nahe ihrer Mutter schlafen, machen weniger Atempausen als solche, die allein schlafen. Sowohl Dr. James McKenna, Säuglingsschlafforscher an der Universität Notre Dame in Indiana und Autor von *Safe Infant Sleep: Expert Answers to Your Cosleeping Questions* (zu Deutsch: ›So schläft Ihr

Baby sicher: Experten beantworten Ihre Fragen zum Nachwuchs im Elternschlafzimmer‹), als auch Dr. Sears weisen auf das geringe Vorkommen von plötzlichem Kindstod in Ländern hin, in denen das gemeinsame Schlafen die Norm ist.[21]

Dr. McKenna verweist auf die 45 bis 60 Millionen Jahre Evolution bei den Primaten und schließt daraus, dass die aktuellen »euro-amerikanischen Säuglingspflegepraktiken und die Fähigkeit unserer Säuglinge, sich an diese Praktiken anzupassen, [...] wohl dafür sorgen werden, dass wir es mit der Anpassungsfähigkeit der Säuglinge (und auch der Mutter) zu weit treiben, was schädliche Folgen für das kurzfristige Überleben und die langfristige Gesundheit hat«.[22] Dr. McKenna erläutert, dass Handlungsempfehlungen von behördlicher Seite, die besagen, dass das sogenannte *Co-Sleeping* unsicher sei, auf wenigen Eltern, die ihre Kinder nachts unverantwortlich versorgen, basieren. Das wäre so, als würde man sagen, dass niemand eine Kreditkarte besitzen sollte, nur weil einige wenige Menschen mit ihren Kreditkarten nicht richtig umgehen können. Seiner Meinung nach werden engagierte, aufmerksame Eltern bei diesen Schlafempfehlungen gerne übersehen. Dr. McKennas Richtlinien besagen, dass es eine sichere, einfache Form des *Co-Sleepings* darstellt, gemeinsam in einem Raum zu schlafen, weil die primäre Bezugsperson und das Baby innerhalb ihrer sensorischen Reichweite liegen.[23] »Diese Form von *Co-Sleeping* ist für jede Familie sicher und wäre meiner Meinung nach die bevorzugte Standardschlaflösung, vor allem für Flaschenkinder.«[24]

Es ist eindeutig, dass die physischen und sozialen Bedingungen rund um Säuglinge und ihre Bezugspersonen bestimmen, wie riskant oder nützlich gemeinsames Schlafen ist und welche Art von *Co-Sleeping* man versuchen möchte (die Betonung liegt auf *versuchen*, denn zu lernen, wie jeder zu gutem Schlaf kommt, ist ein Prozess, für den es Kreativität und Experimentierfreude braucht). Viele Experten sind sich einig, dass gemeinsames Schlafen den Bindungsprozess fördert, was Dr. Sears' Ergebnisse erklären könnte, nämlich dass Eltern, die sich auf ein nächtliches Zusammensein gut einlassen können, Kinder mit einem höheren Selbstwertgefühl und weniger Ängsten großziehen; sie haben einen leichteren Umgang mit Zuneigung und größere Unabhängigkeit.

Geburt

Die Geburt eines Kindes ist eine tiefgreifende Erfahrung für eine Frau. Sie öffnet damit ein psychisches Portal, das tief in ihr eigenes Selbst hineinreicht. Waren ihre ersten eigenen Erfahrungen mit ihrer biologischen Mutter positiv, mögen freudige Gefühle ihren Körper und ihr Gehirn fluten, wenn sie selbst neues Leben hervorbringt. Sie ist psychologisch und biologisch bereit, sich zu binden.

Genau das Gegenteil kann passieren, wenn eine Frau unzureichende oder schädliche frühe Pflege erfahren hat. Wenn eine Frau entbindet, wird die Amygdala (das Gehirnareal, das für die Regulierung von Angst und Stress zuständig ist) auf natürliche Weise aktiviert. Dieser Bereich geht auf Empfang und bleibt es, damit die Mutter auf die Bedürfnisse ihres Babys achten kann. Bei Frauen mit unbehandeltem Mutterhunger, die sowieso schon überaus wachsam sind, kann diese erhöhte Amygdala-Reaktion eine Lawine aus Panik während der ersten Bindungsmonate in Gang setzen, die die psychische Gesundheit der Mutter sehr stark beeinträchtigen kann. In ihrer Verletzlichkeit und Rohheit neigen diese Frauen in den ersten Tagen mit ihrem Nachwuchs zu übersteigenden Gefühlen von Einsamkeit, Verzweiflung und Langeweile. Dunkle Emotionen und erhöhte Wachsamkeit (Hypervigilanz) stören die Bindung und lüften den Schleier rund um die Erlebnisse der Mutter während ihrer eigenen ersten Lebensmonate.

Die Geburt an sich kann schon für Mutter und Kind traumatisch sein. Im Krankenhaus wird möglicherweise die Fürsorge durch einen medizinischen Notfall, der die frühe Trennung von Mutter und Kind erfordert, gestört. Schwierigkeiten beim Füttern passieren in solchen Fällen häufig, und das bringt in einer sowieso schon verletzlichen Zeit zusätzlichen Stress. Eine detaillierte Ausführung über Geburtstraumata sprengt den Rahmen dieses Buches, aber ich möchte noch anmerken, dass Stress nach der Geburt sich intensiviert, wenn die Entbindung traumatisch verlief.

Zusätzlich kann postpartaler Stress eskalieren, wenn eine frischgebackene Mutter von ihrer eigenen Mutter entfremdet ist oder sie eine Mutter hat, die keine Unterstützung ist oder nicht mehr lebt. In diesen Fällen ist die wichtigste Quelle des Trostes in diesem Übergangsritus verloren gegangen. Meiner Meinung nach kann unentdeckter und unbehandelter Mutterhunger einer der wichtigsten Gründe für eine postpartale Depression und Ängste sein.

Trennung

In den ersten drei Monaten nach der Geburt erleben Mütter intensive Emotionen, die vom Prozess der Milchbildung, der Erholung von der Geburt und all den Veränderungen, die Mutterschaft mit sich bringt, herrühren. Eines der besten Mittel gegen mütterliche Angst und Stress während dieser Zeit ist die körperliche Nähe zu ihrem Säugling. Enger Hautkontakt steigert die Ausschüttung von Hormonen, die sowohl Mutter als auch Kind beruhigen und regulieren und damit ihre Angst und ihren Stress abfedern. Müttern, die von ihren Säuglingen getrennt sind, fehlt der entscheidende Hautkontakt, der die Milchproduktion erhöht und die Entspannung fördert.

Eine Extraversorgung und -unterstützung ist in dieser Zeit für Mutter und Kind essenziell, damit sie so viel Zeit wie möglich miteinander verbringen können. Die konkurrierenden Bedürfnisse der anderen Kinder, finanzieller Druck, Arbeitszeiten, medizinische Notfälle und nicht unterstützende Partner können zu zu viel Trennung zwischen der Mutter und ihrem Neugeborenen führen, was die frühe Bindung und die anhaltenden Bindungsbedürfnisse beeinträchtigt – mit lebenslangen physischen und psychischen Konsequenzen für beide.

Was macht zu starke Trennung aus? Erica Komisar hat dazu interessante Erkenntnisse:

> »Die schmerzhaftesten Momente für kleine Kinder sind das Kommen und Gehen ihrer Mütter. Babys brauchen Sicherheit, Beständigkeit und Vorhersehbarkeit von ihren Müttern, vor allem in den Übergangsphasen wie dem Aufwachen, wenn die Kleinen zum Mittagsschlaf gelegt und wieder geweckt werden, wenn sie zur Kita oder Vorschule gebracht und geholt werden; wenn es Zeit ist, mit dem Spielen aufzuhören, weil gebadet wird, von der Badezeit zum Abendessen und vom Abendessen zur Schlafenszeit.«[25]

Unsere dominierende Kultur spricht der Arbeit außerhalb des Hauses einen höheren Stellenwert zu als der Mutterschaft. Die Frauen sind zerrissen, wenn es darum geht, wie sie beides am besten miteinander vereinbaren können. Es ist nicht ungewöhnlich, dass Frauen nicht wissen, wie sie Prioritäten setzen sollen, wie sie die Zeiten getrennt von ihren Kindern hinbekommen können, ja selbst, wie sie ihre Kinder stolz machen können. Das ist absolut nachvollziehbar, dennoch ist es wichtig, die frühen Kindheitsjahre vor solchen Situationen zu schützen. Denn kleine Kinder wollen nichts als die Anwesenheit ihrer Mütter. Deren beruflicher Werdegang ist ihnen egal.

Man kann sicher sagen, dass Trennungen, die dem Säugling regelmäßig Stress verursachen, problematisch sind. Nichts bereitet einen Säugling auf die Einsamkeit in einem Kinderbettchen vor, wenn es das Geräusch des Herzschlags seiner Mutter gewöhnt ist. Babys verstehen nicht, dass ihre Mama auf Geschäftsreise gehen muss oder Papa einen Abend zu zweit versprochen hat. Ist ein Baby zu lange von seiner Mutter getrennt und gibt es keine fürsorgliche, bekannte Bezugsperson, die ihren Platz einnimmt, dann registriert das noch primitive Gehirn eine Gefahr. Und das Säuglingshirn lernt von dem, was es fühlt. Ein Baby ohne seine Mutter kann den drohenden Verlust spüren, der das Nervensystem in Gang setzt, woraufhin Adrenalin ausgeschüttet wird. Weinen, Zittern oder Schreien sind die Anzeichen eines verstörten Babys mit zu viel Adrenalin in seinem Körper; es ist ein Säugling in einem Zustand von Kampf oder Flucht. Kampf-oder-Flucht-Hormone sind jedoch nicht für Babys bestimmt. Längere Trennungen von den vertrauten Armen lösen aber diese starken neurochemischen Reaktionen aus.

Es ist der reinste Hohn, wenn so manche medizinische Experten Eltern davor warnen, dass weinende Babys manipulativ seien. Solche Art von Ignoranz könnte der Grund für die hohe Zahl an Erwachsenen mit unsicherer Bindung sein. »Der natürlichste Weg, wie wir Menschen unseren Stress beruhigen können, ist, berührt, umarmt und gewiegt zu werden. Das […] lässt uns ganz fühlen, sicher, geschützt und in Obhut zu sein.«[26] Eltern zu ermutigen, ihre Babys und Kinder allein zu lassen, auf dass sie sich selbst beruhigen, widerspricht dem Plan der Natur. Denn wir sind für Verbindung geschaffen. Sich selbst zu beruhigen, ist eine fortgeschrittene Fähigkeit, die später kommt und sich ganz von allein ergibt, wenn die Bindung sicher ist. Wenn Mütter und Bezugspersonen die Wirkung von Fürsorge und auch das Timing dafür in den ersten Jahren verinnerlichen, baut ihre emotionale und physische Anwesenheit eine sichere Bindung auf und füllt die Lücke, in der Mutterhunger sonst entstehen könnte.

Sich Fürsorge zurückholen

Sie können jederzeit damit anfangen, sich von dem Entzug von Berührungen zu heilen, wenn Sie bereit dafür sind. Stellen Sie sich vor, wie Sie es gerne gehabt hätten, wie Ihre Mutter Sie als Kind berührt. Hätte sie über Ihr Haar gestrichen? Vielleicht Ihren Rücken gekratzt? Vielleicht hätte es Ihnen gefallen, wenn sie einfach nur still in der Nähe Ihrer Füße oder neben Ihnen gesessen hätte. Sie können warme Selbstberührung üben, um sich zu beruhigen und sich Ihre verlorene mütterliche Fürsorge zurückzuholen.

Für den Anfang halte ich die Praxis des Reiki für geeignet, vor allem, wenn Sie sich nicht sicher sind, ob Sie auf diese Art mit sich arbeiten wollen. Falls Ihre eigenen Berührungen Sie zu stark stimulieren, versuchen sie es mit sanfteren Bewegungen und nutzen dafür etwa ein leichtgewichtiges Massagegerät für die Kopfhaut oder eine Trockenbürste, bis Sie sich mit regelmäßiger Selbstfürsorge wohler fühlen.

Ich stelle hier eine Reiki-Übung vor, die Sie am Abend probieren können, bevor Sie ins Bett gehen, oder wenn Sie Zeit und einen Raum haben, der sich sicher anfühlt.

Setzen Sie sich hin und reiben Sie Ihre Hände aneinander, bis Sie die Wärme spüren, die von der Energie in Ihnen ausgeht. Warten Sie auf ein kribbelndes Gefühl. Sobald dieses eintritt, legen Sie beide Hände auf Ihren Scheitel, wobei die Hände leicht über Ihrem Kopf schweben oder diesen berühren. Warten Sie, bis das Kribbeln wie Regen auf Ihren Kopf fällt. Genießen Sie dieses Gefühl. Spüren Sie die Wärme auf Ihrem Kopf.

Wenn die Wärme in Ihren Händen abkühlt, reiben Sie sie wieder aneinander und lassen Sie dann Ihre Handflächen über Ihre geschlossenen Augen schweben. Lassen Sie Ihre Hände sich leicht berühren und legen Sie je eine Hand auf jedes Auge. Spüren Sie die Wärme. Ist sie stärker oder weniger stark als im Scheitelbereich Ihres Kopfes? Wenn die Energie nachlässt, gehen Sie weiter zum Bereich des Nackens und des Halses. Nehmen Sie wahr, wie Ihr Nacken auf die Wärme Ihrer Hände reagiert. Spüren Sie, wie Emotionen geweckt werden?

Es kann sich seltsam anfühlen, nicht genau zu wissen, wo Sie Ihre Hände platzieren sollen. Aber keine Sorge ... dies ist eine Übung; sie muss nicht perfekt sein.

Sie können die Wirbelsäule weiter heruntergleiten, indem Sie Ihre Hände über Ihren Bauch und dann über Ihr Becken legen und Sie die Gefühle wahrnehmen, die von jedem Chakra ausgehen, während Sie sich selbst Aufmerksamkeit schenken. Vielleicht möchten Sie weinen. Vielleicht fühlen Sie sich ruhig. Vielleicht schlafen Sie ein, bevor Sie die Übung beendet haben. Achten Sie darauf, ob Sie bei dieser Übung gereizt oder gelangweilt sind. Nehmen Sie diese Information auf. Versuchen Sie, sich selbst in kleinen Dosen zu berühren, wenn es für Sie passt. Mit etwas Zeit und Übung können Sie die Reaktion Ihres Körpers auf Berührung verändern und das Verlangen nach ungesunden Ersatzbefriedigungen reduzieren.

KAPITEL 4

ERSATZBEFRIEDIGUNG

Was passiert, wenn die mütterliche Fürsorge nicht zur Verfügung steht oder beeinträchtigt ist? Keine mütterliche Zuwendung zu bekommen, schreit nach einem Ersatz – nach jemandem, der als primäre Bezugsperson übernehmen kann. Steht eine sensible und zuverlässige Ersatzbezugsperson zur Verfügung, etwa ein Partner, eine Vollzeit-Nanny oder ein Großelternteil, können Säuglinge und Kleinkinder von der Beziehungssicherheit profitieren, auch wenn ihre Mütter nicht da sind. Ist aber kein Erwachsener verfügbar, der die Bedürfnisse nach Fürsorge und Schutz erfüllen kann, müssen die widerstandsfähigen Kleinen die belastenden Veränderungen, die das Leben außerhalb des Mutterleibs mit sich bringt, selbst bewältigen. Sie finden andere Wege, um sich sicher zu fühlen, selbst wenn sie es nicht sind. Sie trösten sich selbst. Sie finden Ersatz für die fehlende mütterliche Liebe. Um mit den Worten von Tara Brach, Meditationslehrerin, Autorin und Psychologin, zu sprechen: »Haben wir nicht erfüllte Bedürfnisse, sind wir so gepolt, dass wir sie uns woanders erfüllen.«[1] Meistens finden die Persönlichkeits- und Verhaltensanpassungen, die die Beeinträchtigungen seitens der Mutter ausgleichen, in so jungem Alter statt, dass es niemandem auffällt. In ihrem hektischen Leben können wohlmeinende Eltern die Anzeichen dafür übersehen, dass ihre Babys lernen, der menschlichen Verbindung zu misstrauen.

Was ist ein »gutes« Baby?

Babys, die nicht weinen und kein Theater machen, werden oft als »gute« Babys bezeichnet. »Gute« Babys schlafen nachts durch und nerven ihre Bezugspersonen nicht. Wenn ich Eltern so sprechen höre, werde ich traurig. Schlafmuster haben nichts damit zu tun, ob der Nachwuchs ein »gutes« oder ein »schlechtes« Baby ist. Das Weinen eines Säuglings ist kein Hinweis auf einen armseligen Charakter. Die Biologie fördert das Weinen, um die Bezugsperson dem Kind nahezubringen – Babys weinen, weil sie eben auf diese Weise kommunizieren. Kommunikation ist für Bindung von zentraler Bedeutung. Und Bindung ist überlebenswichtig.

Während manche Kinder zwar mit einem friedlichen, ruhigen Temperament geboren werden, zeugt die Vorstellung, dass ein »gutes« Baby ein ruhiges ist, von Desinformation und Lieblosigkeit. Von einem Säugling zu erwarten, eine ganze Nacht durchzuschlafen, ohne seine Mutter zu brauchen, ist ein unglückliches und falsches Verständnis von Säuglingsentwicklung und elterlicher Reaktionsfähigkeit. Während manche Neugeborene in den ersten vier bis sechs Wochen viel schlafen, quengeln und weinen die meisten mehr, wenn sie sich an das Leben außerhalb des Mutterleibes gewöhnen und mehr Unterstützung beim Einschlafen brauchen. Von Natur aus schlafen Babys nicht so wie Erwachsene. Es ist ganz natürlich, dass sie häufig aufwachen, um gefüttert oder beruhigt zu werden. Babys schlafen ein, wenn sie müde sind, auch ohne Übung. Denn Schlaf ist genau wie Hunger, einfach natürlich.

Ist ein Baby hungrig oder einsam, weint es. Während es weint, erhöht sich sein Herzschlag rapide und setzt Adrenalin frei.[2] Adrenalin beziehungsweise Epinephrin ist dazu da, die natürliche Kampf-oder-Flucht-Reaktion in Gang zu setzen. Bei Erwachsenen entspricht das der Fahrt zu einem Restaurant, dem Wühlen im Kühlschrank oder dem Anruf bei einer Freundin, um zu reden. Bei Babys ist es Weinen.[3] Mit einer starken neurochemischen Reaktion bringt uns die Natur zum Handeln. Eine aufmerksame Mutter sorgt für Erleichterung, bevor ihr Baby sich zu sehr hineinsteigert. Ist dies nicht der Fall, nimmt der Protest des Säuglings Fahrt auf. Er fängt an, lauter zu weinen. Hier ist die Biologie voll in Aktion und nicht etwa ein eigenwilliges Baby.

Säuglinge ohne einfühlsame, aufmerksame Fürsorge hören irgendwann auf zu weinen, wenn sie etwas brauchen. Konstantes Weinen ist für einen kleinen verletzlichen Körper zu anstrengend. Mit dem Weinen aufzuhören, ist ein Beispiel, wie sich das Kind an beeinträchtigte Fürsorge anpasst. Daher ist es gut möglich, dass ein ruhiges Baby ein resigniertes ist. Säuglinge, die regelmäßig keine Aufmerksamkeit erfahren – wie im Falle von Schlaftraining, das den Säugling von seiner Mutter trennt oder nach der »Schreimethode« verfährt –, hören irgendwann auf zu weinen. Schlaftraining lehrt ein Baby sicherlich, dass es still sein soll – mit Bindung oder Fürsorge hat das aber nichts zu tun. Fürsorge, das einfachste menschliche Bedürfnis für eine gesunde Entwicklung, erfordert aufmerksame, einfühlsame Zuwendung, damit die menschliche Verbindung sich natürlich anfühlt und die Entwicklung optimal verläuft. Daher sind Fürsorge und Schlaftraining nicht kompatibel. Ein Baby zu isolieren, damit es schläft, ist das Gegenteil von Fürsorge.

Experten für Schlaftraining argumentieren, dass Säuglinge sich selbst beruhigen können, doch damit demonstrieren sie, dass sie keinerlei Ahnung von Neurobiologie haben. Diese Information ist für junge Eltern, die versuchen, für ihr Kind das Richtige zu tun, einfach nur schädlich. Säuglinge können sich nicht selbst beruhigen. Die Selbstberuhigung ist eine hoch entwickelte Funktion, die sich erst viel später im Leben ausbildet. Tatsächlich können sich nicht einmal die meisten Erwachsenen selbst beruhigen. Und warum erwarten dann Erwachsene, die es vorziehen, nachts an der Seite ihres Partners zu liegen, dass ein Baby alleine schläft?

Alles, was nach Selbstberuhigung aussieht, zum Beispiel Daumenlutschen, ist reine *Selbstregulierung*, ein wissenschaftlicher Begriff, um mit Einsamkeit umzugehen. Selbstberuhigung beziehungsweise Selbstregulierung ist das, was wir in der Not tun. Sie ist nicht dafür vorgesehen, Ersatz für eine Beziehung zu sein. Und Schlaftrainer erklären Eltern auch nicht, wie sie ihren Kleinen die selbstberuhigenden Verhaltensweisen auf freundliche, respektvolle Weise wieder abtrainieren sollen, wenn die Zeit dafür kommt. Experten machen Eltern nicht darauf aufmerksam, dass sie ihre Fürsorgebemühungen verstärken müssen, wenn sie dem Kind das Selbstberuhigungsobjekt wegnehmen oder versuchen, dem Selbstregulierungsverhalten Einhalt zu gebieten.

Ich kenne so viele schmerzliche Beispiele von erwachsenen Frauen, die sich daran erinnern, wie sie sich für das Daumenlutschen geschämt haben, als sie zur Schule kamen. Ich habe erfahren, wie normal es für Frauen ist, ihre erste Babydecke oder das erste Kuscheltier aufzubewahren – falls ihnen das möglich ist. Oft verstecken Eltern diese frühen Bindungssubstitute oder werfen sie weg, in einem Versuch, ihr Kind unabhängiger zu machen – was schlicht von herzzerreißender Desinformation zeugt. Zurück bleibt ein tiefes Misstrauen. Unzählige Male hörte ich von Frauen die Geschichte, die ihnen von Mama oder Papa aufgetischt wird: »Ich weiß nicht, was mit deinem Teddy (oder deiner Decke oder deiner Puppe) passiert ist.« Aber sie spürten, dass es eine Lüge war. Jahrzehnte später sind der schwelende Schmerz und die Wut darüber noch sehr lebendig, wenn sich die Frauen an diesen Verlust erinnern.

Von einem Baby zu erwarten, dass es sich selbst beruhigt, kann mehr mit den Eltern, die eine Pause brauchen, oder mit kulturellen Erwartungen moderner Eltern zu tun haben als mit dem Wohlergehen eines Babys. Das ist verständlich. Sich um einen Säugling zu kümmern, ist herausfordernd, frustrierend und hart. Hier eine Abkürzung zu nehmen, klingt sinnvoll, kann aber nach hinten losgehen. Ein Baby der Einsamkeit zu überlassen, damit es lernt, dass es schlafen soll, setzt das sich entwickelnde Nervensystem, das menschliche Nähe für Trost braucht, massiv unter Druck. Zu viel »Selbstberuhigung« legt den Grundstein für ein Bedürfnis nach anderen selbstregulierenden Ersatzstoffen (Zucker, Alkohol, Fantasien, Sex), während das Kind heranwächst. Denn es lernt, dass es selbst dafür sorgen muss, seine Bedürfnisse zu befriedigen, statt sich dafür in Ruhe auf die Bezugsperson zu verlassen.

Ist die Trennung zu oft und zu lang, denkt der Säuglingskörper, dass die Situation wirklich schlimm ist, und die Reaktion des Erstarrens, die eigentlich Schmerz und Angst abfedern soll, übernimmt die Kontrolle. Die Erstarrungsreaktion ist eine tiefere Stufe im Hirnstamm, die sich von Protestversuchen wie Weinen oder Schreien unterscheidet. Wenn dieses niedrigere System aktiviert ist, wird das Baby ruhig und müde. Die Atmung verlangsamt sich. Der Körper kann erschlaffen und das Kind kann sichtlich resigniert wirken. Eine Erstarrungsreaktion kann nach einem »guten« Baby aussehen, aber in Wahrheit lernt es aufzugeben. Es lernt, dass seine Bedürfnisse nicht gestillt werden, dass der menschlichen Verbindung nicht getraut werden kann. Diese schmerzhafte Lektion wird mit zunehmender Reife nicht besser werden.

Der Anfang von Mutterhunger

Als hilflose Säuglinge treibt uns der Schmerz vor Hunger zu unserer Mutter. Sie ist unsere Erleichterung. Komplett abhängig von ihrer Zuwendung, »sprechen« wir zu ihr mit unserem ganzen Körper – wir winden uns, wimmern oder weinen. So bringt uns die Natur nah an unsere Mutter. Reagiert sie mit Milch und Wärme, ist alles gut. Milch und Mutter sorgen für Behagen und wir lernen, dass ein voller Bauch, die Berührungen unserer Mutter, ihre Stimme und ihr Geruch immer gleich sind. Die menschliche Verbindung wird auf diese Weise mit Wohlbefinden assoziiert – und davon wollen wir mehr. Hunger und Bindung sind biologisch untrennbar miteinander verbunden.

Frauen mit Mutterhunger kämpfen kategorisch sowohl mit Essen als auch mit Beziehungen. Ich habe noch nie das eine Problem ohne das andere gesehen. Die Frage ist nur: Was tut mehr weh? Durch frühe Fürsorge-Erfahrungen werden Nahrung und Liebe im impliziten Gedächtnis miteinander verbunden. Denken Sie an das letzte Mal, als Sie wirklich hungrig waren. Wie hat sich das angefühlt? Wie lange konnten Sie den Hungerschmerz aushalten, bis Sie etwas zu essen bekamen? Hunger tut weh. Der Schmerz kommt aus dem Nichts. Ganz tief innen drin, wo Sie ihn nicht sehen können, bekommt der Hungerschmerz Ihre Aufmerksamkeit. Adrenalin aktiviert Sie und Sie finden etwas zu essen.

Wenn das Weinen vor Hunger im Säuglings- oder Kleinkindalter häufig ignoriert wurde oder Ihre Mutter keine Freude daran hatte, Sie zu füttern, oder die anderen Personen, die Ihnen zu essen gaben, keine richtige Ahnung hatten, wie, dann war die Freude am Sich-Binden beeinträchtigt. Warme Befriedigung und Behagen sind für Sie vielleicht mit dem körperlichen Gefühl von Sattheit verbunden, aber nicht mit menschlichem Kontakt. Essen erleichtert den Schmerz, eine Beziehung jedoch nicht. Und so verlieben wir uns ins Essen.

Unzureichende Fürsorge

Josie wurde gleich nach ihrer Geburt im Zimmer ihrer großen Schwester untergebracht. Ihre große Schwester war zehn Jahre alt, aber es war ihre Aufgabe, das Milchpulver anzurühren, die Flaschen vorzuwärmen und Josie nachts zu füttern. Eine große Schwester hat daran vielleicht eine oder zwei Nächte lang Freude, aber eine Zehnjährige ist immer noch ein Kind, das Schlaf braucht. Eine Zehnjährige kann eine Mutter nicht ersetzen.

»Wissen Sie, warum das die Aufgabe Ihrer Schwester war?«, fragte ich Josie.

Sie war sich nicht sicher. »Ich war das letzte von sechs Kindern, vielleicht wollten Mom und Dad mich nicht.«

Da ist er – der implizite Glaube, den ein Kind entwickelt, wenn die mütterliche Fürsorge unzureichend ist: *Ich bin nicht erwünscht*. Dieser Glaube wird Teil seiner inneren, unbewussten Landkarte der Liebe, die das Leben und das Selbstbild des Kindes leiten wird.

In ihrem richtungsweisenden Buch *When Food Is Love* (deutsche Übersetzung: *Sehnsüchtiger Hunger*) stellt Geneen Roth fest, dass »viele von uns über so viele Jahre hinweg Essen als Ersatz für Liebe benutzt haben, sodass [...] wir die Liebe nicht erkennen würden, wenn sie uns überfällt«.[4] Roth verweist auf die starke Verbindung zwischen Essen und Liebe, die dem Mutterhunger innewohnt. Diese Verbindung ist nicht deshalb so stark, weil Essen tatsächlich Liebe ist, sondern weil es unsere erste *Erfahrung* mit Liebe ist. Ist die mütterliche Fürsorge nun beeinträchtigt, bietet Essen das erste richtige Gefühl von Wohlbehagen. Essen rettet ein hungriges Herz. Das erklärt vielleicht, warum für so viele von uns Essen so viel mehr bedeutet als nur eine Reaktion darauf, hungrig zu sein. Wir essen, wenn wir einsam, gestresst oder verängstigt sind. Wir essen, wenn wir uns langweilen, wir müde sind oder uns schämen.

Essensrituale sind die Fenster in unsere Seele. Wenn Sie sich besser kennenlernen möchten, achten Sie darauf, wie und wann Sie essen. Frauen mit Mutterhunger haben mit dem Essen Probleme, weil die mütterliche Entbehrung eine Ersatzbefriedigung erforderte. Manche meiden Mahlzeiten und reduzieren die Kalorienzufuhr, um sich stark, sichtbar oder sicher zu fühlen. Hungern ist eine der simpelsten Möglichkeiten, um das Gefühl von Hilflosigkeit zu kompensieren. Andere wiederum neigen zu übermäßigem Essen und folgen dabei der inneren Stimme, die verspricht, dass mit einer Pizza alles wieder gut wird. Übermäßiges Essen oder viel zu wenig Essen sind wirksame Mittel, um die innere Not zu überdecken und die Leere zu betäuben, wenn die mütterliche Fürsorge zu kurz kam.

Essen als Sprache

Hunger ist eine menschliche Erfahrung. Dasselbe gilt für den Hungerschmerz. Frauen ohne nährende mütterliche Fürsorge wachsen hungrig auf, sowohl nach Liebe als auch nach Essen, und bringen diese beiden Dinge häufig durcheinander. Tatsächlich löst Einsamkeit im Gehirn ein ähnliches Verlangen aus wie körperlicher Hunger.[5] Ich betrachte fehlangepasste Essensgewohnheiten als Signale sprachloser Verzweiflung. Essensmuster erzählen viel über frühe Bindung, also höre ich an dieser Stelle genau zu.

Staci Sprout, Therapeutin und Autorin des Buches *Naked in Public* (zu Deutsch: ›Nackt in der Öffentlichkeit‹), beschreibt sehr schön, wie sie einen Ersatz für die fehlende mütterliche Fürsorge fand: »Essen wurde mein Trost, mein Vergnügen und mein Ersatz für Zuneigung und Berührung. Eine Berührung im Inneren, eine Berührung, die ich kontrollieren konnte.«[6] Stacis Worte spiegeln wider, auf welche Weise Essen zur Hauptbeziehung wird, indem sie für die fehlende mütterliche Zuwendung herhalten muss. Auch in den beeindruckenden Lebenserinnerungen von Roxane Gay, *Hunger: A Memoir of (My) Body* (deutsche Übersetzung: *Hunger: Die Geschichte meines Körpers*), geht es um die Verbindung zwischen Essen und Liebe. Sie erzählt darin, wie Besuche bei ihrer Familie starke Essensgelüste bei ihr triggerten: »Ich bin so viel mehr als hungrig, wenn ich zu Hause bin. Ich bin unterernährt. Ich bin ein Tier. Ich wünsche mir verzweifelt, genährt zu werden.«[7]

Bei sehr vielen Frauen, mit denen ich arbeite, löst die Rückkehr nach Hause Sehnsucht, Wut und Hunger aus. Als würde die Nähe zu Mama den Körper an Zurückweisung und Sehnsucht erinnern. Gay schreibt: »Ich fange an, nach Essen zu lechzen, jeglicher Art Essen. Ich werde von unkontrollierbaren Fressanfällen heimgesucht, um den wachsenden Schmerz zu lindern, um das Loch zu füllen, das entsteht, wenn ich mich alleine fühle mitten unter den Menschen, die mich angeblich am meisten lieben.«[8]

Flucht

Als kleines Mädchen hatte Nadine oft Angst. Sie wuchs mit ihren Eltern und einem älteren Bruder auf. Ihr Vater war immer verärgert. Ihr Bruder war ein kleiner Tyrann und die Mutter zu abgelenkt, um sie zu beachten. Nadine erinnert sich daran, dass die Mahlzeiten besonders schrecklich waren: Ständig kritisierte ihr Vater die Mutter und das Essen. Am Tisch sollte geschwiegen werden. Falls jemand sprach, schlug sein Ärger in Aggression um.

Nadines Bruder provozierte regelmäßig einen Streit und ihre Mutter verließ dann häufig weinend den Tisch. Nadine wünschte sich einfach nur, dass alle still waren, damit ihr Vater sich nicht über ihren Bruder aufregte oder ihre Mutter zum Heulen brachte. Um mit ihrer Notlage umzugehen, konzentrierte sie sich auf ihren Teller. Ihre Augen klebten an ihrem Essen. Als ich sie bat, sich zu erinnern, wie das Essen schmeckte, sagte sie: »Ich mochte es. Wenn ich mich richtig doll anstrengte, konnte ich fast alle anderen um mich herum vergessen.« Nadine war ein cleveres kleines Mädchen – sie fand eine Möglichkeit, um ihre Angst in Schach zu halten. Sich aufs Essen zu konzentrieren, beruhigte ihr Nervensystem. Aber mit der Zeit wurde aus dieser Übung ein Automatismus. Im Wesentlichen lernte Nadine, sich in eine Essenstrance zurückzuziehen – in einen Bereich, in dem es nichts anderes gab als das Essen auf ihrem Teller.

Nadines Strategie, ihre Angst zu regulieren, begleitete sie bis ins Erwachsenenalter. Auch jetzt als Mutter zieht Nadine es immer noch vor, alleine zu essen. Sie richtet sich ihr Essen und nimmt es mit in ihr Zimmer. Ihre Kinder essen allein in ihren Zimmern mit Computern und Smartphones als Gesellschaft, und ihr Mann tut es ihnen gleich. Essen und technische Geräte ersetzen in dieser Familie die menschliche Verbindung und ahmen die Einsamkeit in Nadines Elternhaus nach.

Essen ist eine ausgesprochen effektive Form, um Gefühle zu regulieren, wenn es eine menschliche Beziehung nicht schafft. Meiner Erfahrung nach erfordert es unglaublich viel Respekt und Zeit, Frauen dabei zu helfen, die primitive Bindung an Essen, die als Ersatz für frühe mütterliche Sorge dient, neu zu gestalten. Das ist dann sinnvoll, wenn wir verstehen, dass viel zu viel oder viel zu wenig zu essen tatsächlich mit der Kampf-oder-Flucht-Reaktion verwandt ist – es ist ein Weg, dem Schmerz zu entfliehen. Wenn manche Mädchen nicht den Familientisch verlassen können oder ihr Süßigkeitenvorrat auffliegt, dann entdecken sie schon in sehr jungem Alter, dass Essen eine virtuelle Flucht vor unaushaltbaren Gefühlen bietet. Diätpläne funktionieren in der Regel nicht, weil sich Regeln wie Entbehrungen anfühlen und den primären Verlust triggern.

Dass es eine Verbindung zwischen Essen und Fürsorge gibt, ist bekannt. Wenn ein Freund krank ist, bieten wir ihm Essen an. Um einen Feiertag oder eine erreichte Leistung zu feiern, essen wir gemeinsam. Aber der Mangel an früher Fürsorge stört die Verbindung zwischen Essen und Bindung und führt dahin, was Alexandra Katehakis als »Wohlbefinden-ohne-Kontakt-Strategie« *(Comfort Without Contact Strategy)* bezeichnet.[9] Sich ohne Kontakt beziehungsweise Selbstberuhigung wohlzufühlen, ist das, was Babys lernen, wenn sie ihre Mutter zu sehr entbehren müssen. Aus diesem Grund ist Schlaftraining so riskant und kann die Grundlage für Mutterhunger sein. Das Kind wächst heran, und schließlich ersetzt Essen das Daumenlutschen oder Fingerkauen.

Essenstrance

Fehlangepasstes Essverhalten wird zur beziehungslosen Gewohnheit, die die unzureichende mütterliche Fürsorge ausgleicht. Wenn wir restriktiv essen oder uns überfressen, geht es um Sehnsucht: Sehnsucht nach liebevoller Wertschätzung und Sicherheit. Beide Essgewohnheiten sind Formen der Kampf-oder-Flucht-Reaktion. Ohne ein Gefühl für Sicherheit und Zugehörigkeit zu haben, ist die Angst immer da, und so werden aus dem viel zu viel oder viel zu wenig Essen Möglichkeiten, ebendieses Gefühl zu betäuben, wenn es keinen Ausweg gibt. Wenn Essen die mütterliche Fürsorge übernimmt, kann die Selbstentfaltung zum Stillstand kommen. Hinter dem Drang, zu essen oder zu hungern, verbirgt sich ein kleines Kind, das auf Liebe und Schutz wartet.

Als gut geübte Erwachsene essen oder beschränken Frauen ihre Nahrungsaufnahme in einer leichten Trance, ohne sich der Angst aus ihrer Kindheit bewusst zu sein, die die Bindung zum Essen antreibt. Fehlangepasste Ernährungsmuster können fortbestehen, als würden sie zu jemand anderem gehören. So hat es eine Klientin, Debbie, erlebt:

»Mitten in der Nacht kommt ein anderer Teil von mir heraus. Er kriecht in die Küche, stopft sich voll mit allem, was er kriegen kann, und geht zurück ins Bett. Am nächsten Morgen fühle ich mich krank und aufgedunsen. Und manchmal kann ich mich nicht mal erinnern, warum ... bis ich in die Küche gehe und die Bescherung sehe.«

Bei Debbie passieren die Essensanfälle in der tiefen Nacht wie in Trance. Gerade lebt sie, nach zweiunddreißig Jahren Ehe von ihrem Mann getrennt, zum ersten Mal in ihrem Leben allein. Nachts wecken sie nicht verarbeitete Ängste aus ihrer Kindheit – sie hat Albträume, schwitzt und zittert. Gemeinsam haben wir uns angeschaut, was da passiert.

Debbie wuchs mit einer bedürftigen Mutter auf, die sehr kalt und kritisch sein konnte. Debbie tat alles, um ihr zu gefallen, aber es schien nie genug zu sein. In einem Moment war Debbie die beste Freundin ihrer Mutter, im nächsten schien sie sie aufzuregen. Sie war sich nie sicher, warum, aber sie erinnert sich an die Qualen des strafenden, eisernen Schweigens ihrer Mutter, das sich über Tage hinzuziehen schien. Als kleines Mädchen war Debbie stundenlang allein in ihrem Zimmer, versteckte sich unter der Decke und wartete darauf, dass ihr vergeben wurde, für was auch immer sie falsch gemacht hatte. Und sie aß. Sie hatte einen Geheimvorrat an Crackern, Schokolade und Gummibärchen in ihrem Schrank hinter dem Regenmantel, dort, wo nie jemand nachsah. Es war ihre eigene Apotheke.

Jetzt, mit vierundfünfzig Jahren, spürt Debbie dieselbe Verzweiflung wie als kleines Mädchen. Ihre Ehe ist futsch, sie hat nur wenige Freunde und macht sich ständig Sorgen um ihre Kinder und Enkelkinder. Aber sie erklärt mir, dass ihr größte Schmerzquelle ihre Beziehung zu Essen ist und wie sehr sie ihren Körper hasst. »Ich werde niemals glücklich sein, wenn ich nicht abnehme. Das ist das Einzige, was wirklich wichtig ist. Darüber denke ich den ganzen Tag nach, jeden Tag.« Debbies innere Kriegsführung ergibt für mich Sinn. Es ist leichter, gegen Essen zu kämpfen, als dem Mutterhunger ins Auge zu schauen.

Wie viele erwachsene Frauen auch arrangierte Debbie ihr Leben so, wie ihre Mutter es wünschte. Sie ging auf die Schule, die ihre Mutter aussuchte. Sie heiratete den Mann, den ihre Mutter für sie haben wollte, und blieb in deren Heimatstadt. Als Debbie ihre eigenen Kinder bekam, brachte sie ihnen bei, sich so zu verhalten, dass ihre Mutter stolz auf sie sein würde. Und trotzdem war ihre Mutter unglücklich. Als pflichtbewusste Tochter wurde Debbie nie wütend auf ihre Mutter. Sie aß lieber.

Debbie begann ihre Behandlung bei mir ein Jahr nach dem Tod ihrer Mutter, was üblich ist. Diese Arbeit anzugehen, ist mit einer lebenden Mutter manchmal nicht möglich. Derzeit ist Debbie dabei, die tiefe Traurigkeit und Wut auf ihr Leben, die sie spürt, zu verarbeiten. Obwohl ihre Mutter nicht mehr lebt, fühlt sich Debbie immer noch wie ein ungezogenes Mädchen. Ihr ganzer Körper reagiert so, als würde sie ihre Mutter betrügen, wenn sie mir von ihrer Kindheit erzählt. Sie wird rot, zuckt zusammen und schaut weg. Das sind normale Reaktionen, die viele Frauen haben, wenn sie sich an mütterliche Entbehrungen erinnern und anfangen, die Wahrheit zu erzählen. Wenn Debbie von Essen und Hass auf den eigenen Körper spricht, fühle ich mich an Geneen Roth erinnert: »Wir behandeln unsere Körper wie Feinde … als ob Entbehrung, Bestrafung und Scham zu Veränderung führen würde.«[10] Die Veränderung, die Debbie braucht, dreht sich nicht wirklich um Essen. Während ihr Mutterhunger heilt und sie ihre Kernverletzung angeht, verliert Debbie ganz von selbst das Gewicht, das ihren Körper so unangenehm gemacht hat. Indem sie sich ihrer Trauer stellt, Unterstützung erfährt und die fehlende mütterliche Zuwendung ersetzt, wird ihr Körper zu ihrem Zuhause.

Am Ende dieses Kapitels findet sich ein Fragebogen, der die Verbindung zwischen Fürsorge, Essen und Liebe konkretisiert. Der Rest des Buches wird aussagekräftiger für Sie werden, wenn Sie sich ein paar Minuten Zeit nehmen, um Ihre Antworten aufzuschreiben. Falls sich das zu schwierig anfühlt, dann vertrauen Sie dem Gefühl und warten Sie ab, bis Sie mit einer vertrauensvollen Freundin oder einem Freund oder mit Ihrer Therapeutin diese Übung zusammen machen können.

Fürsorge durch Berührung

Babys brauchen die mütterliche Zuneigung wie Pflanzen das Wasser: Ohne diese welken sie. Wenn die Mutter nicht fürsorglich ist, finden einfallsreiche Säuglinge und Mädchen andere Möglichkeiten, um dieses primäre Bedürfnis zu stillen. Kleine Mädchen suchen massiv nach Zuwendung, und wenn sie Glück haben, können sie mit ihren Geschwistern, anderen Müttern, Vätern, Großeltern, Stofftieren oder Haustieren kuscheln – mit irgendjemandem oder etwas, das warm und weich ist.

Als Caroline ein kleines Mädchen war, erlaubte ihre Mutter nicht, dass sie ihr Stofftier mit zum Schlafen ins Bett nahm. »Ich habe die Nacht gehasst. Es war so dunkel. Und ich hatte solche Angst. Ich durfte kein Nachtlicht an und kein Stofftier im Bett haben, weil sie meinte, dass mich das zu bedürftig machen würde.« Wie viele andere falsch informierte Eltern auch hatte Carolines Mutter Angst, dass sie ihre Tochter zu abhängig machen würde. Doch ein Kind zu zwingen, unabhängig zu sein, ist nutzlos. Es funktioniert einfach nicht. Unabhängigkeit erwächst aus einer sicheren, geborgenen Verbindung mit der Mutter. Die hatte Caroline nicht. Sie erinnert sich an die Einsamkeit in ihrem Bett und ihr Sehnen nach Trost. Sie lutschte an ihrem Daumen. Sie streichelte ihr Kissen. Sie fantasierte, wie sie gerettet wurde.

In *Being There* schreibt Erica Komisar über die Bedeutung von Übergangsobjekten: »Respektieren Sie das Bedürfnis Ihres Kindes nach einer Decke, einem Stofftier oder einem Schnuller, der Sie und die Sicherheit darstellt, die Sie in Ihrer Abwesenheit bieten … Wenn Ihr Kind ganz natürlich ein Übergangsobjekt wählt, wird es für Sie einfacher, für kurze Zeit abwesend zu sein.«[11]

Berührungsentzug

Zu wenig mütterliche Fürsorge führt zu Berührungsentzug. Berührungsentzug hat seine eigenen Regeln. Bevor Mädchen, denen es an mütterlicher Fürsorge mangelt, älter werden und Zugang zu Drogen und Alkohol haben, trösten sie ihre berührungshungrigen Körper, indem sie sich selbst berühren. Bevor sie hungern oder sich mit Essen vollstopfen oder sich erbrechen, berühren sie sich gegenseitig. Bevor sie sich ritzen, verbrennen oder den Kopf gegen die Wand schlagen, erfüllen sie ihre verzweifelten Bedürfnisse mit ihren Geschwistern, Haustieren oder irgendetwas Warmem und Weichem.

Kleine Mädchen ohne mütterliche Zuneigung sind gegenüber denjenigen, die sie benutzen, um aus ihnen einen Vorteil zu ziehen, besonders verletzlich. Sie erkennen die unangebrachten Berührungen nicht, denn diese sind immer noch besser als keine. Und so kann früher sexueller Missbrauch über Jahrzehnte stattfinden, ohne aufzufliegen. Voller Scham erzählen mir Frauen davon, wie sie nichts dagegen hatten, auf dem Schoß eines Onkels zu sitzen oder den Penis ihres Großvaters anzufassen. Selbst wenn ihnen bewusst war, dass etwas nicht stimmte, rieben sie sich an ihren Brüdern und Schwestern. Oder an Matratzen, Stühlen, Tischen. Wie Essen ist ein Orgasmus eine Medizin gegen emotionales Hungern.

Carolines Mutter schickte ihre Tochter schon sehr früh ins Sommercamp. »Ich habe die Käfer gehasst, den See und das schleimige, widerliche Essen. Es war wie ein schlechter Traum.« Caroline erinnert sich an ihre Sommer als Zeiten, in denen sie sich nach Traubenlimo und Snickers-Riegeln sehnte. Und nach Berührung. »Ich starrte die Mädchen an, die schönes langes Haar hatten und so selbstbewusst wirkten. Ich wollte einfach genauso sein wie sie. Damit sie mich mochten, tat ich alles. Manchmal haben wir uns in eine leer stehende Hütte geschlichen. Dort haben wir uns geküsst und gegenseitig berührt. Es war unglaublich. Ich wollte, dass es nie aufhört.»

Solche Geschichten höre ich oft: Junge Mädchen, die gemeinsam übernachten, sich einkuscheln und im Dunkel der Nacht gegenseitig erforschen und sich dabei vor allem nach Zuneigung sehnen, bevor der nächste Tag anbricht, der sie zu ihren kalten, abweisenden Müttern zurückbringt. Erotische Zuneigung zwischen Mädchen hat oft wenig mit sexueller Orientierung zu tun und seinen Ursprung eher in Berührungsentzug. Wir sind erfinderische Kreaturen und auf irgendeine Art und Weise gelingt es uns im Laufe unseres Heranwachsens, unsere essenziellen menschlichen Bedürfnisse zu stillen.

Fast niemand spricht über Mädchen und Masturbation, und doch ist das der erste und stärkste Ersatz, den die Kleinen finden, um die Berührung durch die Mutter zu ersetzen. Selbststimulierung wie Daumenlutschen ist eine findige Möglichkeit, um Angst zu regulieren, wenn man sich nach Trost verzehrt.

Unerwünschte Berührung

Nicht jede mütterliche Berührung fühlt sich gut an. Ist die Berührung der Mutter ekelerregend (sexuell) oder übergriffig (aggressiv), ist das tragisch. Um damit zurechtzukommen, verschließen Töchter ihren Wunsch nach menschlicher Nähe. Dieses Verschließen ist keine Entscheidung. Es ist eine körperbasierte Reaktion auf Gewalt.

Mütter baden, füttern und ziehen ihre Töchter an und aus. Diese intimen Momente lehren ein kleines Mädchen viel über ihren Körper und ihren Wert. Ist die mütterliche Berührung auf irgendeine Art und Weise respektlos, bleiben lang anhaltende Auswirkungen zurück.

In ihrem Buch *A Mother's Touch* (zu Deutsch: ›Mutters Berührungen‹) schreibt Julie A. Brand über die Belästigungen durch ihre Mutter. Sie erinnert sich an Mittagsschlafzeiten und wie seltsam es sich anfühlte, dass ihre Mutter mit ihr im Bett lag und ihren Körper anfasste. Doch da war keine Gewalt oder körperlicher Schmerz. Bei meiner Arbeit mit Frauen, die einen ähnlichen Hintergrund haben, beschreiben diese die Berührungen ihrer Mutter als abstoßend oder schwer erträglich; sie identifizieren sie jedoch nicht als Missbrauch, vor allem nicht, wenn sie nicht wehtaten, aber auch nicht, weil die Berührungen einer Mutter »normal« oder etwas Bekanntes sind.

Erleben Töchter von ihren Müttern unangemessene Berührungen, dann lässt die Scham sie schweigen. Als Erwachsene haben diese Frauen dann sehr wenig Lust, ihren Müttern nahe zu sein. Ihr Pflichtbewusstsein sorgt dafür, dass sie hilfsbereit, loyal und in der Nähe bleiben, aber die Erleichterung setzt ein, wenn die Mutter stirbt. Erleichterung ist nicht dasselbe wie Heilung. Ohne Intervention können diese Frauen unbewusst die mütterlichen Berührungen mit ungesunden Partnern oder durch Selbstverletzungen wiederholen.

Wenn Frauen über sexuellen Missbrauch sprechen, ist der Täter normalerweise ein männliches Familienmitglied. Dr. Christiane

Northrups bahnbrechendes Buch *Women's Bodies, Women's Wisdom* (deutsche Übersetzung: *Frauenkörper – Frauenweisheit*) bringt sexuellen Vater-Tochter-Missbrauch mit zukünftiger Sex- und Liebessucht in Verbindung. Ähnlich verknüpft in *Women, Sex, and Addiction* (zu Deutsch: ›Frauen, Sex und Sucht‹) die Autorin und Therapeutin Charlotte Davis Kasl sexuellen Missbrauch mit süchtig machender Liebe und Sex. Genau wie Northrup zeigt Kasl auf Männer.

> »Die Rolle, die Väter in der Entwicklung von weiblicher Sexsucht spielen, kann nicht überbewertet werden. Kleine Mädchen orientieren sich an ihren Vätern. Sie wünschen sich, dass diese besondere Energie, das Licht in Daddys Augen, auf sie gerichtet wird. Die schmerzhafte Sehnsucht nach einem warmen, liebevollen Vater, der die Beziehung nicht sexualisiert hat, ist tief in den Herzen der meisten Frauen verankert.«[12]

Während ich mit Kasl übereinstimme, dass ein kleines Mädchen für ihren Vater etwas Besonderes sein will, verschließt ihre Behauptung, dass Mädchen sich an ihrem Vater orientieren, die Augen gegenüber dem Primat der Mutter-Tochter-Beziehung. Wird eine Tochter von ihrer Mutter fürsorglich behandelt, beschützt und geführt, ist sie weniger verletzlich gegenüber dem ungesunden Verhalten des Vaters. Und sie braucht vielleicht nicht so viel von seiner Zeit oder Ermutigung. Seine Liebe ist ein Bonus, aber die Tochter ist bereits stabil durch die Liebe ihrer Mutter. Kasl scheint dies später in dem Buch selbst anzuerkennen, als sie über ihre Besessenheit von ihrem Liebhaber Sam schreibt. »Ich wusste, dass mein Hingezogensein zu Sam den Teil in mir wiedererweckt hatte, der sich immer noch durch meine Mutter schrecklich verletzt anfühlte.«[13]

Kasls Entwicklungsprozess reflektiert, was ich immer wieder gesehen habe. Mütterliche Vernachlässigung oder Missbrauch als solche zu erkennen, passiert erst später im Leben. Es ist, als wären wir vor dem Wissen geschützt, bis wir wirklich bereit dafür sind. Vielleicht ist es einfacher, wegen unserer Schwierigkeiten auf einen Vater wütend zu sein, als auf die Mutter zu zeigen; erlaubt uns doch unsere Kultur, vorrangig Männer statt Frauen als missbrauchend zu identifizieren. Oder vielleicht ist es sogar noch simpler als das. Psychologisch gesehen könnte es bedrohlicher sein, die Anerkennung der Mutter als die des Vaters zu verlieren. Ganz sicher ist es eine Mischung aus all diesen komplizierten Faktoren.

Intimitätsintoleranz

Schmerzhafte, schambesetzte oder nichtexistierende mütterliche Berührung kann zu einer Aversion gegen Berührungen in engen erwachsenen Beziehungen führen. Frauen berichten von automatischen Reaktionen auf Liebespartner, die aus dem Nichts zu kommen scheinen – wie eine allergische Reaktion. Ich nenne diese unfreiwilligen Reaktionen *Intimitätsintoleranz*. Wenn eine Person einer anderen zu nahe kommt, kann das eine Intimitätsintoleranz auslösen und man fühlt sich plötzlich krank. Die emotionale Nähe fühlt sich widerlich und irritierend an. In *Naked in Public* beschreibt Staci Sprout ihre Intimitätsintoleranz auf bemerkenswerte Weise. »Normalerweise hasste ich es, andere Menschen anzufassen. […] Immer wenn ich es versuchte, spürte ich ein seltsames Kribbeln und den starken Drang, meine Hand sofort wegzuziehen.« Jemanden zu berühren, löste bei Staci ein »sauer-heißes Gefühl« aus, das einen »immer gähnenden, quälenden Schlund der Not« bedeckte.[14]

Wenn das Konzept der Intimitätsintoleranz auf Sie zutrifft, kann es sein, dass Sie sich nach einer bestimmten Art von Liebe sehnen, es Ihnen aber ein Rätsel ist, was Sie davon abhält. Vielleicht finden Sie Trost in der Fantasie – die chemischen Veränderungen in Ihrem Körper, die mit der Vorstellung eines perfekten Liebhabers einhergehen, reichen Ihnen aus. Falls Sie eine Beziehung suchen, dann sind Sie vielleicht zu vermeidenden Typen als Partner oder Freund hingezogen, denn diese werden Ihre unbewusste Intimitätsschwelle nicht bedrohen. Für Sie sind vermeidende Partner und Freunde besser als Menschen, die Ihnen die Luft abschnüren.

Hunger-Fragebogen

Wurden Sie als Kind ermutigt, zu essen, wenn Sie gar keinen Hunger hatten? Wurden Sie gezwungen, Essen zu sich zu nehmen, das Sie widerlich fanden?

____

____

Wurde Ihnen als Kind Essen vorenthalten, wenn Sie hungrig waren? Wurden Ihnen Lieblingsspeisen vorenthalten?

____

____

Wie waren die Mahlzeiten in Ihrer Familie? Wer hat gekocht? Haben Sie gemeinsam oder hat jeder für sich gegessen?

____

____

Haben Sie als Kind und Jugendliche jemals heimlich Essen zu sich genommen? Sich vollgestopft und überessen? Sich selbst die Essenszufuhr eingeschränkt?

____

____

Wie merken Sie, dass Sie Hunger bekommen? Welche Gefühle entstehen dann?

____

____

Was essen Sie am liebsten? Warum?

____

____

Beschreiben Sie in drei Worten, welche Gefühle Essen bei Ihnen auslöst.

- ______________________________________
- ______________________________________
- ______________________________________

Beschreiben Sie in drei Worten, wie Sie sexuelle Intimität empfinden.

- ______________________________________
- ______________________________________
- ______________________________________

Schauen Sie sich jetzt die von Ihnen aufgeführten Wörter für Essen und für sexuelle Intimität an. Sind sie gleich? Unterscheiden Sie sich? Warum?

____

____

KAPITEL 5

TOXISCHE GEWÄSSER

Mutterhunger entsteht nicht in einem Vakuum. Mutterhunger entsteht und wird weitergegeben in einer Kultur, die unser menschliches Bedürfnis nach einander verdeckt und Männer gegenüber Frauen priorisiert. Mutterhunger ist Teil eines viel größeren Ganzen, das Frauen Angst macht und unsere Fähigkeit beeinträchtigt, uns selbst und unsere Töchter zu beschützen. Bevor ich auf das wesentliche mütterliche Element des Schutzes eingehe, müssen wir einen Blick auf den kulturellen Kontext werfen, der es einer Mutter so schwer macht, ihre Töchter zu beschützen.

Schutz ist ein positives menschliches Attribut, welches das Überleben der Spezies sichert. Symbolisch und sprichwörtlich stellt mütterliche Liebe Schutz dar; sie steht zwischen einem Kind und den Nöten des Lebens. Ein Kind kann viele Bedrohungen aushalten, wenn es weiß, dass seine Mutter für es da ist. Der Begriff *Bärenmutter* nimmt diesen universellen Schutzinstinkt auf, der in der weiblichen Physiologie verankert ist und aktiviert wird, wenn eine Frau Mutter wird. Darauf ausgelegt, das Überleben der nächsten Generation zu sichern, haben Mütter eine erhöhte neurochemische Aktivität, die ihre Wachsamkeit und ihre Suche nach Nähe verstärkt. Mütterlicher Schutz ist Teil des Plans der Natur, Säuglinge und Kinder zu schützen, solange sie noch zu verletzlich sind, um es selbst zu tun.

Leider können kulturelle Einflüsse die Natur verdecken. Was für eine Welt macht es einer Mutter schwer, ihr Kind zu beschützen? Die Antwort auf diese Frage beinhaltet eine Diskussion über das Patriarchat, was aus dem Griechischen kommt und ›Herrschaft des Vaters‹ bedeutet.

Seit dreißig Jahren lehre und schreibe ich über das Patriarchat, über Misogynie (Frauenfeindlichkeit) und die Konstruktion von Gender, dem sozialen Geschlecht. Als ich dann über Anjali Dayals Interview in der Radiosendung *On Being* stolperte, war ich begeistert von ihrer frischen, klaren Erklärung. Dayal, zu jener Zeit wissenschaftliche Mitarbeiterin am *Institute for Women, Peace and Security* an der Georgetown University in Washington, D.C., zitierte David Foster Wallaces Abschlussrede »This is Water«, um ihr Anliegen zu erläutern. In der Anekdote von Wallace schwimmen zwei junge Fische umher und treffen einen älteren Fisch, der ihnen zuruft: »Guten Morgen, Jungs. Wie ist das Wasser?« Die zwei jungen Fische schwimmen ein bisschen weiter, bis der eine den anderen anschaut und fragt: »Was zum Teufel ist Wasser?«[1] Die Bedeutung ist klar: Uns ist die Umgebung, die uns prägt, oftmals überhaupt nicht bewusst. Dayal bringt dieses »Wasser« auf großartige Weise mit dem Patriarchat in Verbindung:

> »Das Patriarchat zeigt sich in der alltäglichen Gewalt gegen Frauen. Es spiegelt sich wider in der Festungsmauer, die wir zu unserem Schutz bauen: die kleinen Vorkehrungen, die Dinge, die man als Frau reflexartig tut, um sich davor zu wappnen, verletzt zu werden, während man unterwegs ist; all die subtilen Methoden, um

> sich als Frau davor zu schützen, mit gewissen Männern allein im Büro oder im Auto unterwegs zu sein oder mit vielen unbekannten Männern in großen leeren Gebäuden. […] Jedes Mal, wenn man als Frau eine anzügliche Bemerkung von einem Mann auf der Straße oder in einer Bar oder auf einer Party ignoriert, denn wer weiß schon, was er tut, wenn man seine Avancen ausschlägt. […] Das schnelle Prüfen der U-Bahn, wenn diese in den Bahnhof einfährt, um sich zu versichern, dass genügend Menschen im Wagen sitzen, damit man als Frau nicht allein ist, falls man bedroht wird; aber auch nicht so viele, dass man Gefahr läuft, angegrapscht zu werden, ohne dass man weiß, woher die Hände kommen – es sind Tausende von Grenzüberschreitungen, so klein und regelmäßig, dass man sie nie jemandem gegenüber überhaupt erwähnt … denn *so ist nun mal das Leben.*«[2]

Die psychobiologischen, sozialen und geistigen Auswirkungen, in patriarchalischen Gewässern aufzuwachsen, bedeutet, Mainstream-Vorstellungen über Frauen einfach so zu schlucken, ohne dass wir es überhaupt merken. Auch wenn diese Vorstellungen schädlich sind – wir als Frauen werden zu Versionen des Geschlechterstereotyps. Die Art und Weise, wie die Kultur uns sieht, ist die Art und Weise, wie wir uns selbst sehen. Wie die Kultur uns empfindet, entspricht der Art, wie wir uns selbst empfinden. Patriarchalische Ideologie zu verinnerlichen, ist kein kognitiver Prozess. Wir wachen nicht eines Morgens auf und entscheiden, uns selbst zu entwerten. Es ist sehr viel heimtückischer. Wir bewegen uns einfach in femininen Konstrukten, die uns, während wir aufwachsen und uns entwickeln, sagen, wie wir uns zu verhalten haben, wie wir auszusehen haben und wen wir lieben sollen. Und manchmal lernen wir all dies von unseren Müttern.

Kulturelle Faktoren, die zu Mutterhunger beitragen

Wachsendes Bewusstsein über die »Mutterwunde« – eine matrilineare Last, die sich in Frauen manifestiert und von Generation zu Generation weitergetragen wird – bildet für uns den Rahmen, um den Ursprung von Mutterhunger zu verstehen. Mütter, die ihre eigene Viktimisierung in sich tragen, geben diese an ihre Töchter weiter.

Selbsthass und Verachtung verderben die Mutter-Tochter-Beziehung, da der Hass auf Frauen geteilt wird.

> »Die Viktimisierung einer Mutter bedeutet nicht nur eine Demütigung für sie; sie verstümmelt auch ihre Tochter, die sie beobachtet, um herauszufinden, was es bedeutet, eine Frau zu sein. Wie die chinesische Frau, deren Füße traditionell eingebunden werden, gibt sie ihr Leiden weiter. Der Selbsthass der Mutter und die niedrigen Erwartungen sind die verbindenden Fetzen für die Psyche der Tochter.«[3]

Dr. Oscar Serrallach beschreibt die Weitergabe der Mutterwunde als die kulturellen Kräfte, welche von den Frauen verlangen, »die dysfunktionalen Bewältigungsmechanismen zu verinnerlichen, die von früheren Frauengenerationen erlernt wurden«. Die Mutterwunde beschreibt er als »den Schmerz und die Trauer, die in einer Frau wachsen, während sie versucht, ihre Kraft und ihr Potenzial in einer Gesellschaft zu erforschen und zu verstehen, die ihr dafür keinen Raum gibt«.[4]

Mutterhunger ist teilweise ein Erbe der Mutterwunde. Tradiert von der Großmutter über die Mutter auf die Tochter, beschädigt der Glaube, dass Frauen weniger wert seien als Männer, unsere Verbindung miteinander, wenn wir unsere verinnerlichten Vorstellungen über unseren Körper, unseren Wert und unsere Kraft an die nächste Generation weitergeben. Die unbewussten epigenetischen Prozesse, die uns lehren, »weiblich« zu sein, finden ohne unsere Zustimmung statt.

Viele von uns kämpfen mit Körperscham und einschränkenden Vorstellungen – das haben wir von unseren Müttern gelernt. Wir haben gesehen, wie sich unsere Mütter verzehrten. Wir wurden Zeuginnen ihrer Langeweile und ihrer Ängste. Wir haben mitbekommen, wie sie ihre Freunde und sich selbst betrogen. Infolgedessen haben viele von uns keine Ahnung, wie oder warum wir uns abmühen; für uns ist es doch schlicht »normal«.

#MeToo

Jedes Jahrzehnt scheint neue Versuche hervorzubringen, die toxische Männlichkeit zu überwinden und die Machtverhältnisse zwischen Männern und Frauen wieder ins Gleichgewicht zu bringen. Toxische Männlichkeit beruht auf dem falschen Glauben an die Überlegenheit von Männern. Auch wenn es so aussieht, als würden bestimmte (weiße, heterosexuelle) Männer von diesem System profitieren, ist toxische Männlichkeit in Wirklichkeit auch für Männer schädlich. Denn die Regeln, wie ein Mann sich zu fühlen und zu verhalten hat oder was er erreichen muss, nötigen ihnen einen beschränkten Zugang zu Gefühlen und Verletzlichkeit auf – also genau zu den Qualitäten, die ein Mann braucht, um zu seiner Partnerin, seinen Kindern und zu sich selbst eine Verbindung aufzubauen.

1975 hat uns Laura Mulvey in ihrem berühmten Essay »Visual Pleasure and Narrative Cinema« (zu Deutsch: ›Visueller Genuss und narratives Kino‹) über den männlichen Blick belehrt – die Art und Weise, wie wir alle im Kollektiv Frauen als Objekte ansehen.[5] Durch die Medien lernt die Gesellschaft, dass Frauen für den visuellen Genuss der Männer existieren. Da wir aber alle das Gleiche anschauen, lernen wir Frauen, uns selbst und andere Frauen so zu betrachten: als Objekte. Renee Engeln, Psychologieprofessorin an der Northwestern University in Illinois, stellt die anhaltende Qualität des männlichen Blickes fest und erklärt, wie der weibliche Körper »als etwas gesehen wird, das nur dazu da ist, um andere Menschen glücklich zu machen«.[6] Der männliche Blick lehrt uns, dass, um sichtbar zu sein, wir herausgeputzt, dünn und jung sein müssen; wir müssen neckisch sein, flirten und uns zur Schau stellen.

Paradoxerweise macht uns Sichtbarkeit verletzlich. Feministinnen in den USA haben in den 1970er-Jahren den Begriff *Rape Culture* – ›Vergewaltigungskultur‹ – geprägt, um eine Gesellschaft zu beschreiben, in der sexuelle Gewalt normalisiert ist und Opfer für sexuelle Belästigung und Übergriffe verantwortlich gemacht werden. Die Vergewaltigungskultur betont die Maxime »Lass dich nicht vergewaltigen« statt »Vergewaltige nicht«.[7] Emilie Buchwald, Pamela Fletcher und Martha Roth, Herausgeberinnen von *Transforming a Rape Culture* (zu Deutsch: ›Die Umgestaltung einer Vergewaltigungskultur‹), beschreiben Vergewaltigungskultur als

> »ein komplexes System aus Glaubenssätzen, das zu männlicher Aggression ermutigt und Gewalt gegen Frauen fördert. Es ist eine Gesellschaft, in der Gewalt als sexy angesehen wird und Sexualität als gewalttätig. In einer Vergewaltigungskultur nehmen Frauen ein Kontinuum angedrohter Gewalt wahr, das von sexuellen Bemerkungen über sexuelle Berührungen bis zu Vergewaltigung selbst reicht.«[8]

Die Nachrichten rund um die Uhr enthalten so viele Meldungen über dieses Kontinuum, dass Gewalt gegen Frauen unvermeidbar erscheint. Die #MeToo-Bewegung erinnert uns daran, dass trotz jahrelanger harter Arbeit und Warten darauf, dass sich etwas ändert, eine Frau immer noch an ein Bett gefesselt, auf einer Party bedrängt oder begrapscht werden kann, während andere dabeistehen und zusehen. Frauen ahnen, dass solche Geschichten, selbst wenn sie nicht speziell auf uns bezogen sind, auch uns betreffen könnten. Eine Kultur der Angst durchdringt daher die weibliche Psyche und macht es uns schwer, uns selbst und unsere Kinder zu schützen – und beeinträchtigt damit das wesentliche mütterliche Element des Schutzes.

Pornografie

Der leichte Zugang zu Pornografie kommt zu den Schwierigkeiten von Eltern, die ihre Kinder beschützen wollen, noch hinzu. Pornografie floriert in der Vergewaltigungskultur und ist nun tagein, tagaus rund um die Uhr auf tragbaren Geräten verfügbar – mit dem Ergebnis, dass Kinder mehr Pornografie als je zuvor zu Gesicht bekommen. Eine britische Studie fand kürzlich heraus, dass sich zwölf Prozent der Kinder unter zwölf Jahren Pornos ansehen.[9] Ist Pornografie für Erwachsene möglicherweise durchaus hilfreich, um unterdrückte sexuelle Vorlieben und Träume zu erkunden, kann es für Kinder erschreckend sein, wenn sie zufällig auf Pornografie stoßen. Wenn Angst und Erregung zusammenkommen, ist das Gehirn überwältigt.

Während Kinderschützer darum kämpfen, Kinder vor den negativen Auswirkungen von Pornografie zu bewahren, wächst eine Generation von jungen Menschen heran, die sich trotz der Schutzbemühungen ihrer Mütter ihr Wissen über Sex aus Pornos holen. Pornografie als sexuelle Aufklärung ist allerdings aus vielerlei Gründen problematisch. Dies schließt ein tiefes Missverständnis über Geschlecht, Sexualität, Macht sowie emotionale Intimität mit ein, ist darauf aber nicht begrenzt. Gail Dines, Autorin von *Pornland* und Präsidentin und CEO von *Culture Reframed*, sieht in dem Vormarsch von Pornografie in der Gesellschaft eine öffentliche Gesundheitskrise. Sie beschreibt unsere moderne Vergewaltigungskultur als »pornografierte Kultur« und erklärt, wie Pornos bei Jungen zu weniger Empathie und einer höheren Wahrscheinlichkeit von sexueller Aggression führen.[10]

Das »sexuelle Alarmsystem«

Frauen passen sich biologisch an, um in einer Welt ständiger Bedrohung standzuhalten. Mit einer regelmäßigen Dosis Adrenalin und Cortisol werden wir auf Gefahren vorbereitet. Während wir heranwachsen, entwickelt sich unsere Persönlichkeit in eine Art Verteidigungsmodus. Dieser Verteidigungsmodus mag erklären, warum manche von uns wütend, laut und aggressiv, andere verschlossen, übervorsichtig und zurückgezogen sind. In ihrem Buch *The Sexual Alarm System* (zu Deutsch: ›Das sexuelle Alarmsystem‹) erklärt Judith Leavitt, wie sehr Frauen an sexuelle Angst gewöhnt sind, dass unser Körper – ohne dass es uns auffällt – ständig wachsam ist. Es ist wie ein unterschwelliges Brummen.

Die Anpassung nennt Leavitt *das sexuelle Alarmsystem* (SAS). Das SAS hält uns in höchster Alarmbereitschaft und bereitet uns auf »die Möglichkeit von Missbrauch« vor, denn uns ist bewusst, dass es passieren kann und wir »wachsam sind und darauf achten. Wäre dem nicht so, würden wir mitten in der Nacht spazieren gehen oder unbefangen durch die Welt reisen und uns wären die Männer, die uns auf der Straße folgen, egal.«[11]

> »Das SAS schreit die Frauen an: PASST AUF. Ihr seid Beute! Daraufhin werden sie aufmerksam, werden getriggert, geraten in höchste Alarmbereitschaft, ziehen sich schließlich zurück und ver-

schließen sich. Uff! Das ist anstrengend und erschöpfend. Und es berührt so viele Aspekte im Leben der Frauen! Die meisten Männer haben keine Erfahrungen mit dem SAS, denn sie sind ja keine sexuelle Beute.«[12]

Eine Verteidigungspersönlichkeit entwickelt sich früh. Schon in jungen Jahren lernen wir, dass wir nicht sicher sind, weil unser Körper ein Objekt ist, das sexuell ausgebeutet und vergewaltigt werden kann. Das sexuelle Alarmsystem ist ein Produkt patriarchaler Kultur.

Ständige Absicherung

Die Instinkte, die uns dazu bringen, jemanden zu besänftigen, der tatsächlich oder vermeintlich Macht über uns hat, verringern unsere Chancen auf eine volle, uneingeschränkte Teilhabe in einer Beziehung. Viele von uns haben daher noch nie eine gesunde, romantische Partnerschaft erlebt, weil ihnen Reziprozität, also Gegenseitigkeit, fremd ist. Um uns selbst zu schützen, besänftigen und befriedigen (*appease and please*) wir die Bedürfnisse des anderen nach Essen, Sex, Bewunderung oder sogar Geld. Das Bedürfnis, jemanden mit (vermeintlicher oder tatsächlicher) Macht zu besänftigen, ist unsere biologische Erstarrungsreaktion in einer akuten Situation – unsere Anpassung an chronische, anhaltende Angst.

Weibliche Körper sind in einem Patriarchat an Gefahr angepasst. Gemäß Dr. Shelly Taylor reagieren Frauen auf Gefahr anders als Männer. In ihrer bahnbrechenden Arbeit, die heute allgemein als »Tend-and-befriend«-Theorie bekannt ist, stellte Taylor fest, dass Frauen auf eine Bedrohung mehr soziale Verhaltensweisen zeigen.[13] Vor ihrer im Jahr 2000 veröffentlichten Studie gingen wir davon aus, dass die einzige biologische Reaktion auf Angst entweder Kampf oder Flucht ist. Unsere Informationen basierten auf männlicher

Physiologie. Dagegen konzentrierten sich Taylors Forschungen ausschließlich auf Frauen, um herauszufinden, ob es andere Möglichkeiten gibt, auf Gefahr zu reagieren.

Ihre Theorie besagt, dass Kämpfen oder Fliehen für Frauen, die Babys und Kinder haben, welche von ihnen abhängig sind, weniger vorteilhaft ist. Denn Frauen sind einem höheren Risiko als Männer ausgesetzt, verletzt oder aus ihrem Alltag herausgerissen zu werden, wenn jemand oder etwas gefährlich wird. Aus diesem Grund, so ergaben ihre Forschungen, »kümmern« sich Frauen (*tend,* sie kochen für ihre Kinder, pflegen oder streicheln ihren Nachwuchs) und »schließen sich mit anderen zusammen« (*befriend,* sie kommen zusammen, reden und verbinden sich mit anderen Frauen), wenn sie Angst haben.

In einer anderen Studie, die Geschlechterunterschiede untersucht hat, wurden je eine Gruppe Männer und eine Gruppe Frauen darüber informiert, dass sie Elektroschocks bekommen würden. Im Verlauf des Experiments entschieden sich Frauen, mit anderen Teilnehmerinnen gemeinsam auf den Schock zu warten, während sich die Männer verteilten und alleine warteten.[14]

Die Tend-and-befriend-Theorie ergibt Sinn, wenn wir bedenken, dass Frauen bessere Überlebenschancen haben, wenn sie zusammenhalten – das gilt auch für ihre Kinder.[15] Was ist der Grund für diesen Unterschied in der Angstreaktion zwischen Männern und Frauen? Es ist unklar, ob es an der Biologie oder Soziologie liegt, aber für das Verständnis von Mutterhunger ist dieser Punkt auch nicht entscheidend. Ich glaube sogar, dass unterschiedliche Angstreaktionen genauso auf unserem Bindungsstil wie auf unserem sozialen Geschlecht beruhen können. Unabhängig davon hilft uns Taylors Theorie, die Macht des sexuellen Alarmsystems zu verstehen und warum wir eher beschwichtigen, uns kümmern oder uns anderen anschließen, als zu fliehen, wenn wir bedroht werden.

Besänftigung aus einem Zweck heraus

Ein tieferes Verständnis unserer menschlichen Angstreaktion ermöglicht mehr Mitgefühl für uns selbst, wenn manche von uns unbewusst ihren wütenden Partner beschwichtigen, bevor sie ihre Kinder beruhigen und schützen. Unser Verstand erfasst – auf einer tieferen Ebene, auf der automatische Überlebensressourcen ausgelöst werden – schnell, dass es für alle am sichersten ist, zunächst den wütenden Erwachsenen zu besänftigen.

Marissa Korbel, Anwältin am *Victim Rights Law Center* und ständige Autorin beim Magazin *The Rumpus*, gibt ein anschauliches Beispiel für eine aktive Besänftigung. In ihrem Artikel »Sometimes You Make Your Rapist Breakfast: Inside the Controversial – and Often Confusing – ›Tending Instinct‹ of Women« (zu Deutsch: ›Manchmal machst du deinem Vergewaltiger das Frühstück: Einblicke in den umstrittenen – und oft verwirrenden – Besänftigungsinstinkt von Frauen‹) schreibt sie:

> »Du kannst einen Mann noch so oft von dir herunterstoßen. Du kannst auf vielerlei Arten einfach nur sagen: ›Nein, danke, jetzt nicht, ich möchte nicht.‹ Auch ich hatte schon Sex, den ich gar nicht wollte, weil er die am wenigsten schlechte Option war. Sex war eine bekannte Variable. Man kann es sich als schadensbegrenzende Taktik vorstellen. Mit einem Mann streiten, heulen, ihn anschreien oder nach ihm treten? Unbekannter Ausgang. Wird er zurückschlagen? Wird er mich gehen lassen? Werde ich kämpfen und verlieren? Wenn ich verliere, wird er dann so oder so mit mir Sex haben, dafür aber gewalttätiger?«[16]

Korbel bringt die Essenz der Besänftigungsreaktion gut auf den Punkt. Das beschwichtigende Verhalten kann weniger riskant sein als zu kämpfen oder zu fliehen. Es ist also nachvollziehbar, dass das Nachgeben gegenüber unerwünschter sexueller Aggression dem Überleben dient – eine einfallsreiche, vorbewusste Taktik zur Schadensminimierung.

Als Kinder lernen viele von uns, unsere Mutter zu besänftigen, um Schaden abzuwenden. Statt eine verärgerte Mutter zu riskieren, besänftigten wir sie, indem wir putzten, ihr Komplimente für ihr Aussehen machten, ihr Gesellschaft leisteten oder ihr aus dem Weg gingen, wenn sie gereizt war. Befriedigen und Besänftigen ist ähnlich einer Traumareaktion – eine automatische, unbewusste Reaktion, die zu einem tief verwurzelten Persönlichkeitsmerkmal werden kann.

KAPITEL 6

SCHUTZ

Verängstigte Frauen werden zu unsicheren Müttern, die manchmal daran scheitern, ihre Kinder zu beschützen. Das ist keine Frage von Liebe. Mütter können ihre Babys und Kinder sehr stark lieben und trotzdem nicht in der Lage sein, sie zu beschützen. Diese Muster sehe ich im Alltag oft, wenn Mütter versuchen, ihre Töchter großzuziehen. Manche sind überbeschützend und ihre Töchter verpassen dadurch entwicklungsgerechte Erfahrungen. Auf der anderen Seite gibt es Mütter, die großzügig sehr viel erlauben, wodurch ihre Töchter schon vor Erwachsenen-Herausforderungen stehen, bevor sie so weit sind. Die richtige Balance zu finden, ist ein unergründliches Geheimnis – und wird durch ein nicht geheiltes Trauma, das eine Frau bis ins Erwachsenenalter hinein verfolgt, noch komplizierter. Ohne sich ihrer eigenen psychologischen Wunden bewusst zu sein, kann eine Mutter die Signale, dass sie und damit auch ihre Kinder in Gefahr sind, übersehen. Oder es scheint so, als lauere die Gefahr an jeder Ecke, was Mutter und Tochter nervös macht. So oder so ist es für Töchter schwer, wenn sie sich nicht auf ihre Mütter in Bezug auf Sicherheit und Schutz verlassen können.

Frühe Lektionen in Sachen Sicherheit zwischen Mutter und Tochter mögen nicht messbar oder sichtbar erscheinen, aber sie sind gewaltig. Schon in der Schwangerschaft, so wird es wissenschaftlich immer deutlicher, können mütterliche Anspannung, Stress und Angst auf das Baby im Uterus übertragen werden, vor allem im letzten Trimester.[1] Hinzu kommen die nicht behandelten emotionalen Narben aus der eigenen Kindheit, welche die Instinkte der werdenden Mutter negativ beeinflussen.[2] Mütterlicher Stress und Ängstlichkeit übertragen Unsicherheit auf die Tochter durch Berührungen, den Klang der Stimme und Atemmuster, später dann durch das Verhalten oder Entscheidungen, die sowohl die Mutter als auch die Tochter in Gefahr bringen.

Um das Konzept von mütterlichem Schutz und wie es schiefgehen kann zu illustrieren, ist es hilfreich, sich die Extreme anzusehen, damit wir ganz alltägliche Beispiele aus unserer eigenen Erziehung wahrnehmen können. Aus diesem Grund konzentriere ich mich auf die Netflix-Serie *Dirty John*, die auf einem wahren Fall und originalen Podcast beruht. Vielleicht ist es für Sie hilfreich, sich die Serie anzuschauen oder den Podcast anzuhören, um die darin stattfindenden Dynamiken voll zu verstehen.

Der Fall »Dirty John«

In der Netflix-Verfilmung des True-Crime-Podcasts *Dirty John* wird auf brillante und gleichwohl düstere Weise gezeigt, was passiert, wenn Mütter sich selbst oder ihre Töchter nicht beschützen können. Die Miniserie veranschaulicht, wie die über Generationen weitergegebene Frauenfeindlichkeit Frauen unsicher und verletzlich machen kann. Misogynie ist nicht einfach nur offenkundiger Hass auf Frauen, sondern laut dem Cambridge-Wörterbuch auch »der Glaube, dass Männer besser als Frauen sind«.

In dieser wahren Geschichte sieht man aus erster Hand das Erbe der schädlichen Doppelmoral, die Männer gegenüber Frauen priorisiert – und wie Frauen an diesem unglücklichen System teilhaben und es aufrechterhalten. Drei Generationen werden von der systemischen Frauenfeindlichkeit, die mithilfe der jüdisch-christlichen Ideologie weitergegeben wird, beeinflusst.

Die Weitergabe zwischen den Generationen beginnt bei Arlane, die mit einem Pastor verheiratet ist. In einer ergreifenden, schmerzhaften Szene zitiert Arlane gegenüber ihrer erwachsenen Tochter Cindi die Bibel, um sie zu ermutigen, in ihrer unglücklichen Ehe zu bleiben. Wie die meisten erwachsenen Töchter möchte Cindi die Unterstützung ihrer Mutter. Sie überlegt, sich scheiden zu lassen, was für eine christliche Frau eine entmutigende Vorstellung ist. Lebensübergänge ohne kulturelle Unterstützung sind schwer und mit mütterlicher Liebe werden sie leichter. Cindi hört zu, wie ihre Mutter die Bibel zitiert und ihr rät, in der Ehe mit Billy zu bleiben. Cindi ignoriert ihre eigene Intuition, um es ihrer Mutter recht zu machen und eine »gute« christliche Tochter zu sein. Doch kurz darauf, in einer schaurigen Szene kalkulierter Bösartigkeit, bringt Billy Cindi um. Obwohl Billy wegen Totschlags ins Gefängnis kommt, wird er schon nach drei Jahren wieder entlassen. Grundlage dafür ist Arlanes Zeugenaussage, nämlich: »Ich weiß, dass er meine Tochter liebte.«

Mitgefühl und Vergebung sind zwar bewundernswert, aber irgendetwas an Arlanes verdrehter Toleranz gegenüber ihrem Schwiegersohn passt nicht. Im Laufe der Geschichte wird deutlich, dass Arlanes Führung ein tragischer Ausdruck systemischer Frauenfeindlichkeit ist, die den mütterlichen Schutzinstinkt außer Kraft setzt.

Arlane und Cindi sind nur die Hintergrundkulisse für die Hauptfigur Debra Newell, die großartig von Connie Britton verkörpert wird. Debra ist eine neunundfünfzig Jahre alte Frau, erfolgreich im Berufsleben, aber chronisch enttäuscht von der Liebe. Genau wie ihre Schwester Cindi zieht Debra gefährliche Männer magisch an. Zu Beginn der Geschichte werden wir Zeuginnen, wie sich Debra leicht von John Meehan, dargestellt von Eric Bana, verführen lässt. Debra ist bereits viermal verheiratet gewesen und geschieden, doch ihre Bilanz scheint sie nicht davon abzuhalten, im Internet nach einem Partner zu suchen. Hierbei trifft sie auf John. John arbeitet sich schnell in ihr Leben ein. Die Zuschauenden betrachten Johns Raubtierstrategie durch die besorgten Augen von Debras erwachsenen Töchtern. Trotz deren Proteste heiratet Debra heimlich John schon nach wenigen Wochen, und ihre Beziehung zeigt deutliche Zeichen von Liebessucht.

Wie jede andere Sucht auch folgt Liebessucht bestimmten Kriterien, die zeigen, wann eine Gewohnheit zum Zwang wird:

- *Andauerndes Verhalten oder Drogenkonsum trotz negativer Konsequenzen.* Debra ist nicht in der Lage, die Beziehung zu John zu beenden, obwohl sie hinter seine Lügen kommt und die Nähe zu ihren Töchtern verliert.
- *Versuche, ein Verhalten oder den Drogenkonsum zu beenden, bleiben erfolglos.* Nachdem sie hinter seine dunklen Motive gekommen ist, versucht Debra, John nicht mehr zu sehen, aber sie schafft es nicht. Mit zunehmender Besessenheit ist sie immer weniger in der Lage, für sich selbst zu sorgen. Sie belügt ihre Töchter und bringt sie damit in große Gefahr.
- *Verlangen und Entzugserscheinungen bei dem Versuch, ein Verhalten oder den Konsum einer Droge zu beenden.* Als Debra hinter Johns Betrügereien, seine Drogensucht und seine Vergangenheit, Frauen zu betrügen, kommt, verlässt sie ihn.

Sie hält die Trennung jedoch nicht aus und sucht wieder den Kontakt zu ihm.

- *Verheimlichung des Verhaltens oder des Drogenkonsums.* Von Anfang an lügt Debra über ihre Beziehung zu John. Sie lügt darüber, wie schnell sich die Dinge entwickeln, wie viel Zugang sie ihm zu ihrem Privatleben gestattet und wie sehr sie finanzielle Einbußen erleidet. Sie verheimlicht ihre Hochzeit mit ihm. All diese Details versteckt sie vor ihrer Familie, damit sie mit John zusammen sein kann.
- *Isolierung von Familie und Freunden, um die Beziehung zu schützen.* Debra hat keine Freundinnen und sie zieht sich aus der Familie zurück, um John den Vorzug zu geben.

Trotz Debras vorangegangenen Scheidungen scheinen weder sie noch ihre Mutter Arlane achtsam zu sein, als John schnell Teil ihres Alltags und der Feiertagstraditionen wird. Weder die Mutter noch die Tochter zeigen die Fähigkeit oder Neigung, etwas Fahrt aus der Sache zu nehmen und John erst einmal besser kennenzulernen, bevor sie ihn ins Familienleben einschließen. Sie unterliegen seinem Charme. Debras Töchter jedoch nicht.

Ronnie, der Älteren, gehen immer noch deutlich die vier vorangegangenen Ehen ihrer Mutter nach. Ihre Wut ist unverhohlen. In einem großen Metallsafe in ihrem Kleiderschrank bewahrt sie ihre Wertsachen auf, und sie geht der neuen Romanze ihrer Mutter mit John aus dem Weg. Ronnie in ihrer unmissverständlichen Verteidigungshaltung ist die Beschützerin. Sie hat die Elternrolle übernommen, die ihre Mutter abgegeben hat.

Debras jüngere Tochter Terra ist von der Beziehung beunruhigt, zeigt jedoch ihre Angst auf ganz andere Weise als ihre ältere Schwester. Anders als Ronnie versucht Terra, die Mutter zu besänftigen. Sie fleht Debra an, John nicht zu erlauben, beim bevorstehenden

Weihnachtsfest mit den jüngeren Cousins und Cousinen zu spielen. Unter Tränen erklärt sie, dass es den Kindern gegenüber nicht fair sei, sich an einen Mann zu binden, der nicht bleiben wird. Terra kann ihre Mutter nicht direkt bitten, sich nicht mehr mit John zu treffen (wie Ronnie es kann), also versucht sie, an das Herz ihrer Mutter zu appellieren.

In ihrer herzerweichenden, absolut vernünftigen Bitte sehen wir Terras Not: Sie kennt den Schmerz des sich wiederholenden Verlusts. Man fragt sich, wie es für sie war, zu jedem der vorangegangenen Stiefväter eine Verbindung aufzubauen, um ihn dann wieder gehen zu lassen, oder hinter einem neuen Mann zu warten, um die Aufmerksamkeit ihrer Mutter zu bekommen. Sie möchte, dass ihre Mutter das versteht – um sie und ihre Kinder vor weiterem, unnötigem Verlust zu bewahren –, doch ihre Appelle sind vergebens.

Die Mutterrolle als Beschützerin wird so missverstanden, dass selbst eine professionelle Intervention Terras Verzweiflung nicht mitbekommt. Die Therapeutin schafft es nicht, Debra dafür verantwortlich zu machen, und letztlich siegt Debras Liebessucht. Sie schlägt Terras Bitte in den Wind und lässt zu, dass John mit dramatischen Gesten den kleinen Cousins und Cousinen Weihnachtsgeschenke überreicht. Beim Betrachten dieser Szene wissen wir, dass es nicht das erste Mal ist, dass sie vor den Bedürfnissen ihrer Tochter die Augen verschließt, um ihre eigenen zu erfüllen.

Manchmal kompensieren Frauen Misogynie, indem sie sich so verhalten wie diejenigen, die die Macht haben – sie verletzen jemanden, der noch verletzbarer ist. Im Fall von »Dirty John« ist Debras Missachtung von Terras einfacher Bitte ein Beispiel, wie das passieren kann. Debra ignoriert den Appell ihrer Tochter nach Schutz. Statt zuzuhören und die Bedürfnisse ihrer eigenen Tochter zu berücksichtigen, stellt Debra ihre eigenen Wünsche über deren Wohlergehen. Schamlos erlaubt sie John, die kleinen Kinder mit Spielzeug und

Aufmerksamkeit zu überschütten. Und als Terra auf die armselige Entscheidung ihrer Mutter emotional reagiert, ist Debra verärgert und verletzt. Sie fühlt sich als Opfer des Verhaltens ihrer Tochter und geht sogar so weit, sich bei John für Terras »Ungezogenheit« zu entschuldigen.

Doch das wahre Opfer in diesem Festtagsmoment ist Terra, die weinend allein in einem Hinterzimmer sitzt und versucht, sich ihren Reim auf die Dinge zu machen. Die ganze Sache wird noch verschlimmert, als Arlane versucht, die Wogen zu glätten, indem sie Terra überredet, wieder in die Festtagsrunde zurückzukommen, anstatt sich ihre Bedenken anzuhören oder John zu bitten, zu gehen. Sowohl die Mutter als auch die Großmutter ziehen John Terra vor und senden damit die klare Botschaft, dass seine Bedürfnisse wichtiger als ihre sind. Mehr als alles andere möchte Terra ihrer Mutter gefallen, also wischt sie die Tränen weg, putzt sich die Nase und kehrt zur Feier zurück. Um die Liebe ihrer Mutter zu bekommen, opfert sie ihre Intuition und ihre Bedürfnisse. Schließlich, in einer unvorstellbaren Wendung, opfert sie fast ihr Leben. John versucht, sie zu töten. Zu sehen, wie diese Geschichte sich entwickelt, ist in vielerlei Hinsicht schauderhaft, und während ich Zeugin wurde, wie Terra um ihr Leben kämpft, kam ich nicht umhin, an Cindi zu denken, die durch die Hand ihres Mannes stirbt. Debras Versagen, Terra zu schützen, mag eine extreme Form von Vernachlässigung sein, aber es verdeutlicht die generationenübergreifende Natur von Frauen, die nicht in der Lage sind, sich gegenseitig vor systemischem Sexismus zu bewahren. *So* entsteht Mutterhunger.

Schwestern mit Mutterhunger

Ist eine Mutter nicht in der Lage, ihre Töchter zu schützen, dann fehlt Geschwistern nicht nur der mütterliche Schutz, sondern ihre

Persönlichkeitsanpassungen machen sie auch noch zu Konkurrenten um die Liebe, die verfügbar ist. Nicht beschützte Kinder wachsen auf, indem sie sich selbst schützen und um Aufmerksamkeit kämpfen. Das Ergebnis ist, dass, wenn Geschwister Verbündete brauchen, sie häufig einen Feind bekommen – oder zumindest eine schwierige Beziehung, die mit Konkurrenz und Ressentiments verbunden ist.

Im Fall von »Dirty John« sehen wir, wie die Töchter sich ohne mütterlichen Schutz anpassen, indem sie sich auf die bestmögliche Art um sich selbst kümmern. Ronnie und Terra, jede auf ihre eigene Art kämpferisch, unternehmen außergewöhnliche Anstrengungen, um die Verbindung zu ihrer Mutter aufrechtzuerhalten. Ronnie heuert eine Privatdetektivin an, um sie aus Johns Fängen zu befreien, und Terra wendet sich unermüdlich an Debra, um Trost und Verständnis zu bekommen. Während sich jede von ihnen um die mütterliche Liebe bemüht, wird ihre eigene Beziehung zueinander immer angespannter.

Dieses Spannungsmuster zwischen Geschwistern habe ich in Fällen von Mutterhunger sehr, sehr oft gesehen. Viele Schwestern werden zu Gegnerinnen, während sie individuell eine Mutter überleben, die sich wie ein Kind benimmt. Wenn Geschwister sich anstrengen müssen, um zu überleben, dann spielen sie nicht. Sie entspannen sich kaum. Die eine übernimmt den Elternpart, die andere bleibt klein. Geschwister übernehmen die Rollen als Friedensstifterin oder Clown. Manchmal verstecken sich Kinder vor dem ganzen Chaos und ziehen sich unbemerkt in sich selbst zurück.

Während das Netflix-Drama Debras Unfähigkeit, sich selbst und ihre Töchter zu beschützen, treffend darstellt, fällt Kritikern dieser wesentliche Punkt nicht auf – und sie verpassen so eine Chance, aufzuklären. Heather Schwedel, die im *Slate*-Kultur-Newsletter die Vorstellung aufrechterhält, dass Kinder »ungezogen« seien, wenn sie sich trotzig und oppositionell verhalten, bezeichnet Terra und

Ronnie als »frech und faul«.[3] Dabei verharmlost sie auf grobe Weise den emotionalen Kampf, den Terra und Ronnie aushalten mussten. Mit ihrer abschätzigen Sprache führt Schwedel die kulturelle Gewohnheit des *Victim Blamings*, der Beschuldigung des Opfers, fort. Sie übersieht durch ihre Behauptung, die Schwestern seien »verzogene Gören«, völlig den Grund für deren Verhalten: Sie haben Angst. Ein neuer Mann an der Seite ihrer Mutter ist eine Bedrohung. Ohne es wirklich zu wissen, wissen die jungen Frauen instinktiv, dass sie in Gefahr sind, weil ihre Mutter sie nicht beschützen kann und wird.

Verletzliche Mütter erziehen verletzliche Töchter

Idealerweise legt der mütterliche Schutz eine innere Quelle der Sicherheit in einer Tochter an. Doch nicht immer funktioniert das. Die Geschichte von »Dirty John« mag extrem sein, aber sie ist kein Einzelfall. Generationen von Frauen haben durch das Besänftigen ihrer männlichen Partner das Wohlergehen ihrer Kinder geopfert.

Man kann dies an der Situation zwischen Debra und ihren Töchtern erkennen. Sie behandelt sie wie eine Dekoration, will sie bei Familientreffen dabei haben, ist aber genervt von deren täglichen Bedürfnissen. Obwohl Debra selbst nicht in der Lage ist, die Gefühle ihrer Töchter zu sehen oder zu respektieren, fühlt sie sich als Opfer, wenn diese ihre Gefühle nicht respektieren können. In einem Interview sagt die echte Debra: »Ich dachte, [John] sei hinter meinem Geld her gewesen, deswegen hatte ich nicht das Gefühl, dass meine Kinder Angst haben müssten.«[4] Debras Worte zeigen eine vorsätzliche Missachtung der Gedanken und Gefühle ihrer Töchter. Sie ist blind in Bezug auf die Gefahr, der sie sie aussetzt. Auch wenn die jüdisch-christliche Theologie uns auffordert, Vater und Mutter zu ehren, ist es manchmal unmöglich – und schon gar nicht weise –, die Mutter zu ehren.

Der Einfluss der Neurozeption

Mütter, die ihre Töchter nicht beschützen, fallen in zwei Kategorien: die Mutter, die verletzlich ist, und die Mutter, die bedrohlich ist. In diesem Kapitel werde ich den ersten Typus besprechen: die verletzliche Mutter. (Mit dem Einfluss der bedrohlichen Mutter befasse ich mich genauer in Kapitel 8 zum Thema »Schwerer Mutterhunger«.) Hat eine Mutter selbst nicht verheilte Bindungsverletzungen aus ihrer eigenen Kindheit, dann ist ihre Fähigkeit, sich selbst und ihre Tochter zu beruhigen, beeinträchtigt. Eine emotional instabile Mutter hat möglicherweise eine Mimik, die ihrer Tochter Angst macht, oder eine Stimmlage, die es erschwert, ihr zuzuhören. Schnell gestresst, kann eine verletzliche Mutter es nicht tolerieren, wenn ihre Tochter große Gefühle zeigt, vor allem dann nicht, wenn es negative Emotionen sind. Aus Angst, keine Lösung parat zu haben, kann eine verletzliche Mutter ihre Tochter wegstoßen, um das Gefühl von Hilflosigkeit zu vermeiden.

Neurozeption, ein Begriff aus Stephen Porges' Polyvagal-Theorie, ist die Fähigkeit des Gehirns, die Bedeutung von Stimmungen und Verhaltensweisen anderer zu erkennen und Hinweise aus der Umwelt aufzugreifen und zu verstehen.[5] Neurozeption hilft uns festzustellen, ob jemand in Sicherheit oder in Gefahr ist. Eine angespannte Mutter, die ständig Angst hat, kann sich negativ auf die sich entwickelnde Neurozeption ihrer Tochter, die mit ihrer eigenen verknüpft ist, auswirken. Töchter gleichen sich ihren Müttern an beziehungsweise regulieren sich mit ihnen. Auf diese Weise wird Angst zwischen Müttern und Töchtern geteilt.

Durch Tausende von winzigen Gesten zwischen Mutter und Säugling kommuniziert die Mutter, ob die Welt sicher oder unsicher ist. Sich an die Ängste der Mutter anzupassen, kann die Fähigkeiten der Tochter zu spielen, zu lernen und mit gutem Gefühl Freundschaften zu schließen, hemmen. Durch die Angst verliert sie den Zugang zu ihrer inneren Weisheit und Intuition. In den extremen Fällen kann eine Tochter ihre Fähigkeit, Gefahren überhaupt zu erkennen, ganz und gar verlieren. Sie wird die Zeichen, dass jemand oder etwas schlecht ist, nicht deuten können. Ist die mütterliche Neurozeption beschädigt, geraten Mütter und Töchter manchmal in Gefahr – so wie im Fall von »Dirty John«, wo Terra schließlich gegen John um ihr Leben kämpft und Cindi einen Mann heiratet, der sie umbringt. Durch eine beschädigte Neurozeption passieren Tragödien wie diese.

Verdienter Schutz

In jeder erwachsenen Frau, die ohne frühen mütterlichen Schutz aufwuchs, steckt ein verängstigtes kleines Mädchen. Normalerweise ist ihre Angst fest unter Schichten aus Abwehrhaltungen verpackt. Diese Abwehrhaltungen bezeichne ich als *verdienten Schutz*. Verdienter Schutz manifestiert sich auf unterschiedliche Weise. Manche Mädchen sind kämpferisch. Sie bewegen sich schnell, sind häufig anspruchsvoll, ihre Stimme ist energisch. Das Zurschaustellen von Dominanz warnt andere, Abstand zu halten und vorsichtig zu sein. Am anderen Ende des Spektrums erscheinen manche Mädchen unterwürfig oder fügsam. Ihre Haltung wirkt gebeugt oder unschlüssig. Sie verlassen sich möglicherweise darauf, dass andere für sie Entscheidungen fällen.

Wenn Sie eine Frau treffen, die diesen Typus von Mutterhunger hinter mächtigen Verteidigungslinien verborgen hat, dann wird Ihnen vielleicht nicht klar, dass sie Angst hat. Nach außen wirkt sie stark. Aber hinter der sorgfältig aufgebauten Fassade warten die erstarrten Teile ihrer Persönlichkeit auf Aufmerksamkeit. Ein Teil ist das verängstigte kleine Mädchen, das sich nach mütterlichem Schutz sehnt. Ein anderer Teil ist die wütende Teenagerin, die allein zurechtkommen musste. Dessen nicht bewusst, mag sich eine Frau, die diesen frühen mütterlichen Schutz nicht erfahren hat, zu starken autoritären Personen mit Status und Wohlstand hingezogen fühlen. Oder sie arbeitet unablässig und verbissen daran, sich ihre eigene finanzielle Festung zu errichten. Sie sucht den Schutz, den sie als Kind nicht gehabt hat.

Auch wenn eine Frau mit diesem Typus von Mutterhunger gut für sich sorgen kann, ist sie hiervon erschöpft. Sie sehnt sich nach jemandem, der die Kontrolle übernimmt und sie um die Verantwortung erleichtert – jemandem, der sie das kleine Mädchen sein lässt, das sie niemals sein durfte.

Frauen, die ohne mütterlichen Schutz aufwachsen, sind an ein hohes Niveau an Angst und Anspannung gewöhnt. Wenn das auf Sie zutrifft, dann leben Sie vielleicht schon lange mit einem hohen Level an Stress und Selbstmanagement. Sie sind mit Ihrer Ausdauer vielleicht am Ende. Weil der mütterliche Schutz gefehlt hat, haben Sie sich früh angepasst, und ein Teil von Ihnen fühlt sich manchmal immer noch wie das verängstigte kleine Mädchen.

Lieben ist nicht dasselbe wie Beschützen

Viel zu oft bezeichnet man Säuglinge, die sich schwer beruhigen lassen, als »schwierige« Babys, und gestresste Kleinkinder erhalten das irreführende Etikett »Trotzkopf«. Kleine Kinder, die weinen, werden als manipulativ oder sich widersetzend angesehen. Dabei kommunizieren sie lediglich auf die einzige Art und Weise, die sie kennen. Kleine Kinder für ihre primitiven Emotionen verantwortlich zu machen, ist eine verpasste Gelegenheit für die Einstimmung (*Attunement*) auf sie und den Aufbau einer Verbindung mit ihnen.

Babys und Kleinkinder sind beziehungsabhängig und können nicht selbst ein Gefühl von Sicherheit erzeugen. Genau wie ein zarter Baum, der nach dem Pflanzen zusätzliche Unterstützung benötigt, werden Säuglinge von ihrer primären Bezugsperson unterstützt. Wenn eine Pflanze im Garten nicht gedeiht, geben wir dafür nicht der Pflanze die Schuld. Wir überprüfen den Boden. Wir kontrollieren das Sonnenlicht. Wir passen die Gießmenge an. Wir sorgen dafür, dass die Umweltbedingungen verbessert werden, damit die Pflanze gedeihen kann. Aber bei Kindern verdrehen wir dies so manches Mal – wir erwarten vom Neugeborenen, sich an die Umwelt anzupassen, selbst wenn es das eindeutig nicht schafft. Anstatt sich nun abzuwenden oder sich von ihm verfolgt zu fühlen, würde sich eine auf ihr Kind eingestimmte Mutter fragen: *Was braucht mein Baby?* Dann würde sie versuchen, ihr Kleines zu beruhigen. Schützende Mütter cremen ihr Kind mit Sonnenmilch ein, waschen Gemüse und rufen den Arzt. Und das sind nur die einfachen Aufgaben einer Mutter.

Wenn wir Angst haben, wandelt sich unsere Aufmerksamkeit, unsere Stimme verändert sich und wir hören auf zu lächeln. Die Mikrobewegungen in unserem Gesicht versteifen sich. Angst kann die Fähigkeit der Mutter, aufmerksam gegenüber den Signalen ihres Neugeborenen und präsent zu sein, wenn ihr Kleinkind verängstigt ist, verschleiern. Sarah Peyton, Autorin von *Your Resonant Self* (deutsche Übersetzung: *Selbstresonanz. Im Einklang mit sich und seinem Leben*), erklärt dieses Phänomen so: »Weil Furcht Menschen aus der Präsenz heraus- und in die Wachsamkeit hineinholt, sind die Betroffenen nicht mehr in der Lage, im Detail mitzubekommen, was sich bei anderen Menschen gerade abspielt.«[6] Und wenn jetzt dieser »andere Mensch« ein Baby ist?

Die meisten Frauen, die ich kenne, schließen die Türen ab, wenn sie allein zu Hause sind, haben die Schlüssel schon in der Hand, wenn sie zum Auto laufen, und vermeiden Parkhäuser nach Einbruch der Dunkelheit. Es ist beängstigend, in einer Welt zu leben, in der wir sexuelle Beute sind. Verängstigte Mütter können kommunizieren, dass die Gefahr in der Nähe lauert, und zwar ohne zu sprechen. Forschende der University of California haben herausgefunden, dass Neugeborene die psychologischen Überreste der mütterlichen Angst und ihres Stresses »einfangen«.[7] Wie im Abschnitt über Spiegelung in Kapitel 1 ausgeführt, wissen wir, dass ein vier Monate altes Baby bereits die Gesichtsausdrücke seiner Mutter kennt. Babys regulieren ihr Nervensystem synchron zu dem ihrer Mutter. Auf diese Weise wird aus mütterlichem Stress Neugeborenenstress.

Kein sicherer Hafen

Generations- und umweltbedingte Widrigkeiten beeinträchtigen die Fähigkeit einer Frau, sich selbst und ihre Kinder zu schützen. Dr. Gabor Maté drückt es so aus: »Wir sprechen hier nicht von individuellem Elternversagen. Wir sprechen über ein breites soziales Phänomen. Wir leben in einer Gesellschaft [...], die die Elternumgebung total zerstört.«[8] Das soziale Phänomen, auf das sich Maté bezieht, sind die patriarchalischen Gewässer, in denen wir alle schwimmen und die unsere menschlichen Verletzlichkeiten und gegenseitigen Bedürfnisse entwerten. Dieses soziale Phänomen beschädigt den mütterlichen Schutz.

Wenn Mütter um Sicherheit kämpfen, tun dies auch ihre Kinder. Töchter verängstigter Mütter suchen dort nach Schutz, wo es keinen gibt. »[Wenn] die unreife Stressantwort ohne den fürsorglichen Schutz eines stabilen Erwachsenen passiert [...], können solche Widrigkeiten zu einem psychologischen Trauma führen.«[9] Mütter in Gefahr sind nicht in der Lage, den toxischen Stress vor ihren Kleinen abzufedern. Toxischer Stress aktiviert das unreife Immunsystem und kann die genetische Ausstattung verändern, was zu lebenslangen psychischen und physischen Herausforderungen führen kann.

Dank der bahnbrechenden, weithin bekannten Studie von Vincent

Felitti über belastende Kindheitserfahrungen (*Adverse Childhood Experiences – ACE*), die 1998 von den *Centers for Disease Control and Prevention* und der Krankenversicherung *Kaiser Permanente* veröffentlicht wurde, erkennen wir jetzt das ganze Ausmaß und die Folgen einer widrigen Kindheit an.[10]

Die Originalstudie legte zehn Kategorien von belastenden oder traumatischen Kindheitserlebnissen fest, doch die Liste wurde inzwischen um viele weitere erweitert. Formen von belastenden Kindheitserfahrungen beinhalten Rassismus, die Inhaftierung von Elternteilen, erbitterte Trennungen der Eltern, suchtmittelabhängige Elternteile, Aufwachsen in einer Pflegefamilie oder -einrichtung sowie das Miterleben von Drohungen gegen die Mutter. Mit über 17.000 Teilnehmenden zeigt die Studie, dass anhaltender Stress in der Kindheit biochemische Veränderungen in Gehirn und Körper hervorruft und damit drastisch das Risiko künftiger psychischer und anderer Gesundheitsprobleme erhöht, einschließlich Drogenmissbrauch.

Interessanterweise – und nicht sehr bekannt – entdeckte Dr. Vincent Felitti die Verbindung zwischen einer belastenden Kindheit (vor allem sexuellem Missbrauch) und psychischen Gesundheitsproblemen bei Erwachsenen erst durch Zufall. Eine Patientin, die an seinem hoch angesehenen Abnehmprogramm teilnahm, offenbarte ihm in einem Gespräch ihr Kindheitstrauma. Für Dr. Felitti war dies der Initialmoment, hatte er doch nie zuvor jemanden, der bei ihm wegen Gewichtsabnahme behandelt wurde, über Kindheitsmissbrauch befragt. Auf die Frage, warum er diese Verbindung nie hergestellt hätte, antwortete er, er sei Arzt, nicht Therapeut.[11] Was für ein starkes Beispiel dafür, warum die medizinische Ausbildung auch die Bewusstseinsbildung für Traumata beinhalten sollte.

Bei allen untersuchten Belastungen im Kindesalter weist die *ACE*-Studie einen gemeinsamen Nenner auf: einen Mangel an Schutz.

Kinder ohne beschützende Bezugsperson leiden mehr als Kinder, die eine solche haben. Dr. Robert Block, der ehemalige Präsident der *American Academy of Pediatrics*, wird häufig so zitiert: »Belastende Kindheitserfahrungen sind die größte unbewältigte Bedrohung für die öffentliche Gesundheit in unserem Land.« Ein wachsendes Bewusstsein für belastende Kindheitserfahrungen und ihre Folgen offenbart, wie viele Kinder die schützende Anwesenheit einer beständigen Bezugsperson benötigen.

Forschungen zeigen, dass die Auswirkungen des Stresses weniger schädlich sind und das Erlebnis sich vielleicht nicht zu einer belastenden Kindheitserfahrung entwickelt, wenn eine vertrauenswürdige erwachsene Person ein Kind in einer Belastungsphase beruhigt. Eine Kinderärztin nimmt das ernst: Dr. Nadine Burke Harris, Direktorin des öffentlichen Gesundheitsdienstes von Kalifornien und Autorin von *The Deepest Well* (deutsche Übersetzung: *Befreiung finden: Wie Sie die langfristigen Auswirkungen von Kindheitstraumata heilen*), stellt die Verbindung zwischen Krankheiten in der Kindheit und toxischem Stress her und nimmt Änderungen an den medizinischen Verfahren vor, die gefährdete Kinder weiter traumatisieren könnten.[12] In ihrem bekannten TED-Talk sagt Dr. Burke Harris: »Das Einzige und Wichtigste, was wir heute brauchen, ist der Mut, das Problem anzuschauen und zu sagen: ›Ja, das ist real.‹«[13] Ein Kindheitstrauma ist nicht irgendetwas, über das man mit zunehmendem Alter hinwegkommt.

Schutz in den ersten drei Lebensjahren

Der genaueste Prädiktor für ein sicher gebundenes Kind ist eine schützende, sensible Betreuung in den ersten drei Lebensjahren.

In Vorbereitung auf die Geburt benötigen Frauen Unterstützung und Aufmerksamkeit, um ihre Entspannung zu optimieren und unnötigen Stress zu vermeiden. In den ersten Lebensmonaten eines Kindes sind biologische Prozesse stark von Sicherheit oder dem Fehlen von Sicherheit beeinflusst. Ungefähr in der sechsten Schwangerschaftswoche verbindet die Plazenta die Mutter mit ihrer Tochter. Erlebt eine Mutter Angst, wird das in ihrem Blut ausgeschüttete Cortisol ungefiltert an ihr Baby weitergegeben. Angst wird so schon in der Gebärmutter erlebt. Löst dieser Satz beim Lesen ein Aha-Erlebnis bei Ihnen aus, dann ergibt die ängstliche Anspannung, die Sie schon lange begleitet, vielleicht einen neuen Sinn.

Körper und Gehirn von Neugeborenen sind noch nicht an die relativ modernen Eltern-Arrangements gewöhnt, die ein Baby einen ganzen Arbeitstag oder einen Urlaub lang, durch zehn Stunden Schlaf oder gar einen medizinischen Notfall von seiner Mutter trennen. Von einer solchen Trennung haben unsere Vorfahren, die in engerem Kontakt mit der Natur lebten, wohl nie etwas gehört. Und wenn Sie in einer Zeit geboren und aufgewachsen sind, in der Experten zur Schreimethode ermutigt haben, dann kann man sicher sagen, dass Sie sich an Angst sehr früh angepasst haben.

In dem Kapitel über Fürsorge sprach ich darüber, wie riskant eine Trennung von Mutter und Säugling für den Bindungserfolg ist. Es muss hier in diesem Kapitel noch einmal wiederholt werden: Eine Trennung ist für Neugeborene beängstigend und für die Mütter aus einem Grund schwierig: Es geht schlicht und einfach ums Überleben. Eine Mutter, die ihr Kleines zurücklassen muss, weiß auf einer bestimmten Ebene, dass dies einen negativen Einfluss auf ihr Kind haben kann. Also fällt es ihr schwer, sich zu fokussieren oder zu arbeiten oder die Zeit ohne Kind zu genießen.

»Eine sichere Bindung macht eine Trennung für Kinder weniger schmerzhaft, aber die Trennung löst im Kind auch dann Angst aus, wenn dieses Kind eine emotional präsente Mutter hat«, so Dr. Komisar.[14] Mir gefällt ihre Betonung auf den Schmerz, den Kinder spüren, wenn die Mama weggeht, *selbst wenn* sie sicher gebunden sind.

Komisar normalisiert das Primat der ersten Beziehung, die wir in unserem Leben haben.

Studien zeigen, dass Kinder unter drei Jahren, die in der Kita sind, höhere Cortisolspiegel in ihrem Speichel haben als Kinder, die zu Hause in bekannter Weise betreut werden.[15] Ganze 63 Prozent der Kinder in der Tagesbetreuung, so die Erkenntnis dieser Studien, weisen erhöhte Cortisolspiegel auf, was mit verzögerter Entwicklung und unreifen Gehirnen bei vier Säugetierspezien (Rinder, Schafen, Ratten und Affen) in Verbindung gebracht wird. Ein hoher Cortisolspiegel wird mit Gehirnveränderungen assoziiert, die zu einer anhaltend erhöhten Stressreaktion führen.[16] Während die Kinder zwar von der Sozialisation in Kita und Vorschule profitieren, sind sie in den ersten zwei Lebensjahren psychologisch und emotional nicht für Interaktionen mit ihren Altersgenossen ausgestattet.[17] Mit Gleichaltrigen zu spielen, funktioniert reibungsloser, wenn die frühen Bedürfnisse nach Bindung erfüllt werden. Bindung muss vor der Sozialisation stattfinden, nicht andersherum.

Als Mutter und Therapeutin bin ich von Komisars Ergebnissen über ADHS und andere Verhaltensprobleme nicht überrascht:

> »Ich erlebe, wie die Gesellschaft zunehmend Mutterschaft entwertet und die Arbeit idealisiert. Gleichzeitig sehe ich eine Zahl an gestörten Kindern epidemischen Ausmaßes, bei denen immer früher ADHS, Aggressionen im jungen Alter sowie andere Verhaltens- und soziale Störungen diagnostiziert und medikamentös behandelt werden. Viele sagen, diese zwei Phänomene hätten überhaupt nichts miteinander zu tun. Ich glaube, dass sie miteinander verbunden sind.«[18]

Kleine Kinder sind von ihrer Beziehung zu ihrer Mutter abhängig, um bei Angst und Stress, die mit neuen Erfahrungen kommen, beruhigt zu werden. Die Sicherheit dieser Beziehung ist die Grundlage für Bindung und Sicherheitsgefühle. Sichere Bindung findet graduell statt, während das Vertrauen in die Verbindung mit vorhersehbarer, warmer Zuwendung wächst. Wenn Sie diesen Sinn für Sicherheit in Ihrer Kindheit nicht hatten, dann befindet sich die Trennungsangst, die bei Kindern evident ist, vielleicht immer noch in Ihnen. Möglicherweise verspüren Sie ein tiefes Unbehagen, wenn Sie allein sind oder wenn jemand fortgeht.

Viele argumentieren, dass die Ermutigung, Frauen und ihre Neugeborenen die ersten tausend Lebenstage in enger Verbindung zu lassen, etwas antifeministisch sei. Aber das kann gar nicht weit genug von der Wahrheit entfernt sein. Beim Feminismus geht es darum, die Wahlmöglichkeiten der Frauen *auszuweiten*. Mehr Wahlmöglichkeiten zu haben, bringt auch mehr Verantwortung mit sich.

Unsere Entscheidungen, die wir treffen, werden belohnt und haben Konsequenzen. Wir treffen bessere Entscheidungen, wenn wir gut informiert sind. Viele Frauen würden sich in Bezug auf ihre Mutterschaft anders entscheiden, wenn Säuglingspflege-Experten und Behörden ganzheitlich informieren und mütterliche Instinkte unterstützen würden. Würde die Politik längere Elternzeiten und damit eine sichere Bindung fördern, würde der Relevanz der ersten Wochen und Monate allgemein Respekt gezollt.

In den ersten drei Jahren ist die Ermutigung zur Abhängigkeit eine emotionale Investition in die zukünftige Unabhängigkeit und Gesundheit des Kindes. Wenn Mütter diese Chance jedoch frühzeitig verpassen, sind viele von ihnen irritiert, wenn aus ihrem einst so folgsamen Zweijährigen ein zorniger, zurückgezogener Jugendlicher wird. Aus kleinen Kindern, die lernen, sich für Trost und Sicherheit auf sich selbst zu verlassen, werden skeptische Teenager, die schwierig zu erreichen sind.

Alphamütter

Der in Vancouver praktizierende Psychologe und Co-Autor des Buches *Hold On to Your Kids* (deutsche Übersetzung: *Unsere Kinder brauchen uns*) Gordon Neufeld ermutigt Frauen, Zugang zu ihrem inneren »Alpha« zu finden, wenn sie Mütter werden.[19] Eine Alphamutter beschreibt er als eine Frau, die sich ihrer Stärke und ihrer vorrangigen Stellung in der Welt ihres Babys bewusst ist. Eine Alphamutter behauptet ihren Platz als Beschützerin ihres Kindes.

Neufeld betont, dass jeder diese starke Betreuung leisten kann, weil verletzliche Babys so unwiderstehlich sind und in uns den Wunsch wecken, sie zu beschützen. Dies ist zwar ein interessanter Punkt, vereinfacht aber ein komplexes Thema zu sehr. Manche Mütter können ihre beschützende Mutterrolle leicht annehmen, doch genauso häufig kommt es vor, dass das generationenübergreifende Erbe aus belastenden Erfahrungen, Angst und Unterwerfung die Schutzinstinkte einer Frau verkrüppeln und damit ihre bewusste Fähigkeit, sich selbst und ihr Baby zu sichern, ausgeschaltet wird. Sie verursacht Leid nicht mit Absicht, aber toxischer Stress schädigt die neuronalen Schaltkreise für mütterliche Verhaltensweisen. »Tatsächlich ist es so, dass Frauen, die an Wochenbettdepressionen leiden, sehr hohe Cortisolspiegel als Reaktion auf das Weinen ihres Babys haben, was der Reaktion einer posttraumatischen Belastungsstörung entspricht.«[20]

Anders ausgedrückt: Schutz scheint natürlich zu sein, aber egal, wie süß und betörend ein Baby sein mag, viele verängstigte Frauen haben schlicht nicht die internen Ressourcen, um es zu beschützen. Manche kompensieren dies mit überbehütenden Maßnahmen, während andere zu wenig beschützend sind. In beiden Fällen kann es sein, dass eine Tochter, die ohne den gesunden mütterlichen Schutz aufwächst, kein Gefühl von Sicherheit spürt.

Allomütter

Um verletzliche Babys und Kleinkinder in den ersten drei Lebensjahren zu schützen, brauchen Mütter möglicherweise die Unterstützung von Fürsorgepersonen, auch »Allomütter« genannt. Eine Allomutter kann biologisch verwandt sein oder nicht, aber sie ist emotional in das Wohlergehen des Kindes eingebunden. Sowohl Väter als auch Großeltern, Schwestern, Tanten und Kindermädchen können Allomütter sein. Historisch gesehen haben Allomütter die leibliche Mutter nicht unterstützt, weil sie fort war, sondern weil ihnen deren Wohlergehen und das ihres Kindes am Herzen lagen. Allomütter hielten das Baby und spielten mit ihm, während die Mutter badete, etwas aß oder sich um die anderen Kinder kümmerte.

In unserer schnelllebigen, modernen Welt muss eine Allomutter nicht unbedingt ein Familienmitglied sein. Sie oder er kann ein Kindermädchen oder ein Kinderbetreuer sein. Damit eine Allomutter erfolgreich mütterliche Aufgaben übernehmen kann, nimmt sie einen Platz in der Familie ein.

Verbringt eine Allomutter mehr Zeit mit dem kleinen Kind als die Mutter, dann könnte sich die Rolle der »Favoritin« zugunsten des Bindungsprozesses verschieben. Sichere Bindung entsteht in den täglichen Interaktionen mit der primären Bezugsperson – sei es die Mutter oder die Allomutter. Natürlicherweise kann eine Mutter sich traurig fühlen, wenn sie ihr Kind einer anderen Bezugsperson gibt, aber der Verlust dient der Gesundheit und dem Wohlergehen ihres Nachwuchses, der eine sichere Basis verdient. Hier *ist* das mütterliche Opfer schützend.

Das trifft vor allem dann zu, wenn die Arbeit außer Haus unerlässlich ist. Es gibt Studien, die zeigen, dass finanzielle Belastungen die Mutterschaft negativ beeinflussen können. Arbeitet also eine Mutter, um die finanzielle Last zu mindern, kann das Gesamtergebnis positive Auswirkungen auf ihre Kinder haben – vor allem dann, wenn sie von einer zuverlässigen Allomutter Unterstützung erfährt. Komisar erklärt jedoch, dass Kinder aus »berufstätigen Familien der Mittelschicht und der oberen Mittelschicht in Bezug auf ihre psychische Gesundheit schlechter abschneiden, wenn beide Elternteile arbeiten. [...] Sie spüren die Trennung von ihren Eltern und interpretieren sie als Zurückweisung.«[21]

Stellt eine Allomutter keine Option dar und ist eine Mutter auf eine Kindertagesbetreuung angewiesen, wenn sie über einen längeren Zeitraum fort ist, muss sie möglicherweise mehr Zeit darauf verwenden, ihr verängstigtes Baby oder Kleinkind, das sie den ganzen Tag vermisst hat, zu beruhigen. Beschützende Mütter helfen ihren Kleinen bei Trennungsangst, indem sie die verlorene Zweisamkeit auf nährende Weise nachholen. Das Telefon beiseitezulegen und gleich mit dem Kind zu spielen, kaum dass man zu Hause ist, hilft, die Verbindung und das Vertrauen nach den Stunden der Trennung wiederaufzubauen.

Eine der wirkungsvollsten Schutzmaßnahmen, um lange Stunden der Trennung wieder wettzumachen, ist gemeinsamer Schlaf. Die körperliche Nähe in der Nacht fördert die sensorische Verbundenheit, wobei die Schlafstunden das unreife Immunsystem des Babys stärken und seine neurologische Gesundheit entwickelt wird. Mir ist bewusst, dass Schlafen im gemeinsamen Bett ein kontroverses Thema ist, und das ist bedauerlich. Schlafenszeiten sollten für die Kleinen kein Stress sein. Genau wie Essenszeiten sind sie eine Gelegenheit für Verbindung, Wärme und Sicherheit. Die Stunden in der Nacht gemeinsam zu verbringen, stärkt den Bindungsprozess und hilft den Kleinen, während sie heranwachsen. Denn durch gemeinsamen Schlaf ist der mütterliche Schutz aktiv. (Für weitere Informationen siehe den Abschnitt über gemeinsame Nächte auf Seite 76 in Kapitel 3.)

Heranwachsende Mädchen beschützen

Mit dem Heranwachsen der kleinen Mädchen wachsen auch ihre Bedürfnisse nach externem Schutz. Genau wie Erwachsene sind Mädchen bei der Arbeit oder im Spiel besser, wenn ihnen jemand den Rücken stärkt. Mädchen benötigen einen sicheren Hafen, in den sie nach einem Schultag oder nach verbrachter Zeit mit Freundinnen zurückkehren können – an einen Ort, an dem sie ohne Strafe Fehler machen dürfen, Grenzen erfahren, ohne Angst zu haben, und sich als Heranwachsende von dem Druck von außen entspannen können. Töchtern geht es am besten, wenn ihre Mütter ihnen eine sichere Umgebung mit altersgerechten Grenzen schaffen. Mit dem mütterlichen Schutz können Mädchen mit einer Vielzahl von aufkommenden Stressoren umgehen.

Die mütterliche Aufgabe als Beschützerin erfordert Superkräfte, denn die Tochter wächst in einer Mainstream-Kultur heran. Die Welt scheint entschlossen, ihr die Unschuld zu rauben. Sexuelle Botschaften, die das Mädchen ausbeuten und objektivieren, fluten die Medien und dringen in die Privatsphäre unserer Häuser ein. 1994 eroberte Mary Pipher mit ihrem Buch *Reviving Ophelia* (zu Deutsch: ›Ophelias Wiedererweckung zum Leben‹) die Welt im Sturm. Darin klärte sie Eltern über die Risiken auf, denen ihre Töchter ausgesetzt sind. Über zwei Jahrzehnte später schreiben neue Autoren immer noch die gleichen Sachen über Mädchen und Stress. Trotz all unserer Bemühungen, Mädchen zu ermächtigen und sie dabei zu unterstützen, sicher durch unsere Welt zu navigieren, hat sich nicht viel geändert. In ihrem Buch *Under Pressure* (zu Deutsch: ›Unter Druck‹) wirft Lisa Damour einen genauen Blick auf den zunehmenden Anteil unter Mädchen, die unter Angstzuständen und Stimmungsproblemen leiden. Die Zahl der Mädchen, die sich »nervös, besorgt oder verängstigt« fühlen, ist von 2009 bis 2014 um 55 Prozent gestiegen, und der Prozentsatz der Mädchen, die unter Depressionen leiden, stieg von 13 Prozent auf 17 Prozent an.[22] Damours Untersuchungen zufolge liegt dieser Anstieg nicht daran, dass wir diese Probleme besser erkennen als früher, sondern daran, dass wir etwas Neues sehen. Mit der digitalen Welt sind für Mädchen und ihre Mütter neuer Stress und neue potenzielle Auslöser für Angst hinzugekommen.

Wenn es Mädchen an mütterlichem Schutz fehlt, werden ihre Anpassungen an die Angst sichtbarer, sobald sie das Schulalter erreichen. Anhaltende Angst erzeugt Symptome traumatischen Stresses. Jamie Howard, Psychologin am *Anxiety Disorder Center* des *Child Mind Institute* in New York City, ermutigt Lehrkräfte, auf Anzeichen von Traumata bei ihren Schülern zu achten. Sie stellt fest:

> »Kinder, bei denen es den Anschein hat, dass sie ADHS haben, weil sie so weggetreten wirken, können in Wirklichkeit durch ein Trauma, das ihnen widerfahren ist, abgelenkt sein. Und dann gibt es Kinder, die, weil sie bestimmte Dinge meiden oder eine übertriebene Schreckensreaktion zeigen, widerständig wirken.«[23]

Unbeschützte Kinder sind oftmals entweder überaus energiegeladen oder tagträumerisch (dissoziativ), wenn sie in der Schule oder in der Kita sind. Hyperaktivität oder Abgestumpftheit sind schlicht eine Möglichkeit, ein verängstigtes Gehirn zu regulieren. Anzeichen fehlenden mütterlichen Schutzes können so aussehen:

- Lernschwierigkeiten oder Konzentrationsprobleme
- Geistige Abwesenheit
- Angst und ein exzessives Bedürfnis zu gefallen
- Perfektionismus
- Koordinationsprobleme und eine schlechte Haltung
- Wut- und Tränenausbrüche
- Bauchschmerzen, Verdauungsprobleme und Kopfschmerzen

Gehirn und Körper, die an Stress gewöhnt sind, werden leichter durch Dinge getriggert, die während oder nach einem langen Schultag passieren. Emotionale Ausbrüche sind bei allen Kindern üblich, die versuchen, ihr sich entwickelndes Nervensystem zu regulieren. Bei einem Kind, das bereits gestresst, übermüdet oder hungrig ist, kann so etwas jedoch schnell in Wut oder Enttäuschung umschlagen. Forschende nennen dieses Phänomen *Kindling* (»Entflammung«).[24] Dieser Begriff erklärt, wie ein Kind oder Erwachsener in dem einen Moment noch ganz zufrieden scheint und im nächsten außer sich gerät oder Angst bekommt. Diese Person ist hochempfindlich, denn ihr Nervensystem ist in Alarmbereitschaft.

Wenn kleine Mädchen heranreifen, können sich Persönlichkeitsanpassungen in Gemütsstörungen verändern; dazu gehören Essstörungen, Schlafprobleme und Menstruationsschmerzen.

Mädchen und Sex

Frauenfeindlichkeit erklärt Selbsthass und Hass auf den eigenen Körper. Das sexuelle Alarmsystem erklärt sexuelle Angst. Vermischt man diese beiden starken Kräfte, ergibt sich ein wirkmächtiger Cocktail, der die sexuelle Entwicklung von Frauen beschädigt. Ich schreibe schon seit weit über einem Jahrzehnt über die weibliche Sexualität, und es macht mich traurig, zu sehen, wie wenig sich in diesen Jahren verändert hat. Auch wenn Mädchen mehr Chancen auf Unabhängigkeit haben, kämpfen sie doch immer noch mit ihrem Sicherheitsgefühl, ihrem Körperbild und mit Beziehungen. Die sexuelle Aufklärung hat sich nicht sehr verändert, abgesehen von der bedauerlichen Realität, dass Pornos die neuen Lehrer sind.[25] An der »digitalen Straßenecke« lernen Mädchen, dass Gefahr und Sex zusammengehen – dass Strangulierung Teil des Vorspiels ist, dass »heiß« zu sein, alles ist.

»Heißsein« als Tugend zeigt sich, wenn weibliche Rollenbilder sexuelles *Empowerment* demonstrieren, indem sie sich in den Schritt greifen, an der Stange tanzen und Gesten zeigen, die eher auf Dominanz denn auf Freiheit schließen lassen. In ihrem exzellenten Buch *Girls & Sex* (deutsche Übersetzung: *Girls & Sex. Was es bedeutet, in der Gesellschaft von heute erwachsen zu werden*) spricht Peggy Orenstein mit Heranwachsenden, um die sexuellen Kräfte in der modernen Welt zu beobachten, denen unsere Töchter ausgesetzt sind. Orenstein untersucht den Widerspruch für Mädchen, die mehr Chancen und mehr Bildung haben, aber gleichzeitig entwürdigenden sexuellen Druck aushalten müssen. Sie gibt einen Kommentar aus einem Interview mit einem Mädchen wieder, das sagt: »Normalerweise ist das Gegenteil von etwas Negativem etwas Positives, aber wenn man über Mädchen und Sex spricht, ist das Gegenteil von ›Schlampe‹ ›prüde‹, was beides negativ ist. Wie soll man sich da verhalten?«[26]

Orenstein erforscht dieselbe sexuelle Zwickmühle, über die ich in meinem Buch *Ready to Heal* geschrieben habe. Eine Zwickmühle ist eine unmögliche Situation, in der alle Wahlmöglichkeiten zu einem negativen Ergebnis führen. Ich habe vier eindeutige Glaubenssätze ausgemacht, die sich für Frauen aus dieser Zwickmühle ergeben:

- Wenn ich sexuell aktiv bin, bin ich unartig.
- Ich muss brav sein, um liebenswert zu sein.
- Ich bin gar keine richtige Frau, wenn mich nicht jemand sexuell oder romantisch begehrt.
- Ich muss mich sexuell verhalten, um geliebt zu werden.

Diese Glaubenssätze lehren uns, dass man, um geliebt zu werden, sexy sein muss. Aber sind wir dann *zu* sexy, sind wir böse. Nur brave Mädchen sind liebenswert, doch wenn du Liebe willst, musst du sexuell begehrenswert sein. Diese vier Glaubenssätze führen in eine psychologische Sackgasse, die eine gesunde sexuelle Entwicklung erstarren lässt und die Voraussetzungen dafür schafft, dass Liebe und Sex zu schmerzhaften oder süchtig machenden Gewohnheiten werden, statt Ausdruck von Freude und Vergnügen zu sein. In der Tat ist es so, wie Orenstein wortgewandt in ihrem TED-Talk erklärt, dass Mädchen ihr eigenes sexuelles Vergnügen generell nicht als Priorität ansehen. Hat der Partner einen Orgasmus, ist das gut genug. Trotz Fortschritts für Mädchen in einigen Bereichen scheinen sexistische Doppelstandards an uns zu kleben – sowohl an den Müttern wie auch an den Töchtern.

Weibliche Sexualität und Schutz

Mütter landen oft an den extremen Enden des Spektrums von sexuellem Schutz: Entweder sind sie überbehütend oder sie schützen ihre Tochter zu wenig. Überbehütende Mütter lehren ihren Töchtern, vor Jungs und Sex Angst zu haben. Abstinenz und Vermeidung sind ihre Schutzstrategien. Ungenügend beschützende Mütter wenden sich ab, wenn ihre Töchter Hilfe brauchen. Sie setzen weder klare Ausgangsregelungen fest noch begrenzen sie den Zugang zu Unterhaltungstechnologien. Und damit opfern sie ihre Töchter vielleicht den Vätern, Brüdern und Onkeln. Wo liegt die Balance? Wie lautet das Rezept, um Mädchen sexuell gesund großzuziehen? Ich bin mir nicht sicher, ob es eines gibt.

Dieselbe patriarchalische Kultur, die die weibliche sexuelle Entwicklung vergiftet, bringt uns dazu, die Erziehung unserer Töchter anderen Autoritäten zu überlassen. So hoffen Mütter, dass Kirchen oder Schulen ihre Töchter über Sex und Sicherheit unterrichten, aber diese Form der Erziehung klappt nicht gut. »Die Art der Sexualerziehung junger Menschen funktioniert nicht. Wir erwarten von ihnen, dass sie ihre instinktiven Wünsche und ihre Neugier über Bord werfen, während wir sie gleichzeitig mit Bildern überschütten, die implizieren, dass Lust der wichtigste Appetitanreger ist und Heißsein die beeindruckendste Tugend«, so Ariel Levy.[27]

Wenn aus Männern Väter werden, sind ihre ungeprüften Glaubenssätze über Frauen, Geschlechterrollen und Sexualität eher keine Hilfe. Ob offen oder verdeckt, können Väter die weibliche Objektivierung und Viktimisierung aufrechterhalten. Manchmal sickert ihre eigene Lust durch, wenn die Tochter in die Pubertät kommt und sich ihr Körper verändert. Väter mögen diese Veränderungen auf eine Art kommentieren, die bei den Töchtern einen ekelerregenden oder verwirrenden Eindruck hinterlassen. Väter, die ihre Töchter nicht beschützen können, können unangemessenes Verhalten zeigen, indem sie etwa das Erscheinungsbild einer Kellnerin kommentieren oder den Körper der Tochter mit dem ihrer Mutter vergleichen. So vermitteln sie durch Beispiele, dass Frauen Objekte sind.

In einem kürzlich durchgeführten Experiment war eine Mutter sieben Tage lang online und gab vor, ein elf Jahre altes Mädchen zu sein. Sie lud irgendein typisches Bild hoch mit der Unterschrift: »Total aufgeregt, meine Freundinnen dieses Wochenende bei Carlys Party zu sehen! Ich liebe euch!!« Nur wenige Minuten nach dem Post hatte diese vermeintlich Elfjährige sieben Videocalls sowie Textchats mit 17 Männern geführt und die Genitalien von elf dieser 17 Männer gesehen.[28] Sloane Ryan, Teamleiterin für Sonderprojekte bei Bark, einer Tech-Firma, die sich für die Sicherheit von Kindern einsetzt, berichtet, dass 2018 das FBI von Bark 99 Hinweise auf Kinderschänder bekam. Im Jahr 2019 waren es mehr als 300, Tendenz steigend. Ryan illustriert, wie Sexualstraftäter sprechen:

Du bist so hübsch.
Du solltest Model werden.
Ich bin älter als du.
Was würdest du machen, wenn du hier wärst, Süße?

Würdest du [Sex haben wollen], wenn du hier wärst, Baby?
Hast du schon mal einen gesehen, Baby?

Baby, du bist so hübsch.
Sprich mit mir, Süße.
Ich will dich [und mit dir Sex haben], Baby.
Mach einfach den Videochat an, Baby.
Sei mal nicht schüchtern, Baby.[29]

Um es einfach auszudrücken: Ein ungeschützter Zugang zum offenen Internet ist für Kinder nicht sicher. Das Internet bietet zwar Lernmöglichkeiten, stellt aber auch eine zusätzliche Belastung für Mütter dar, die sich bemühen, ihre Töchter vor Kinderschändern und schädlichem sexualisierten Material zu schützen. Es ist ein schnell wachsendes Monster. Wenn ich mit Eltern arbeite, die von diesem Thema überfordert sind, halte ich es kurz und knapp. Betrachten Sie unbeaufsichtigte Internetnutzung wie Kokain. Das mag zwar extrem klingen, aber bringt es doch auf den Punkt: Das Internet macht süchtig und ist gefährlich. Kinder benötigen Aufsicht und Grenzen bei der Verwendung von elektronischen Geräten.

Geschwister und Schutz

Wenn Töchter, die immer noch kleine Mädchen sind, in eine Position gebracht werden, in der sie sich um ihre Geschwister kümmern müssen, sehen sie sich mit Verantwortlichkeiten von Erwachsenen konfrontiert, für die sie noch nicht bereit sind und die sie sich nicht ausgesucht haben. Als Janet klein war, war ihre Mutter sehr krank. Es war Janets Aufgabe, sich um ihren älteren Bruder und ihren Vater zu kümmern. Sie war erst sechs Jahre alt, da lernte sie schon, die Betten zu machen, Mahlzeiten zuzubereiten (meistens Thunfisch-

Sandwiches) und das Haus zu putzen. Als Erwachsene hasst es Janet zu kochen und kann den Geruch von Thunfisch nicht ertragen. Sie verlässt kaum das Haus. Janets Geschichte mag extrem erscheinen, aber es ist nicht ungewöhnlich, dass eine Mutter ihre Tochter als Babysitterin und Putzhilfe einspannt. Die Familie zu unterstützen, kann der Tochter ein Gefühl der Zugehörigkeit geben; doch ist die Aufgabe zu umfangreich und muss allein bewältigt werden, dann wird das Sich-Kümmern beängstigend. Die Verantwortung ist zu groß.

Dazu kommt: Ist ein Kind mit zu viel Arbeit ihrer Mutter belastet, dann wird Geschwistern die Gelegenheit geraubt, Geschwister zu sein. Eines übernimmt das Kümmern und trägt eine große Verantwortung, während sich die jüngeren Geschwister kontrolliert oder als Opfer fühlen und eifersüchtig sind. Meine Klientin Rose war bis zur Scheidung ihrer Eltern das einzige Kind. Die Mutter kam dann mit einem Musiker zusammen, der ein Baby hatte. Rose war neun Jahre alt, als sie plötzlich für ihre kleine Stiefschwester zuständig war. Ihre Mutter war durch ihren neuen Freundeskreis und nächtliche Unternehmungen abgelenkt. Sie ließ Rose oft allein mit dem Baby zurück. Rose war von der Verantwortung und den Nächten allein ohne ihre Mutter überfordert. »Manchmal hörte das Baby nicht auf zu schreien, nichts half. Ich rief meine Mutter an, aber die sagte mir, ich solle sie schreien lassen. Es war so schrecklich [...], das kleine Baby schreien zu hören.«

Verständlicherweise wuchs Rose erschöpft und verbittert auf, und dass sie weder Babys noch andere Kinder mochte, beschäftigte sie. Ihre eigene Familiengründung schob sie vor sich her, überzeugt davon, dass sie eine schreckliche Mutter abgeben würde. Nach einigen Jahren in Behandlung änderte sie jedoch ihre Meinung. Den Schmerz zu heilen, den sie durch die mütterliche Vernachlässigung erfahren hatte, half ihr, ihre Jugend zurückzugewinnen und in Bezug auf ihre eigene Mutterschaft eine bewusste Entscheidung zu treffen.

Das Spektrum von Mutterhunger

Die Belastungen, denen Kinder ausgesetzt sind, müssen gar nicht schwerwiegend sein, um tiefe physiologische und psychologische Veränderungen davonzutragen, die zu Mutterhunger führen können. Die Schwere von Mutterhunger ist für jede Tochter individuell, und die Intensität der Anpassungen hängt vom Grad des fehlenden mütterlichen Schutzes sowie von der Verfügbarkeit alternativer, Sicherheit gebender Erwachsenen ab.

In der Jugend und im Erwachsenenalter können die Anpassungen in Form von ständigen leichten Depressionen oder chronischen Angstzuständen auftreten. Aufmerksamkeitsprobleme, Hyperaktivität und Perfektionismus sind weitere Hinweise auf Mutterhunger. Das Gleiche gilt für Suchtgewohnheiten – Süchte sind eine Form der Selbstberuhigung und ein Mittel, um Schmerzen zu vermeiden.

Wenn Ihre Mutter Sie nicht adäquat beschützt hat, dann ergeben die Angst und der Stress, mit denen Sie leben, jetzt mehr Sinn für Sie. Sich selbst so viele Jahre lang zu schützen, fordert seinen Tribut. Mit Angst und Anspannung zu leben, belastet das Immunsystem und macht uns anfällig für körperliche Symptome wie Migräne, Gelenkschmerzen, Verdauungsprobleme, schmerzhaftes prämenstruelles Syndrom oder Autoimmunerkrankungen. Sie mögen sich von starken Personen angezogen fühlen, die manipulierend und vielleicht gefährlich sind. Sie haben vielleicht Abhängigkeiten oder Zwänge.

Manche Dinge will man gar nicht wissen, bis Veränderung tatsächlich möglich ist. Zu verstehen, wie Ihre Symptome mit fehlendem mütterlichem Schutz zusammenhängen, kann Ihre Scham verringern. Ohne die zusätzliche Last der Scham fällt Heilung leichter. Deshalb ist es ein großer Schritt in die richtige Richtung, sich mit dem eigenen Suchtverhalten auseinanderzusetzen, wenn Sie mit einer Abhängigkeit kämpfen. Sucht führt immer zu Scham, und Scham behindert die Pflege, die Ihre legitime Verletzung braucht.

Viele von Ihnen sind müde. Sie haben über Jahre versucht, sich selbst zu schützen, und sind ausgelaugt – von zu viel oder zu harter Arbeit oder von zu viel oder zu wenig Essen oder vom Lieben auf destruktive Art und Weise.

Sucht kann damit beginnen, die Mutter zu besänftigen und sich an ihre Verletzlichkeit anzupassen. Das Suchtverhalten beginnt mit der unschuldigen Hoffnung, dass, *wenn ich einfach nur das Richtige tue (das Richtige sage oder das Richtige bin), dann wird sie mich beschützen und lieben. Und ich kann mich beruhigen.* Dr. Gabor Maté stellt fest: »Der Kern jeder Abhängigkeit ist eine Leere, die auf entsetzlicher Angst beruht.«[30]

Sucht ist ein Versuch, Angst und Verzweiflung zu regulieren – Angst, nicht liebenswert oder allein zu sein; Angst, die ohne ein grundlegendes Sicherheitsgefühl wächst.

Hier ein paar typische Beispiele:

- Liebessucht: Sich unbewusst mütterliche Liebe mit Liebesbeziehungen verdienen. Liebessucht kann das unstillbare Verlangen nach körperlicher Berührung beinhalten. Dies wiederum kann manchmal zu sexueller Abhängigkeit führen.
- Essgewohnheiten: Sich die Anerkennung der Mutter durch ein bestimmtes Aussehen, das Diät zu halten erforderte, verdienen. Sich zu überfressen, kann eine Form sein, um die Wut gegenüber einer kontrollierenden Mutter auszudrücken.
- Zu viel arbeiten: Zwanghafte Beschäftigung hat vielleicht in der Kindheit die Zustimmung der Mutter gefunden. Als Er-

wachsene mag es Ihnen das Gefühl von Sicherheit und Kontrolle bieten, nach dem Sie sich als Kind sehr gesehnt hatten.
- Übertriebener Sport: Wenn Sie so viel trainieren, dass Sie sich schon verletzen und sich trotzdem nicht ausruhen können, ist das ein Zeichen dafür, dass Sie sich unsicher fühlen.

Trifft eine dieser Suchttendenzen auf Sie zu?

Angst aufdecken

- Erinnern Sie sich an eine Zeit, in der Sie sich als kleines Mädchen sicher gefühlt haben. Was passierte? Wer war dort?
- Wie können Sie das Gefühl von Sicherheit in Ihrem jetzigen Leben wiederherstellen?
- Rufen Sie sich einen beängstigenden Moment in Ihrer Vergangenheit ins Gedächtnis. Was passierte? Wer war dort? Wo war Ihre Mutter?
- Erschaffen Sie die Angst in Ihrem jetzigen Leben neu?

Rettung aus der Angst

Wenn Angst zu stark wird, versuchen Sie es mit dieser schnellen, uralten Intervention. Die wechselseitige Nasenlochatmung, die Teil einiger Hatha-Yoga-Praktiken ist, ist eine sehr hilfreiche Übung, wenn Sie aufwachen und sich angespannt fühlen oder wenn Sie Schwierigkeiten beim Einschlafen haben. Selbst wenn Sie im Stau stehen, können Sie die Übung durchführen.

Das wechselseitige Atmen durch je ein Nasenloch unterstützt Ihren Körper und Geist beim Entspannen, reduziert die Aktivitäten des Nervensystems und sorgt für ein allgemeines Wohlbefinden. »Die Wissenschaft geht davon aus, dass beide Gehirnhälften stimuliert werden, und eine alte Weisheit besagt, dass man durch die Wechselatmung ein energetisches Gleichgewicht erreicht.«[31]

Schließen Sie zu Beginn ein Nasenloch und atmen Sie durch das andere ein. Dabei zählen Sie bis fünf. Schließen Sie beide Nasenlöcher und zählen Sie bis fünf. Atmen Sie dann durch das andere Nasenloch aus und zählen Sie dabei bis fünf. Wiederholen Sie diese Übung, bis Sie Erleichterung verspüren.

Die wechselseitige Nasenlochatmung zu praktizieren, kann bei einer Panikattacke helfen und auch dabei, fokussierter und bewusster zu sein. Wenn Sie die Wirkung dieser Art zu atmen genießen, kann regelmäßiges Üben Ihnen helfen, achtsamer zu werden und Ihre Heilung zu fördern.

Fehlenden mütterlichen Schutz ersetzen

Träume sind die Fenster zur Seele, und Frauen, die unter einem Mangel an mütterlichem Schutz leiden, träumen ohne Ausnahme schlecht und haben sogar Albträume. In den Jahren, die ich nun praktiziere, ist mir ein Muster in diesen Träumen aufgefallen. Frauen, die sich als kleine Mädchen nicht sicher fühlten, träumen von Häusern, die geflutet werden, verbrennen oder von Nagetieren befallen sind. Im Inneren des Hauses sind sie gefangen und allein. Es gibt keinen Trost. Während die Behandlung voranschreitet, ändern sich die Träume jedoch. Ich weiß, dass die Heilung beginnt, sobald die Nager verschwunden sind, wenn Flure in magische Räume führen, die es davor nicht gab, und wenn außen Blumen blühen. Das Heim, eine Metapher für den Körper, beginnt zu blühen.

Nach vielen Jahren Berufserfahrung bin ich zuversichtlich, dass Sie anfangen können, Ihr Gehirn durch Visualisierung und achtsame Intentionen zu heilen.

Fangen Sie damit an, wenn Sie sich wohl- und geborgen fühlen, vielleicht direkt vorm Schlafengehen. Schließen Sie die Augen. Stellen Sie sich das Haus vor, das Sie nachts in Ihren Träumen sehen. Wie fühlt es sich an, drinnen zu sein? Wie sieht es aus? Was brauchen Sie im Inneren dieses Hauses und außerhalb, um sich sicher und behaglich zu fühlen?

Öffnen Sie die Augen. Schauen Sie sich nun Bilder von schönen Häusern in Zeitschriften oder im Internet an. Fokussieren Sie sich auf Bilder, die Ihr Herz erwärmen. Wenn Sie spüren, dass sich Ihr Geist hebt, genießen Sie das Gefühl. Denn Schönheit ist gut für Ihr Gehirn. Sie bauen sich ein Traumhaus, das Ihr sicherer Hafen sein wird, ein Ort, der Ihre Angst beruhigt, die Sie so lange begleitet hat. Nehmen

Sie sich Zeit. Werden Sie bei dieser Übung kreativ, indem Sie Bilder in Zeitschriften oder im Internet mit Lesezeichen versehen oder sie in Ihrem Raum aufhängen. Sie schaffen sich einen inneren Rückzugsraum, in dem es keine Bedrohung gibt.

Wenn Sie nun abends auf dem Weg ins Bett sind, wandern Sie im Kopf durch diese Bilder. Schließen Sie die Augen, decken Sie sich mit einer schweren Decke zu und stellen Sie sich vor, wie es wäre, in diesem Haus, das Sie entworfen haben, zu leben. Dieses bewusste nächtliche Ritual hat direkten Einfluss auf Ihr inneres Zuhause. So wie sich die Landschaft in Ihrer Vorstellung immer weiterentwickelt, werden sich auch die Qualität Ihres Schlafs und Ihre Stimmung am nächsten Tag verbessern.

KAPITEL 7

FÜHRUNG

Eine Tochter sucht auf dem Weg zum Frausein bei ihrer Mutter nach Hinweisen. Sie beobachtet die Freundinnen ihrer Mutter, den Stil ihrer Mutter, die Eigenheiten ihrer Mutter und die Beziehungen, die ihre Mutter zu Männern hat. Auf diese Weise ist die Mutter eine Führungsfigur. Eine Mutter, die eine Tochter großzieht, ist niemals wirklich außer Dienst. Durch Beispiele leitet sie ihre Tochter an, lehrt sie, freundlich und stark zu sein, andere zu lieben, ohne sich selbst aufzugeben, und sich um ihren weiblichen Körper zu kümmern. Eine Mutter, die weiß, wie sie sich erholen und für sich selbst sorgen kann, lehrt ihre Tochter, dass dies wertvoll und wichtig ist.

Fehlgeleitete Mütter

Bevor es hier um gesunde mütterliche Führung geht, ist es wichtig, die jahrelangen schädlichen *Irreführungen* anzuerkennen, denen Frauen in Bezug auf das Muttersein ausgesetzt waren. Je nach Jahrzehnt wurde den Müttern erklärt, dass die Milch aus der Flasche für ihre Babys die beste Nahrung sei und die Schreimethode der Ansatz schlechthin, um den Kindern Unabhängigkeit beizubringen. Generationen von wohlmeinenden Müttern lernten, ihre eigenen Instinkte zu ignorieren und sich bei der Bewältigung der mit Mutterschaft einhergehenden Emotionen auf sogenannte Experten zu verlassen. Mutter zu werden, ist eine unvergleichliche Übergangsphase im Leben. Es ist tragisch, dass Mediziner und Kinderentwicklungsexperten offenbar über keine auf neuester Forschung basierenden Informationen zu frühen Bindungsbedürfnissen verfügen. Mütter benötigen heutzutage eine bessere Anleitung, um wichtige Entscheidungen für ihre Säuglinge und Kleinkinder treffen zu können.

Häufig machen Mütter eine Psychotherapie, wenn ihre Töchter anfangen, Probleme zu machen, meist in den Jahren der Schulmittelstufe. In dieser herausfordernden Zeit gibt es Mütter, die aufhören zu arbeiten oder andere Wege ausprobieren, um sich um ihre Teenager-Töchter, die in der Krise stecken, zu kümmern. Natürlich wollen sie ihre Mädchen anleiten. Und immer wieder höre ich ihre Enttäuschung und Überraschung, wenn die Dinge nicht gut laufen. Kommentare wie »Sie hört nicht auf mich« oder »Sie ist immer sauer auf mich« füllen den Therapieraum, während sie sich wundern, wohin ihre süßen kleinen Mädchen verschwunden sind.

Damit mütterliche Führung greift, muss zunächst ein vertrauensvolles Band entstehen. Bei Töchtern, die weder frühe mütterliche Fürsorge noch Schutz erhalten haben, kann die Rolle der mütterlichen Führung nicht richtig greifen. Töchter, die von klein auf lernen, Trennungsängste »herunterzuschlucken« oder sich zu wehren, sind schon lange auf sich allein gestellt. Für viele ist es schwierig, wenn ihre Mutter auf einmal einbezogen werden möchte. Konflikte in diesem Szenario sind also ganz normal: Eine Mutter will helfen, fühlt sich jedoch nicht wertgeschätzt, wenn ihre Bemühungen nicht freundlich angenommen werden. Die Tochter wird wütend, wenn ihre Mutter nicht sehen kann, wie groß sie schon ist. Mütter fordern möglicherweise mit angsteinflößendem oder kontrollierendem Verhalten Respekt ein. Das ist keine mütterliche Führung. Denn Kontrolle lehrt Gefügigkeit. Fügsame Töchter laufen Gefahr, zu verletzlichen Frauen ohne gesunde Grenzen und Selbstbewusstsein heranzuwachsen, weil sie gelernt haben, ihre Mütter zu besänftigen.

Wenn mütterliche Führung schadet

Mütterliche Führung bedeutet ein Opfer an Zeit, Weisheit und Energie – ohne Garantie, dass die Tochter die Mühe zu schätzen weiß. Tatsächlich belasten Mütter, die von ihren Töchtern Dankbarkeit oder Bestätigung erwarten, die Mädchen unnötig, während diese dabei sind, ein Gefühl dafür zu entwickeln, wer sie sind. Adrienne Brodeurs Memoiren, *Wild Game*, waren eine Art literarisches Phänomen – eine Lebensgeschichte, die aufgrund ihrer großartig geschriebenen Prosa und des komplizierten emotionalen Verrats, den die Autorin offenbart, landesweit Aufmerksamkeit erregte. Uns dient das Werk als schreckliches Beispiel aus dem wahren Leben, wie fehlende gesunde Führung durch die Mutter die emotionale Entwicklung der Tochter stoppt und ihre sexuelle Unschuld beschädigt.

Die Geschichte beginnt im Sommer, als Adrienne vierzehn Jahre alt ist. Am Anfang steht eine Romanze – und zwar nicht, wie man erwarten könnte, die einer blühenden jungen Frau, sondern ein Drama, in dem die Protagonisten die falschen Rollen zugeteilt bekommen. Adrienne spielt nicht die romantische Hauptrolle. Dieser Part geht an ihre grenzüberschreitende Mutter Malabar. Mit unstillbarer Kraft stiehlt Malabar allen die Show, während ihre sie bewundernde Zweitbesetzung jede Bewegung verfolgt.

Durch Adriennes aufmerksame Augen sitzen wir in der ersten Reihe, um Malabars Liebesaffäre mit dem besten Freund ihres Mannes,

Ben, zu verfolgen. Wir bekommen mit, wie Malabar sich wie eine Teenagerin verhält, je mehr sie in Ben vernarrt ist. Wie die meisten von uns, die sich verlieben, will Malabar dafür eine Zeugin haben. Jemanden, mit dem sie ihre Begeisterung teilen kann. Doch statt sich an eine altersgerechte Freundin zu wenden oder vielleicht sogar an einen Therapeuten, nutzt Malabar unglücklicherweise ihre Tochter. Sie weckt sie mitten in der Nacht, um ihre Gefühle für Ben zu verkünden. Sie klingt eher wie ein Schulmädchen als eine Mutter, als sie fleht: »Freust du dich denn nicht für mich, Rennie?« Erfreut über das Vertrauen ihrer Mutter, folgen wir Adriennes Blicken. »Ich sah in ihr Gesicht, in die dunklen, hoffnungsvoll schimmernden Augen, und plötzlich freute ich mich für sie. Und für mich. Malabar hatte sich verliebt, und sie hatte mich als ihre Vertraute gewählt, eine Rolle, nach der ich mich immer gesehnt hatte, ohne es zu wissen.«[1] Und schon findet sich unsere willige, verletzliche Erzählerin in einer Dreiecksbeziehung wieder.

Malabars unstillbares Verlangen nach romantischer Ablenkung verschlingt die freie Zeit ihrer Tochter, die sie in ihre heimliche Affäre verwickelt. Indem sie ihr jedes Detail mitteilt und ihre Tochter als Freundin benutzt, schafft Malabar eine Dynamik, bei der Adrienne das Gefühl hat, dass »›wir‹ für mich immer meine Mutter und ich gewesen» waren und nicht Malabar und Ben.[2]

Durch den wortlosen Spiegelungsprozess sind Töchter von Natur aus darauf ausgelegt, von ihren Müttern zu lernen. Idealerweise wollen wir – damit dieses Lernen sich gut anfühlt – unsere Mutter bewundern und von ihr inspiriert werden. Als Leserinnen erkennen wir den Wunsch Adriennes, auf ihre Mutter stolz zu sein, während sie versucht, Malabars Affäre in ihrem Kopf zu rechtfertigen.

»Vielleicht hatte es ja etwas Gutes … Vielleicht würde sich meine Mutter im Herbst, als die Schule wieder losging, anziehen, bevor

> sie mich und die Nachbarskinder morgens zur Schule fuhr. Kein Mantel überm Nachthemd mehr, kein Kopfkissenabdruck in ihrem aufgedunsenen Morgengesicht. Vielleicht würde sie sich die Haare bürsten, Lipgloss auftragen und die Kinder auf unserem Schulweg mit einem gut gelaunten ›Hallo‹ begrüßen, so wie die anderen Mütter.«[3]

Mütter, die ihre Töchter für eine Freundschaft benutzen, missbrauchen nicht nur ihre Macht – sie vermeiden damit, dass diese unbeschwert heranwachsen. Die Töchter nehmen eine Abkürzung Richtung Erwachsensein. Anstatt sich ihren eigenen Unsicherheiten zu stellen und das Risiko einer Beziehung zu erwachsenen Frauen einzugehen (die sie verurteilen oder zurückweisen könnten), genießen diese Mütter die Nähe, Verletzlichkeit und Bewunderung ihrer Töchter.

Filme und die Literatur romantisieren oft die Vorstellung von Mutter und Tochter als beste Freundinnen. Um eine Geschichte zu erzählen, gibt Hollywood Kindern erwachsenenähnliche Persönlichkeitsmerkmale. Begriffe wie *Mini-Ich* oder *beste Freundin* in Bezug auf die eigene Tochter verdecken die wichtige Rolle einer mütterlichen Führungsfigur. Doch die Vorstellung, dass Mutter und Tochter beste Freundinnen sein können, ignoriert die Machtungleichheit zwischen ihnen. Eine Tochter liebt ihre Mutter, aber sie braucht sie auf andere Weise, nicht als beste Freundin. Sie braucht die Fürsorge ihrer Mutter, ihren Schutz und ihre Führung – eine Jobbeschreibung, die weit über Freundschaft hinausgeht.

Enmeshment

Wenn Adrienne sagt, ihre Mutter sei »der wichtigste Mensch, obwohl ich mir wünschte, es wäre anders«, dann spricht sie damit vielen Frauen aus dem Herzen.[4] Sind die beiden einen Moment allein, missbraucht Malabar die Bewunderung ihrer Tochter. *Wild Game* ist ein spektakuläres Beispiel für eine heimtückische Form emotionalen Missbrauchs, die als *Enmeshment* (›Verstrickung‹) bekannt ist.

Enmeshment findet statt, wenn ein Elternteil ein Kind manipuliert, um damit seine eigenen Bedürfnisse zu stillen. Der argentinische Familientherapeut Salvador Minuchin, der die strukturierte Familientherapie entwickelt hat, benutzte den Begriff *Enmeshment* erstmals, um Familiensysteme zu beschreiben, in denen erwachsene Kinder den Interessen und Überzeugungen der eigenen Eltern auf Kosten ihrer eigenen folgen.[5] Dr. Kenneth Adams hat das Konzept des Enmeshments in seinem Buch *Silently Seduced* (zu Deutsch: ›Unbemerkt verführt‹) als verdeckten oder emotionalen Inzest weiterentwickelt. Verdeckter Inzest findet statt, wenn ein verstrickendes Elternteil ein Kind wie einen Partner behandelt. Auf diese Weise entsteht eine psychologische Ehe zwischen Eltern und Kind, in der das Kind eine übermäßige Loyalität zu seinen Eltern empfindet.[6] Töchter erkennen das elterliche *Enmeshment* selten als schädlich an, weil es sich gut anfühlt, auserwählt zu werden. Als Liebling auserkoren zu sein, mag wie ein Privileg scheinen. Doch der Preis ist hoch. Ist die Zuwendung der Mutter zu stark, kümmert sich die derart verstrickte Tochter um die Stimmungen, Bedürfnisse und Wünsche der Mutter und verpasst so, ihre eigenen zu entdecken.

Wenn *Enmeshment* Ihre Kindheit und Jugend beschreibt, dann möchte ich Ihnen gerne sagen, dass es normal ist, sich benutzt und nachtragend zu fühlen. Sie sind erschöpft. Sie fühlen sich vielleicht, als wären Sie bereits verheiratet, also vermeiden Sie intime Beziehungen. Unbewusst fühlt sich die Hinwendung zu jemand anderem wie Verrat an der Mutter an oder es ist, offen gesagt, einfach zu anstrengend. Für diejenige, die sich in einer derartigen verstrickten Beziehung befindet, ist es nicht ungewöhnlich, sich uninspirierende

Partner zu wählen – so lässt sich die primäre Bindung zur Mutter aufrechterhalten. Darin liegt der Verlust der Wahlmöglichkeit. Ihr Körper fällt für Sie Entscheidungen, ohne dass Sie das kognitiv begreifen. Wenn Sie das Erbe des *Enmeshments* erkennen, können Sie sich von der Pflicht lösen, die Bezugsquelle Ihrer Mutter zu sein, und Ihre eigene Autorität wiederherstellen.

Spiegelung

Jede Tochter ist von Natur aus darauf programmiert, ihre Mutter zu spiegeln, wobei sie die Gedanken, Emotionen und Träume der Mutter in sich aufnimmt. »Eine Verbindung mit jemandem, den sie als klug und gut empfinden, gibt ihnen die Möglichkeit, sich selbst auch als gut zu erleben.«[7] Manche Mütter haben jedoch keine Werkzeuge für eine liebevolle Führung parat. Verhält sich die eigene Mutter problematisch (zum Beispiel, weil sie eine Affäre hat und die Details mit ihrer Tochter teilt und sie so in eine Teilhabe hineinmanipuliert), dann spiegelt die Psyche der Tochter diese Erfahrung. Eine solche Spiegelung erzeugt Schuld und Scham, die nicht ihre sind.

Wild Game zeichnet ein lebhaftes Bild einer schädlichen Spiegelung, wenn Malabar ein Erbe von Schuld und Scham auf die Schultern ihrer Tochter legt. Ohne Rücksicht auf Adriennes Wohl stiehlt Malabar ihrer Tochter die Unschuld und beschmutzt sie mit ihrer Untreue.

Untreue und die Lügen, die damit einhergehen, lassen eine Person allgemein schon schuldig fühlen. Nicht so Malabar. Sie scheint niemals irritiert oder peinlich berührt von ihrem sexuellen Verhalten oder ihren Erziehungsentscheidungen zu sein. Sie zeigt keine Reue, dass sie ihrer Tochter die Zeit am College stiehlt, geschweige denn, dass sie sich dafür entschuldigt, Adrienne in eine massive Vertuschung ihrer Affäre hineinzuziehen.

Benimmt sich eine Person schamlos, trifft diese verleugnete Scham oft jemand anderen. Michelle Mays, Gründerin und Direktorin des *Center for Relational Recovery* in Leesburg, Virginia, beschreibt diese Dynamik sehr anschaulich: »Wenn sich jemand offensiv und gewalttätig verhält, dann schwappt die gesunde Scham, die sie selbst nicht haben, [...] auf den beschämten Part (den betrogenen Partner) über, der schließlich die Scham dafür, was geschehen ist, trägt.« In therapeutischen Kreisen nennen wir dieses psychologische Phänomen *Carried Shame* – ›getragene Scham‹.

Getragene Scham

Im Buch *Wild Game* hat Malabar zahlreiche Opfer, die ihre Scham tragen, doch Adrienne ist das jüngste und verletzlichste. Das zentrale Verbrechen in dieser Geschichte handelt weniger von der ehelichen Untreue als von der gestohlenen Kindheit der Erzählerin. Adrienne ist die wirklich betrogene Partnerin, noch viel mehr als Malabars Ehemann Charles. Wir erleben, wie Adrienne sich mit Schuld und Scham, die nicht zu ihr gehören, plagt. »Jedes Mal, wenn meine Mutter verreiste – angeblich, um Julia zu retten, und sie in Wahrheit mit dem besten Freund ihres Mannes in einem Hotelzimmer abstieg –, war es an mir, mich um Charles zu kümmern.«[8]

Obwohl Adrienne das Sich-Kümmern um ihren Stiefvater als »keine schwierige Aufgabe« beschreibt, war es doch eine emotionale Last, die sie nicht tragen sollte. Malabar brachte sie in eine unmögliche psychologische Situation.

> »Das einzig Schwierige daran, sich um Charles kümmerte, war die Lügerei ... Am Anfang erschien mir das einfach. Doch mit der Zeit lastete das Schweigen immer mehr auf mir. Denn wenn man jemanden anlügt, den man liebt – und ich mochte Charles

> wirklich sehr gerne –, erst recht, wenn man ihn so oft anlügt, bis einem die Lüge wahrer vorkommt als die tatsächliche Wahrheit, dann verliert man das Einzige, was zählt: die Möglichkeit einer tiefen inneren Verbindung. Diese Möglichkeit ging mir an dem Tag verloren, an dem mir die erste Lüge über die Lippen kam. Mit der Zeit verlor ich auch die Verbindung zu mir selbst.«[9]

Wir können sehen, wie Adrienne sich quält. Es scheint, als wäre sie diejenige, die betrügt, und nicht ihre Mutter. Adrienne trägt die Scham ihrer Mutter und verliert bei diesem Prozess ihre Unschuld.

Je näher die Möglichkeit rückt, entdeckt zu werden, desto mehr verstärkt sich Malabars ungeheuerliche Irreführung, und das Konstrukt gerät aus den Fugen. Sie ruft Adrienne an, die am College ist, und verkündet: »Ben bedeutet mir alles. Absolut alles. Mein Leben ist nicht lebenswert, wenn ich ihn verliere.«[10] Die emotionale Verstrickung eskaliert, als Malabar Adrienne schamlos in ihre innersten Gedanken einweiht und ihr damit klarmacht, wie wenig sie in den Augen ihrer Mutter wert ist. »Wenn Ben meiner Mutter ›alles‹ bedeutete, was war dann ich? War ich es denn nicht wert, dass sie für mich lebte?« Und doch gehören ihre Liebe und Loyalität Malabar. Sie hat Angst um das Leben ihrer Mutter. Sie hat keine Wahl. In einer Art Malabar-Trance sammelt Adrienne ihre kostbare Energie, verlässt das College und rettet ihre unnachgiebige Mutter.

Es ist herzzerreißend, zu sehen, wie schlecht Malabars mütterliche Führung für Adrienne ist. Das, was sie ihre Tochter lehrt, beinhaltet Verführung, Geheimnisse und Manipulationen. Wenn Ihre Mutter Sie in die Rolle ihrer Freundin bringen würde, glauben Sie vielleicht unbewusst, dass es Ihre Aufgabe ist, sie glücklich zu machen oder sie in ihrer Mutterrolle zu bestätigen, oder dass es an Ihnen liegt, ihrem Leben einen Sinn zu geben. Vielleicht kämpfen Sie mit Ambivalenz, dem Gefühl der Schuld, weil Sie sich Ihren eigenen Raum wünschen.

Erziehung zu Weiblichkeit und mütterliche Führung

Mütterliche Führung erfährt wenig kulturellen Respekt, mit dem Ergebnis, dass viele wohlmeinende Mütter keine Vorstellung davon haben, wie sie ihren Töchtern weibliche Stärke vorleben sollen.

Erziehung zu Weiblichkeit – oder das Erlernen des »Mädchen-Codes« – hat nicht nur Einfluss auf die Arbeit, die Frauen verrichten, sondern auch darauf, wie Frauen sich in einer Beziehung zu Männern zu verhalten haben. Der Mädchen-Code lehrt die Frauen, zu dienen, zu verführen und sich den Männern zu unterwerfen, während sie mit anderen Frauen um die männliche Aufmerksamkeit konkurrieren. Müttern, denen diese kulturellen Botschaften bewusst sind, versuchen, den Einfluss des Mädchen-Codes auf ihre Töchter zu minimieren. Indem sie ein Auge auf die Medienpräsenz haben, sich die häusliche Arbeit mit ihrem Partner und ihren Söhnen teilen und die Leistungen und Talente ihrer Töchter feiern, tun kluge Mütter ihr Bestes, um die schädliche Weiblichkeitserziehung zu mindern. Doch Generationen von mütterlichem Erbe lassen den Mädchen-Code trotz erstaunlicher Anstrengungen von Müttern auf die Töchter übergehen, wodurch still und leise die Führung der Frauen davon infiziert wird. Eine gestörte mütterliche Führung zeigt sich auf vielfältige Weise, zum Beispiel durch:

- Konkurrenz mit den Töchtern um die Aufmerksamkeit des Partners,
- Tragen der gesamten Last an Haushaltspflichten mit Unwillen,
- Zeigen der Bevorzugung der Söhne gegenüber den Töchtern,
- Flucht aus der Realität durch Sucht- und heimlichtuerisches Verhalten.

Verständlicherweise können Frauen leise den Verlust ihrer eigenen Jugend und Schönheit betrauern, während sie sehen, wie ihre Töchter zu jungen Frauen heranwachsen. Aber Töchter verlieren eine vertrauenswürdige Führungsperson, wenn Mütter diesen Übergangsritus falsch handhaben und ihren heranwachsenden Mädchen alle Freude rauben, weil sie mit ihnen konkurrieren. In diesem Prozess lehren Mütter ihre Töchter manchmal, dass Frauen nicht zu trauen ist.

Kultureller Einfluss als Führung

Ohne eine gesunde mütterliche Führung sind Töchter gnadenlos kulturellen Einflüssen ausgeliefert, die Weiblichkeit konstruieren. Weiblich zu sein, ist ein biologisches Attribut, doch »Weiblichkeit« ist eine soziale und kulturelle Erschaffung, die auf zahlreichen systemischen Faktoren beruht. Über Generationen lernten Frauen, dass ihr Wert sich von Freundlichkeit und Attraktivität ableitet. Auch mit zunehmenden Bildungs- und Berufsmöglichkeiten bleibt das Zeigen von Ärger und Wut am Arbeitsplatz den Männern vorbehalten. Die Medien sind Teil dieser Weiblichkeitserziehung, denn der »männliche Blick« nutzt den weiblichen Körper für Marketing und Unterhaltung. Marissa Korbel vom Magazin *The Rumpus* legt beeindruckend dar, wie Frauen von dieser Weiblichkeitserziehung beeinflusst werden, indem sie von ihren eigenen Erfahrungen schreibt:

> »Einerseits, so lehrte mich meine Kultur, hatte ich eine Agenda, Autonomie und Verantwortung für meinen Körper, für meine Entscheidungen, mein Leben. Andererseits lehrte mich die größere Kultur, dass ich wirklich keine Ahnung hatte, was das Beste für mich war. Man traute mir nicht zu, selbst sagen zu können, was Sache war. Meine Mutter wusste es besser. Mein Vater. Meine Leh-

> rer. Die Älteren um mich herum im Allgemeinen. Und als es dann um meine Lust ging, wussten die Männer besser Bescheid als ich, oder meinten es zumindest. Bis auf die schlechten. Wenn es doch nur einfacher wäre zu wissen, wer die schlechten waren.«[11]

Die kulturelle Programmierung beeinflusst Mütter und Töchter und macht die mütterliche Führung, wenn es um Sexualität geht, noch komplizierter. Als Zweitbesetzung unserer Mutter bilden wir einen inneren Kompass aus, der unsere Wünsche und Gefühle über unseren Körper leitet, indem wir die Mutter beobachten. Viele von uns sind irritiert, wie sich unser Körper entwickelt und wenn wir zum ersten Mal sexuelles Verlangen verspüren. Gefangen in einer sexuellen und sozialen Zwickmühle, die von uns verlangt, gleichzeitig brav (heilig, rein und aufopferungsvoll) und ungezogen (sexy, erotisch und verführerisch) zu sein, sind wir uns nicht sicher, wie wir mit erotischen Gefühlen auf gesunde Weise umgehen sollen. Wenn unsere Mutter selbst keinen Frieden mit diesem Dilemma gemacht hat, dann bleiben wir bei der Suche nach anderen Führungsfiguren auf uns selbst gestellt.

Väter und Töchter

Wenn es um Führung geht, profitieren Töchter, wenn ihre Väter miteinbezogen werden. Forschungen haben gezeigt, dass Väter, die Beziehungen wertschätzen, mit höherer Wahrscheinlichkeit sicher gebundene Kinder haben. Die wichtigste Aufgabe eines Vaters ist, die Mutter zu beschützen und zu unterstützen, damit sie für ihre Tochter in deren ersten Lebensmonaten und -jahren eine Basis schaffen kann. Sobald diese Basis gesichert ist, können die Väter mehr ins Rampenlicht treten. Aus der Forschung wissen wir, dass der Zugang des Vaters zu Spielen einen entscheidenden Teil des Bindungsprozesses mit seinem Kind ausmacht.[12] Spielen ist die Sprache väterlicher Liebe und Führung.

Väterliche Führung in Form von Lob, hilfreichen Grenzen und gemeinsamer Zeit stärkt das Selbstbewusstsein der Tochter. Studien zeigen, dass, wenn ein Vater an seiner Tochter Freude hat und ihre natürlichen Stärken fördert, sie eher dazu neigt, sich selbst als leistungsfähig zu begreifen. Die Forschung legt nahe, dass Töchter, deren Väter sich an der Hausarbeit beteiligen und ihre Töchter darin bestärken, Herausforderungen anzunehmen, einen höheren Grad an sozialem Verhalten sowie bessere Schulleistungen haben und weniger Verhaltensprobleme aufweisen. Interessanterweise ist in solchen Fällen auch die Wahrscheinlichkeit höher, dass Töchter solcher Väter später als Erwachsene gut bezahlte Jobs haben.[14]

Unglücklicherweise konkurrieren falsch angeleitete Elternteile manchmal um die Liebe und Zuneigung ihrer Tochter. Dabei übersehen sie ein wichtiges Stück Wahrheit: Beide Elternteile sind nötig und haben ihren einzigartigen Zweck. Beide können nicht die ganze Zeit der »Liebling« sein. Es ist hilfreich, wenn die Eltern sich darin abwechseln, die primäre Führungsfigur zu sein. Töchter lieben ihre Eltern oder Fürsorgepersonen bedingungslos und wünschen sich, dass diese glücklich sind. Wenn sich jedoch die Eltern ihres Zweckes unsicher sind und sich an die Tochter richten, damit diese ein Elternteil über das andere stellt, ist das unfair. Falls Ihre Eltern Sie in die Position gebracht haben, sich für eine Seite entscheiden zu müssen, dann leben Sie mit der quälenden Traurigkeit, dass Sie in die Mitte ihrer Unsicherheiten gezerrt wurden. Teil Ihrer Heilung ist es dann, diese emotionale Belastung, die Sie niemals hätten tragen dürfen, loszulassen.

Väterliche sexuelle Führung

Töchter lernen von beiden Elternteilen etwas über Sex. Während sie heranwächst, sieht eine Tochter, wie ihr Vater ihre Mutter behandelt, und lernt so, wie sich Männer gegenüber Frauen verhalten. Verzichtet ein Vater darauf, viel Zeit mit seinen Hobbys oder seiner Arbeit zu verbringen, und widmet diese stattdessen der Mutter, dann beobachtet die Tochter, dass die Mutter für ihn Priorität hat. Wenn Mutter und Vater es genießen, zusammen zu sein, gemeinsam zu spielen, und sich gegenseitig Zuneigung zeigen, dann ist das für eine Tochter ein starker Puffer vor den dominanten kulturellen Lehren außerhalb ihres Zuhauses.

Doch Eltern sind auch nur das Produkt unserer Kultur und einer Ideologie, die unsere sexuelle Umwelt durchdringt, wie in Kapitel 5 besprochen. Es ist daher nicht ungewöhnlich für Töchter, mitzubekommen, wie ihre Väter das Aussehen von Frauen beurteilen und kommentieren. Väter, die sich ihres Einflusses und ihrer Verantwortung für sexuelle Führung nicht bewusst sind, reden am Abendbrottisch vielleicht eher wie nach dem Sport in der Männerumkleidekabine oder flirten mit Kellnerinnen im Restaurant. Mädchen lernen von solchen Vätern, dass weibliche Power mit Sex-Appeal einhergeht, dass Sexy-Sein Aufmerksamkeit erzeugt. Offene Anzeichen sexueller Doppelmoral wie diese bringen der Tochter bei, wie sie sich zu verhalten hat. So führt sie die sexuellen Botschaften der dominanten Kultur fort.

Mädchen zu einer gesunden Sexualität zu erziehen, scheint eine unmögliche Aufgabe zu sein in einer Welt, in der Pornos so einfach und privat verfügbar sind – und meist wenig kritisch hingenommen werden. Eine Kollegin erzählte mir kürzlich davon, wie ihre Klientin ausrief: »Ich schaue Pornos, seit ich zwölf bin … Und jetzt bin ich endlich selbst in einem!« Meine Klientin Maria, die einen Doktortitel hat und beruflich erfolgreich ist, erzählte mir, dass sie sich selbst am mächtigsten fühlte, als sie mit Anfang zwanzig für Sex Geld verlangte. »Er würde es nie zugeben, aber wenn mein Vater meine Arbeit mitbekommen hätte, wäre er stolz gewesen.« Marias Gefühl, wie ihr Vater ihre Sexarbeit empfunden hätte, mag stimmen oder nicht, aber die Botschaft ist eindeutig: Sex, Männer und Macht sind miteinander verknüpft.

Sexuelle Scham

Alle Frauen in einer patriarchalischen Kultur sind für sexuelle Scham anfällig, aber das Erbe von schädlichen sexuellen Botschaften kann für marginalisierte Frauengruppen noch viel stärkere Auswirkungen haben. Farbige und lesbische Frauen, die nicht in weiße heterosexistische Normen passen, werden in den Medien und in Filmen zu Zielscheiben unerwünschter sexueller Aufmerksamkeit. Oft werden lesbische Frauen gezwungen, sich auf eine Art und Weise mit ihrer Sexualität aktiv auseinanderzusetzen, wie heterosexuelle Frauen es nicht müssen.[14]

Für eine homosexuelle Frau ist das Thema ›mütterliche Führung‹ von hoher Komplexität überlagert, da sie ihre Mutter betrachtet, um sich selbst zu verstehen. Mütter und Töchter haben es ohnehin schwer genug, mit dem Thema Sex zurechtzukommen. Wird dann noch Homophobie zur Mischung hinzugefügt, ist das eine Rezeptur für Mutterhunger, die sich im inneren Kern der Tochter festsetzt und Unheil stiftet. Wenn die sexuelle Identität die Zugehörigkeit bedroht, halten sich Töchter bei ihren Müttern mit der Wahrheit verständlicherweise zurück, um eine mögliche Zurückweisung zu vermeiden. Töchter, die sich nicht an ihre Mütter wenden können, um über Sex zu sprechen und Fragen zu stellen, aus welchen Gründen auch immer, führen möglicherweise ein geheimes Leben, das sie nicht nur einsam macht, sondern auch Brutstätte für Süchte oder andere schädliche Verhaltensweisen ist.

Mutterhunger und der Verlust mütterlicher Führung

Als Tochter haben Sie vielleicht nicht die Führung von Ihrer Mutter erhalten, die Sie gebraucht hätten.

Vielleicht haben Sie gelernt, dass es nicht sicher war, anders zu sein – vielleicht haben Sie die verborgene Hoffnung Ihrer Mutter aufgeschnappt, dass Sie so wie sie werden würden. Um Kritik zu vermeiden, lernten Sie, die Wäsche genau wie sie zu falten, sich das Haar so zurechtzumachen, wie es ihr gefiel, und ihr aus dem Weg zu gehen, wenn sie gestresst war. Sie lernten, Ihre eigene Meinung für sich zu behalten, wenn sie nicht der Ihrer Mutter entsprach.

Oder vielleicht brauchte Ihre Mutter Sie, um Sie zu überhöhen, damit Sie etwas Besseres als Ihre Mutter selbst werden. Sie mussten einfach *toll* sein, damit sie sich selbst besser fühlte. Sie hatte wenig Geduld mit Ihren natürlichen Makeln, weil Ihr Verhalten ihre Kompetenzen als Mutter widerspiegelten. Ihr ungelebtes Leben sollten Sie erfüllen.

Falls Sie derart mangelhafte mütterliche Führung bei sich selbst feststellen, fühlen Sie sich vielleicht oft angespannt, weil Ihr Verhalten und das, was Sie erreicht haben, nicht Ihren wahren Wünschen entsprechen. Vielleicht fühlt sich Ihr eigenes Leben eher wie der Lebenslauf Ihrer Mutter an. Fehlende mütterliche Führung kann zu einigen der folgenden Eigenschaften führen:

- Exzessives Kümmern in Beziehungen
- Tiefgreifende Unsicherheit
- Schwierigkeiten, Entscheidungen zu treffen, die Ihre eigenen Wünsche widerspiegeln

- Chronische Schuldgefühle und der Glaube, dass Sie (für Ihre Mutter) nie genug sind
- Ständiges Vergleichen von sich selbst mit anderen Mädchen und Frauen
- Unzufriedenheit mit Ihrem Körperbild und Ihrer Erscheinung
- Loyalität gegenüber missbrauchenden Personen, üblicherweise gegenüber Ihrer Mutter und ihr ähnlichen Personen
- Überengagement bei der Erziehung Ihrer eigenen Kinder, wobei Sie diese zeitweise verlassen, um sich um Ihre Mutter zu kümmern

Ohne gesunde mütterliche Führung ist es schwierig, sich voll zu integrieren und den eigenen Stellenwert zu kennen. Dr. Christiane Northrup schreibt: »In unserer Kultur wird Mädchen immer noch allzu oft [falsch] vermittelt, dass sie sich ständig für ihre Existenz, ihren Körper, ihre Weiblichkeit entschuldigen müssen.«[15] Das macht Zugehörigkeit zu einer Herausforderung.

Mehr als alles andere wollen wir dazugehören und von anderen Frauen aufgenommen werden. Aber auf dem Weg dorthin entdecken wir vielleicht, dass Zugehörigkeit bedeutet, unsere Stärke zu verstecken. Um hineinzupassen, machen wir uns klein. In einer Kultur, in der Qualitäten wie Empathie, Zusammenarbeit und Verbundenheit abgewertet werden, können sich solche Eigenschaften wie eine Bürde anfühlen.

Teil des Schmerzes und des Sehnens bei Mutterhunger ist die Suche nach der Stärke Ihrer Mutter. Heilung bedeutet, dass Sie Ihre eigene Stärke auf eine Art und Weise geltend machen, die sich gesund und konstruktiv anfühlt. Die Autorität über Ihr eigenes Leben zu gewinnen, kann es erforderlich machen, neue Führungsfiguren und Rollenbilder für sich zu finden – Menschen, die Sie inspirieren. Mutterhunger zu heilen, eröffnet Ihnen die Möglichkeit, kaputte Träume und Ziele wiederaufzubauen – und sich nicht länger dafür schlecht zu fühlen, eine Frau zu sein.

Führung finden

- Was ist gut daran, eine Frau zu sein?
- Was ist schwierig daran, eine Frau zu sein?
- Wann hat sich eine andere Frau für mich eingesetzt?
- Wie hat sich das angefühlt?
- Wann habe ich mich zuletzt für eine andere Frau eingesetzt oder sie unterstützt?
- Wie sind Frauen wirklich?
- Haben Sie Ihre Mutter bewundert?
- Hat Ihre Mutter Freundschaften mit anderen Frauen gehabt? Waren dies glückliche Beziehungen?
- Was haben Sie von Ihrer Mutter oder anderen Bezugspersonen über Sex gelernt?
- Gibt es in Ihrem Leben eine Frau, die Sie bewundern und der Sie vertrauen können?

Auf der Grundlage der Antworten zu den obigen Fragen können Sie herausbekommen, in welchen Bereichen Sie Führung benötigen. Führung erfordert eine Vorbildfunktion. Wer in Ihrem Leben scheint das Problem, dem Sie ausgesetzt sind, gelöst zu haben? Wie behandelt diese Person ihre Freunde und Freundinnen? Mögen andere Frauen sie?

Wenn Sie ein Vorbild finden, dann verbringen Sie mit dieser Frau Zeit. Wenn es jemand aus dem Fernsehen oder einem Film ist, dann stellen Sie sich vor, was sie tun würde. Mütterliche Führung zu ersetzen, ist Ihre Chance, Frauen auszuwählen, die Sie bewundern und von denen Sie lernen können.

KAPITEL 8

SCHWERER MUTTERHUNGER

Nach Jahren enger Zusammenarbeit mit Frauen, die an Mutterhunger leiden, habe ich ein breites Spektrum bei dieser Verletzung erkannt. Mutterhunger ist für jede Person prinzipiell unangenehm, doch manche Formen des Mutterhungers sind schlimmer als andere. Deshalb möchte ich davor warnen: In diesem Kapitel wird besprochen, was passiert, wenn Töchter mütterliche Grausamkeit erfahren. Falls dies auf Sie nicht zutrifft, dann sollten Sie diesen Abschnitt vielleicht überspringen. Falls Sie eine missbrauchende Mutter überlebt haben, dann finden Sie hier Antworten. Ich zeige auf, dass Ihre Verzweiflung berechtigt ist, doch diese Seiten werden auch schwer zu lesen sein. Heilung von Missbrauch – durch Identifizierung, Verstehen und Erinnerung – kann genauso schmerzhaft sein wie das Geschehene selbst.

Judy and Édith

Schwerer Mutterhunger, also dritten Grades, wurde auf der Kinoleinwand in zwei preisgekrönten Darstellungen von ikonischen Frauen, die unser Herz mit Musik erfüllten, lebendig gemacht: durch Renée Zellweger als Judy Garland in dem 2019 Oscar-gekrönten Film *Judy* sowie 2007 durch Marion Cotillard als Édith Piaf in *La Vie en Rose*. Diese beiden überaus beeindruckenden Filme stellen lebhaft zwei Mädchen dar, die in ihren ersten beiden Lebensjahren mütterliche Grausamkeit und Verlassenheit erfahren haben. Geboren von Müttern, die sie nicht gewollt hatten und die nicht für sie sorgen konnten, litten beide immens darunter, während sie versuchten, ihr Leben zu leben. Tragischerweise und auf auffallend ähnliche Weise starben beide sehr jung.

Judy Garland, die geliebte Dorothy in *Der Zauberer von Oz*, starb mit siebenundvierzig Jahren an den Folgen ihres Alkohol- und Drogenmissbrauchs. Édith Piaf, die manchmal als französische Judy Garland bezeichnet wird, starb ebenfalls mit siebenundvierzig Jahren an Leberschäden aufgrund ihres Drogen- und Alkoholkonsums. Die beiden Frauen kämpften in ihren kurzen, schwierigen Leben unermesslich. Beide waren mehrfach verheiratet und geschieden, verdienten viel Geld, verloren es wieder und waren von Gesundheitsproblemen einschließlich Süchten gezeichnet.

Mit elf Jahren sang Judy Garland »wie eine dreimal so alte Frau, mit einem gebrochenen Herzen«.[1] Auch Édith Piaf, von den Franzosen geliebt, hatte schon als Kind eine unvergesslich reife Stimme. Mit sieben Jahren sang sie auf der Straße und eroberte die Herzen der Vorbeigehenden.[2]

Judys Eltern waren Varieté-Künstler, die bereits zwei Töchter hatten und kein weiteres Kind wollten. Als sie von der erneuten Schwangerschaft erfuhren, suchten sie jemanden, der eine Abtreibung vornehmen könnte, jedoch ohne Erfolg. Judy wurde in eine kalte, harsche Welt hineingeboren, ohne Fürsorge und Schutz. Schon mit drei Jahren probte sie mit ihren Schwestern und trat mit ihnen auf, und als sie gerade mal zehn Jahre alt war, gab ihr ihre Mutter tagsüber Diätpillen und nachts Beruhigungsmittel, damit sie spurte. In der Talkshow von Barbara Walters erzählte Judy eine ergreifende Geschichte über die Erziehungsmethoden ihrer Mutter: »Sie sagte: Du gehst da jetzt raus und singst oder ich leg dich übers Knie und prügle dich windelweich!«[3]

Genau wie Judy war Édith Tochter einer Künstlerin – einer Straßensängerin –, die noch nicht bereit war, Mutter zu werden. Als Säugling wurde Édith bei ihrer alten, nicht sorgenden Großmutter gelassen. Dabei starb sie fast an einer Meningitis und an Unterernährung. Völlig verlaust fand sie schließlich ein Verwandter, der sie zu ihrer Großmutter väterlicherseits mitnahm, die ein Bordell führte. Das ist nicht gerade ein Ort, den wir typischerweise für ein junges Mädchen gutheißen würden, doch fand sie dort zum ersten Mal den Trost, den sie bis dahin gar nicht kannte. Eine junge Prostituierte nahm Édith unter ihre Fittiche und schenkte ihr Zuneigung und Zärtlichkeit. Doch im Alter von sieben Jahren endete diese erste liebende Verbundenheit abrupt und tragisch. Ihr Vater kam und nahm sie mit auf Tournee, wo sie mit ihm im Zirkus auftrat.

Ohne den Schutz mütterlicher Fürsorge waren beide Mädchen nun den Männern um sie herum ausgeliefert. So hatte Louis Mayer, Direktor des damaligen MGM-Filmproduktionsstudios, viel zu viel Einflussnahme auf Judys Erziehung. Er begrenzte ihre Essenszufuhr, nannte sie »meine kleine Bucklige« (und machte sich damit über ihren Rundrücken lustig) und belästigte sie sexuell.[4] Auch Edith musste sexuelle Übergriffe durch ihren biologischen Vater aushalten. Genau wie bei Judy war auch Édiths Haltung nie ganz in Ordnung, auch sie hatte einen Rundrücken. Sie litt häufig an Hunger und an chronischer Vernachlässigung. Mit siebzehn Jahren verließ sie ihren Vater und den Zirkus, um ihren eigenen Weg zu gehen. Sie begann, auf den Straßen von Paris zu singen.[5]

In einem Interview berichtete Judy Garland: »Die einzige Zeit, in der ich mich als Kind erwünscht gefühlt hatte, war, wenn ich auf der Bühne war.« Ihre Mutter bezeichnete sie als die »echte böse Hexe des Westens«.[6] Auch Édith Piaf blühte mit den Reaktionen ihres Publikums auf, das ihr ein Gefühl der Zugehörigkeit gab. Ihr Erfolg begann, als ein Nachtklubbesitzer sie entdeckte und auf die Bühne brachte. Mit achtzehn Jahren, als ihre Karriere in den Startlöchern stand, wurde sie schwanger und brachte ein Mädchen zur Welt. Sie wiederholte die Mutterliebe, die sie erlebt hatte, und ließ ihre Tochter regelmäßig für ihre Bühnenauftritte allein. Die Mutterpflichten überließ sie dem Kindsvater. Tragischerweise starb ihre Tochter noch vor ihrem zweiten Geburtstag an einer Hirnhautentzündung.[7]

Auch Judy wurde früh schwanger. Mit neunzehn Jahren trieb sie zum ersten Mal ab und noch ein weiteres Mal, bevor sie schließlich mit dreiundzwanzig Jahren ihre erste Tochter gebar. Beim ersten ihrer zahlreichen Suizidversuche war Judy achtundzwanzig Jahre alt und versuchte, sich die Kehle durchzuschneiden. Sie benutzte eine kaputte Glasflasche dafür und brachte damit das epigenetische Vermächtnis einer Mutter zum Vorschein, die sich ihr Baby aus dem Leib schneiden wollte. Judy erzählte, dass sie ihr Selbstbewusstsein verloren hatte und nichts anderes tun wollte, als sich zu verstecken und zu essen. Judy war fünfmal unglücklich verheiratet, ihr letzter Ehemann war zwanzig Jahre jünger als sie.[8]

Nach vielen unglücklichen Beziehungen war Édith Piafs letzter Ehemann ebenfalls zwanzig Jahre jünger als sie selbst.[9] Beide Frauen waren ihr ganzes Leben lang drogen- und alkoholabhängig; und obwohl sie durch ihren Ruhm viel Geld verdienten, kämpften sie später mit Obdachlosigkeit und Schulden. Beide hatten schwere gesundheitliche Probleme, einschließlich Hepatitis, Erschöpfung, Nierenbeschwerden, Nervenzusammenbrüchen, Gewichtsschwankungen und zahlreichen körperlichen Verletzungen.

Als Erwachsene war Judy so beeinträchtigt, dass sie nicht auftreten konnte, zu spät kam oder die Bühne vollgepumpt mit Drogen und Alkohol betrat. Ihre sie liebenden Fans verloren allen Respekt vor ihr. Bei einem Auftritt wurde sie auf offener Bühne ausgebuht und die Menschen im Publikum bewarfen sie mit Essen.[10] Der einzige Ort, an dem sie sich jemals geliebt gefühlt hatte, wurde zum Albtraum. Wie bei Judy wurden auch Édiths letzte Auftritte zu einer dramatischen Zurschaustellung ihrer ruinierten Gesundheit und ihrer Sucht. Voll mit Morphium und Alkohol hatte sie Probleme, aufzustehen und sich an ihre Lieder zu erinnern. Trotz ihres bitteren Endes wurde ihr Tod in ganz Frankreich betrauert. Tausende standen bei ihrem Trauerzug Spalier.[11]

Komplexes Trauma

Wie Judy Garland und Édith Piaf leiden Frauen mit extremen Formen von Mutterhunger an Symptomen, die einem komplexen posttraumatischen Stresssyndrom gleichen. Das komplexe posttraumatische Stresssyndrom (*Complex Post-Traumatic Stress Disorder – CPTSD*) unterscheidet sich vom posttraumatischen Stresssyndrom (*Post-Traumatic Stress Disorder – PTSD*) dahin gehend, dass es durch ein wiederholtes Trauma verursacht wird.

Wenn kleine Kinder elterlichen Missbrauch erleiden, handelt es sich in den seltensten Fällen um ein einmaliges Ereignis, das Kindheitstrauma dauert an. Die Langwierigkeit dieser Belastung erzeugt schwierige, anhaltende Symptome, die möglicherweise nicht verschwinden, weil ständige Angst das Gehirn in den schnellen Wachstumsphasen verändert. In ihrer Forschung zum komplexen posttraumatischen Stresssyndrom stellt Judith Herman bei Erwachsenen, die in psychiatrischer Behandlung sind, fest, dass »Überlebende von Missbrauch in der Kindheit signifikant häufiger an Schlaflosigkeit, sexueller Dysfunktion, Dissoziation, Wut, Suizidalität, Selbstverstümmelung, Drogensucht und Alkoholismus leiden als andere Patienten».[12]

Wenn Sie von einer Mutter großgezogen wurden, die grausam und angsteinflößend war, dann sorgte deren Verhalten dafür, dass Ihr autonomes Nervensystem konstant auf Hochtouren lief. Unter ständiger Bedrohung wurde die Entwicklung der Nervenbahnen im Gehirn, die für das soziale Verhalten zuständig sind, den Bahnen, die für die Sicherheit zuständig sind, untergeordnet. Ungenutzte Neuronen wurden schwächer und waren weniger fähig, Signale für die Steuerung von Aufmerksamkeit und Stimmungsregulierung weiterzuleiten. Gleichzeitig gewannen die für die Selbsterhaltung zuständigen Nervenbahnen an Stärke, um Sie für Gefahrenanzeichen wachsam zu halten. Ein komplexes Trauma erklärt, warum Sie als Kind überdreht, energiegeladen, ängstlich oder reizbar waren und sich vielleicht auch als Erwachsene immer noch so fühlen. Als würde man einen Knall erwarten, sind Körper und Geist ständig auf Krieg ausgerichtet.

Wenn Sie verstehen, dass Ihr Nervensystem durch frühe, anhaltende Furcht geformt wurde und dass Ihr Körper einfach nur seinen Job macht, nämlich Sie zu beschützen, dann kann das sehr bestärkend sein. Reaktionen, die bei Ihnen das Gefühl von Scham oder Anderssein auslösen können, ergeben plötzlich Sinn. Sie sind nicht gebrochen. Ihr Körper ist lediglich biologisch auf den Schutzmodus eingestellt und reagiert sehr schnell, noch unterhalb Ihrer Wahrnehmungsgrenze, auf alles, was ein Erinnerungsauslöser von Missbrauch in der Kindheit ist. Anders ausgedrückt: Sie suchen sich diese Reaktion nicht aus, die extrem oder beängstigend für Sie selbst und andere sein kann. Ihre Reaktion verläuft automatisch und somatisch (also körperlich).

Obwohl die Neuroplastizität des Gehirns die Möglichkeit bietet, diese Reaktionen zu verändern und zu heilen, ist der Heilungsprozess bei Erwachsenen mit komplexem posttraumatischen Stresssyndrom schwieriger als bei Menschen mit milderen Formen von Mutterhunger. Aus diesem Grund gebe ich derart extremen Formen von Mutterhunger einen eigenen Namen – einen, der umfasst, was es bedeutet, einen totalen Verlust von mütterlicher Fürsorge, Schutz oder Führung erlitten zu haben. Eine Bezeichnung, die die karge Landschaft aus chronischer Angst und Isolation beleuchtet. Einen Namen für das schmerzhafte Brennen in einer Beziehung. Das Vermächtnis mütterlichen Missbrauchs bezeichne ich als *Mutterhunger dritten Grades.*

Mutterhunger dritten Grades weist die gleichen Symptome wie eine Borderline-Persönlichkeitsstörung, eine bipolare Störung und eine dissoziative Identitätsstörung auf. Doch ich betrachte Mutterhunger dritten Grades nicht als Störung; es ist eine tiefgreifende Bindungsverletzung, die eine Konstellation an Symptomen erzeugt, die das Leben unerträglich machen können.

Gewisse Muster von Beziehungsinstabilitäten – in denen jemand in einem Moment idealisiert wird, der im nächsten grausam sein kann – sind normal für Personen, die an Mutterhunger dritten Grades leiden. Die Angst, verlassen zu werden, Schlafprobleme, Essstörungen, Stimmungsschwankungen und Schwierigkeiten, einen Sinn im Leben zu finden – all das ist Teil von komplexem posttraumatischen Stress sowie von Mutterhunger dritten Grades. Von etwas oder jemandem abhängig zu sein, kann sich wie eine Rettungsinsel anfühlen. Das Gleiche gilt für Selbstmordgedanken und Selbstverletzung.

Als Erwachsene leiden Frauen mit Mutterhunger dritten Grades häufig an den körperlichen wie psychologischen Symptomen eines Traumas. Zu den körperlichen Symptomen können chronische

Rücken- und Nackenschmerzen, Fibromyalgie, Migräne, Verdauungsprobleme, spastischer Dickdarm beziehungsweise Reizdarmsyndrom, Allergien, Schilddrüsen- und andere endokrine Störungen, chronische Erschöpfung (Fatigue) sowie einige Formen von Asthma gehören. Diese Symptome können einige der bemerkenswerten Zunahmen an medizinischen Problemen erklären, die Dr. Felitti in der ursprünglichen ACE-Studie entdeckt hatte. Für diejenigen mit Mutterhunger dritten Grades gibt es keine körperbasierten Erfahrungen von Trost oder Sicherheit, weil die Person, die eigentlich die Quelle des Trostes sein sollte, die Quelle der Angst geworden ist.

Falsch verstandene Anzeichen eines komplexen Traumas

Auch wenn manche Mütter grausam sind, glaube ich dennoch, dass mütterliche Grausamkeit kein kalkulierter Wunsch ist, dem Kind wehzutun. Missbrauchende Mütter haben oftmals selbst ein vererbtes Trauma erlitten, das von einer Generation auf die nächste übertragen wurde. Doch wenn Sie Tochter einer grausamen Mutter sind, dann ist der *Grund*, warum sie gemein war, dem kleinen Mädchen in Ihnen egal. Es hatte nie Sinn ergeben, als Sie aufwuchsen, und es mag auch jetzt keinen Sinn ergeben. Es fühlt sich einfach nur schrecklich an. Selbst wenn Sie verstehen, dass die Grausamkeit Ihrer Mutter keine Absicht war, ist der Schmerz, den sie Ihnen dadurch verursacht hat, für Sie real; er sitzt tief und benötigt Heilung.

Mutterhunger dritten Grades entsteht durch eine beeinträchtigte Mutter, die Ihnen in den Jahren, in denen Sie von ihr abhängig gewesen sind, Angst gemacht hat. Statt Sie zu nähren, zu schützen oder zu führen, schrie sie Sie an, schlug Sie, demütigte Sie oder ließ Sie allein – mit dem Ergebnis, dass Ihre Beziehung zu sich selbst und zu anderen zerstört ist.

Furchtbare Stimmungsschwankungen erschrecken Sie und Ihnen nahestehende Menschen. Sie haben wiederkehrende Ausbrüche an Energie und wissen nicht, wohin damit. Die Nächte sind beängstigend und Schlafen ist schwierig. In Ihrem Inneren tragen Sie eine quälende Verwirrung über Ihre Grundbedürfnisse und -wünsche mit sich herum und ein tiefgreifendes Gefühl von Heimatlosigkeit, das ein brennendes Bedürfnis nach emotionaler Flucht erzeugt.

Die Konstellation an Verhaltensweisen, die Persönlichkeitsstörungen entsprechen, gibt Rätsel auf, und wohlmeinende Fachleute sind nicht immer in der Lage zu helfen. Vielleicht haben Sie zeitweise Erleichterung durch eine klinische Diagnose oder Medikamente erfahren, doch das hält selten an. Das liegt daran, dass die Diagnose einer Persönlichkeitsstörung nicht unbedingt die originäre Wunde unterhalb der Verhaltensweisen in den Blick nimmt. Ohne eine sensible Antwort durch einen Spezialisten auf die Ursache Ihrer Reaktivität werden Sie nach wie vor mit verstörenden, unablässigen Symptomen aufwachen. Sie zeigen immer noch Anzeichen von Kummer, den niemand sehen kann und über den niemand sprechen will.

Eine gefährliche Mutter zu überleben, ist ein unaussprechbares Trauma, das schwer zu erkennen ist. Vielleicht können wir es nicht sehen, weil tief in unserem Inneren ein kleiner Mensch steckt, der sich an die Verletzlichkeit, vollkommen abhängig zu sein, erinnert – und die Vorstellung, dass eine Mutter diese Abhängigkeit verrät, ist erschreckend. Es löst eine primitive Angst in unserem Säugetiergehirn aus. Die Hilflosigkeit und Verzweiflung in einem Leben mit Mutterhunger dritten Grades sind der Grund, warum ich glaube, dass die schlimmste Widrigkeit, die einem Menschen in der Kindheit widerfahren kann, darin besteht, eine gefährliche, beängstigende Mutter zu haben.

Verrat an der Bindung

Wir wissen, dass nicht alle Kinder, die furchtbare Erlebnisse oder Belastungen erfahren, Symptome von traumatischem Stress entwickeln. Das liegt an einem entscheidenden Faktor: Gibt es einen vertrauten, gleichbleibend verfügbaren Erwachsenen, der helfen kann, das, was passiert, zu erklären, dann können Kinder Widrigkeiten tolerieren. Doch wenn eine Mutter die Ursache von Angst ist, dann ist ihre Liebe das traumatische Ereignis. Und es gibt keine Möglichkeit, dies zu verstehen. Gefahr verschmilzt mit Liebe. Selbsterhaltungsinstinkte werden dem übergreifenden Bedürfnis nach Bindung untergeordnet, was als *Verrat an der Bindung* mit der Mutter bekannt ist.

Wenn die Liebe einer Mutter bedrohlich ist, dann erinnert sich der Körper auf einer molekularen Ebene an den Schmerz. Eine misshandelnde Mutter erzeugt traumatischen Stress, denn die Fähigkeit eines Kindes, damit zurechtzukommen, wird überfordert, da es zu jung ist, sich selbst zu schützen. Mutterliebe ist eigentlich eine primäre Verteidigung gegen Widrigkeiten – wenn sie aber eine Bedrohung darstellt, dann ist ihre Zuwendung ein tiefgreifender Verrat an der Beziehung.

Damit wir uns an die unfreundliche Mutter binden können, macht unsere barmherzige Fantasie Überschläge, um eine andere Mutter zu erschaffen als die, die wir tatsächlich haben. Wir erschaffen uns eine, die uns liebt, die für uns sorgt, die unsere Verletzlichkeit nicht verrät. Unser Gehirn entwirft uns ein anderes Bild von unserer Mutter, damit wir mit der ständigen Angst umgehen können. Zugunsten des Bindens erzeugen diese notwendigen Hirnveränderungen traurigerweise langfristige Persönlichkeitsprobleme. Mutterhunger dritten Grades überlebt zu haben, hat bei Ihnen vielleicht automatische dissoziative Muster, chronische Scham und die Neigung hinterlassen, immer in Beziehungen mit Personen zu geraten, die Sie verraten.

Den Missbrauch anerkennen

Eine misshandelnde Mutter zu beschreiben, ist nicht leicht. Wir wollen uns keine Mutter vorstellen, die ihren Kindern wehtut. Die Vorstellung ist so abscheulich, dass unsere kollektive Verweigerung uns vor der Gewissheit schützt, dass dies tatsächlich passiert. Regelmäßig lesen wir in den Nachrichten von Tragödien mütterlicher Vernachlässigung oder wir sehen einen Film, in dem eine destruktive Mutter dargestellt wird, doch in der Regel bestreiten wir, dass Mütter ihren Töchtern Schaden zufügen.

Häufig schreiben Frauen mir E-Mails, wenn sie von Mutterhunger dritten Grades gehört haben, und beschreiben ihre eigenen Erfahrungen:

> »Ich denke, ich sollte glücklich sein, aber ich bin es nicht. Ich spüre einen Schmerz und eine tiefe, tiefe Trauer um das, was nie war und nie sein wird. Es ist schwer, sich daran zu erinnern und zu wissen, dass ich liebenswert bin, auch wenn ich nicht geliebt wurde. Ich fühle mich zutiefst traurig und allein, während ich mich gleichzeitig an meiner Fähigkeit erfreue, Mutter zu sein, zu lieben und fürsorglich zu sein. Es fühlt sich wie eine verborgene, schmerzende und klaffende Wunde an, die ich eigentlich längst überwunden haben sollte, die ich aber bis an mein Lebensende in mir tragen werde.«

Oder diese Geschichte:

> »Meine eigene Mutter hat mich auf dem Scheiterhaufen verbrannt und gibt mir die Schuld, das Feuer angezündet zu haben. Das ist eine sehr, sehr lange Geschichte. Über ein Jahrzehnt lang hatte ich keinerlei Kontakt zu ihr. Ich wünschte, der Schmerz würde verschwinden.«

Um Mutterhunger dritten Grades zu verstehen und davon zu heilen, ist es hilfreich, über die unterschiedlichen Arten von Missbrauch beziehungsweise Misshandlung zu sprechen, denn vielen von Ihnen mögen diese normal erscheinen. Es ist unmöglich, neue Schutzkompetenzen zu entwickeln, wenn Ihnen nicht bewusst ist, wie Sie verletzt wurden und wobei Sie Hilfe brauchen.

Emotionaler Missbrauch

Emotionalen Missbrauch zu definieren, ist kompliziert, weil wir die Verletzung von außen ja gar nicht sehen können. Zunächst möchte ich noch einmal darauf eingehen, was ich über die Bedürfnisse von Säuglingen in diesem Buch bereits dargelegt habe. Unangemessene Fürsorge und fehlender Schutz beeinträchtigen die Entwicklung der Gehirnstrukturen und sind somit schädlich. Fehlende Fürsorge und fehlender Schutz sind vernachlässigend – und Vernachlässigung ist eine Form emotionalen Missbrauchs. Sie ist manchmal eine »stille« Form des Missbrauchs – nicht offensichtlich, denn sie passiert im Privaten. Das erklärt, warum es Jahrzehnte dauern kann, diese Form von emotionalem Missbrauch zu erkennen, ihn zu verstehen und sich davon zu erholen.

Wie in Kapitel 7 veranschaulicht, ist es auch eine Form emotionalen Missbrauchs, wenn eine Mutter ihre Tochter wie eine Freundin behandelt. Die Mutter, die ihrem Kind sagt: »Du bist alles für mich … Ich weiß nicht, was ich ohne dich tun würde«, verhält sich nicht mütterlich. Sie erzeugt dadurch eine verwirrende emotionale Bindung bei ihrem Kind. Ein Kind hört diese Worte und mag sich besonders fühlen (*Ich bin der Liebling*), was zunächst toll ist, aber den Boden für Enttäuschungen bereitet und das Kind vom Rest der Familie entfremdet. Es mag auch Angst bekommen (*Geht es Mama gut?*) oder sich übermäßig verpflichtet fühlen (*Ich gehöre zu Mama, und es ist meine Aufgabe, sie zu beschützen und bei guter Laune zu halten*). Vielleicht wächst dieses Kind mit dem Gefühl auf, dass es seine Mutter betrügt, wenn es andere Interessen oder Freunde hat oder irgendwann ausziehen will.

Verbale Beleidigungen sind »laute« Formen emotionalen Missbrauchs. Grausame Kommentare wie »Ich wünschte, du wärest nie zur Welt gekommen« oder »Du bist dumm« haben auf den Körper die gleichen Auswirkungen wie ein Schlag.

Subtilere, nuanciertere Formen emotionalen Missbrauchs, etwa ein abweisender Blick oder eine verweigerte Umarmung, sind schwer zu erkennen, hinterlassen jedoch genauso eine Narbe, denn dies ist die schwerwiegendste Form der Zurückweisung. Wenn eine Mutter ihre Tochter zurückweist oder abwertet, mag es dabei keine Zeugen geben. Alleingelassen zu sein und dabei versuchen zu müssen, die negativen Gefühle zu verstehen, macht die Verletzung noch schwerer.

Emotional missbrauchende Mütter reparieren selten den Schaden, den sie verursachen. Und der Mangel an Anerkenntnis ist das, was ein lang anhaltendes psychologisches Trauma verursacht.

Die Definition von *Trauma* kommt aus dem Griechischen und bedeutet ›Wunde‹, ›eine Verletzung an Körper, Geist und Seele‹. Körper, Geist und Seele sind alle mit Emotionen verknüpft. Offensichtlich können wir eine Verletzung an Geist und Seele nicht so erkennen, wie wir einen Schnitt oder blauen Fleck wahrnehmen. Ein emotionales Trauma ist aus genau diesem Grund schwierig zu quantifizieren. Doch emotionaler Missbrauch ist psychologisch traumatisch, weil er eine grundlegende Aufgabe von Elternschaft verrät: Er verletzt Vertrauen. Wenn Töchter der Liebe ihrer Mutter nicht vertrauen können, haben sie keine Vorstellung davon, wie es ist, sich selbst zu lieben.

Ohne emotionales Sicherheitsnetz fokussiert sich das sich entwickelnde junge Gehirn darauf, Sicherheit woanders zu finden als beim Spielen, Entspannen oder beim Aufbau einer Beziehung mit anderen. Auf diese Weise bringt eine emotional missbrauchende Mutter das innere Leben ihrer Tochter durcheinander und schafft Persönlichkeitsanpassungen, die in der Zukunft Probleme mit sich bringen. So haben Mädchen mit missbrauchenden Müttern etwa Schwierigkeiten, Freundschaften zu schließen. Sie kämpfen damit, zu vertrauen. Eine länger andauernde Aktivierung des Stressreaktionssystems (durch den Mangel an Vertrauen) stört die sich entwickelnde Gehirnarchitektur und gestaltet es schwierig, mit Emotionen, Stimmungen und Gedanken zurechtzukommen. Mädchen mit Mutterhunger dritten Grades fühlen sich unsicher und verhalten sich entsprechend. Manchmal kalt und spröde, manchmal kindlich und fügsam, haben Frauen mit Mutterhunger dritten Grades eine erstarrte, gebrochene emotionale Entwicklung. Das erklärt, warum Töchter missbrauchender Mütter oftmals unvorhersehbar reagieren und unzuverlässig sein können. Mit dem Verstand eines jungen, verängstigten Menschen auf das Leben zu reagieren, ist das Erbe des Missbrauchs und nicht etwa Zeichen eines mangelnden Charakters.

Körperlicher Missbrauch

Körperkontakt zwischen Mutter und Tochter ist Teil der Fürsorge, des Nährens. Die Berührung der Mutter ist so notwendig wie Essen. Doch wenn die Berührung der Mutter respektlos oder aggressiv ist, bleiben schädliche Auswirkungen zurück, die ein Leben lang anhalten können. Carolines Fall ist dafür ein gutes Beispiel.

Als kleines Mädchen, so erinnert sich Caroline, hatte sie Angst, sie könne ertrinken, wenn ihre Mutter ihr die Haare wusch. »Das Wasser ging mir bis über die Nase, ich konnte nicht atmen, aber sie hat meinen Kopf weiter unter Wasser gehalten.« Caroline weinte und protestierte, doch das hielt die Aggression ihrer Mutter nicht auf.

Als Erwachsene hat Caroline Schwierigkeiten damit, sich selbst die Haare zu waschen, und duscht typischerweise tagelang nicht. Auch um medizinische Versorgung macht sie einen Bogen, denn sie hat große Angst vor Krankenhäusern und Nadeln.

Caroline machte verschiedene Kinderkrankheiten durch und erinnert sich daran, dass sie an »Arzttagen« mit einem schweren Gefühl aufwachte; ihr Körper fühlte sich fest und kalt an. Sie hasste den Krankenhausgeruch nach Desinfektionsmitteln, und in dem Moment, in dem sie drinnen war, begann sie, panisch zu werden und die Umgebung nach einer Fluchtmöglichkeit abzusuchen. Aber ihre Mutter hielt sie fest am Arm. »Hör auf, Angst zu haben«, insistierte sie und verstärkte noch einmal ihren Griff.

Halten wir hier für einen Moment inne. Denken Sie an das letzte Mal, als Sie Angst hatten. Half es Ihnen, wenn jemand Ihnen sagte, Sie sollten aufhören, Angst zu haben?

Caroline erinnerte sich daran, dass sie hoch ins Gesicht ihrer Mutter schaute, die Stirn in Falten, die Lippen zusammengekniffen, der Blick kalt. »Benimm dich, du blamierst mich«, knurrte die Mutter. Als einmal bei einem solchen Termin der Arzt erschien, kämpfte sich Caroline vom Griff ihrer Mutter frei. Sie konnte sich nicht erinnern, wohin des Weges, nur, dass sie rannte. Ihre Mutter fing sie ein und verprügelte sie mitten auf dem Krankenhausflur.

Als sie sich in einer Sitzung an diesen Moment erinnert, wird Carolines Kopf ganz leer, selbst als sich ihre Augen mit Tränen füllen. Ihr kluges Gehirn dissoziiert, um dem noch immer nicht überwundenen Schmerz zu entkommen. Ich decke ihren Schoß mit einer schweren Therapiedecke zu und setze mich leise neben sie auf den Boden. Nach einer Weile beruhigt sich ihr Körper. Als sie wieder normal atmet, stehe ich auf und fange langsam mit einer sanften Augenbewegungsdesensibilisierung (EMDR) an, um ihr zu helfen, den Schrecken, der in ihrem Körper steckt, zu verarbeiten.

Die aggressive, übergriffige Handhabung von Carolines Mutter kann in jeder Hinsicht als körperliche Misshandlung gelten und führte zu einer schweren Beziehungsverbrennung dritten Grades, an deren Heilung Caroline bis heute arbeitet.

Schlagen

Sehr lange galt eine Tracht Prügel als angemessen, um ein Kind zu »erziehen«, aber das gehört nun endlich mehr und mehr der Vergangenheit an. Auch wenn Schlagen kurzfristig wirksam erscheinen mag, gibt es keine einzige Studie, die den Ansatz unterstützt, dass Verprügeln oder körperliche Schmerzen langfristig zu positiven Ergebnissen führen. Die Forschung sagt eher, dass Eltern, die ihre Kinder schlagen, tatsächlich nicht in der Lage sind, ihre eigenen Emotionen zu regulieren. Schläge sind eine Abkürzung, eine emotionale Umgehung von elterlichem Unbehagen, Ärger oder Hilflosigkeit. Eltern rechtfertigen ihre Schläge auf alle möglichen Arten, aber es ist ein Missbrauch von Macht. Schläge führen bei Kindern zu Angst, Aggression, Demütigung und Rückzug. Ein Kind zu verprügeln, ist das Gegenteil von Fürsorge, Schutz und Führung.

Eine Studie mit Kindern, die routinemäßigen schmerzhaften medizinischen Behandlungen wie Allergieinjektionen oder Blutentnahmen ausgesetzt waren, zeigte, dass der antizipatorische Stress vor der schmerzhaften Prozedur den Schmerz und die Angst intensivierte.[13] Ausgehend von diesem Studienergebnis ist es verständlich, dass der antizipatorische Stress Teil einer überwältigenden Erfahrung wird, wenn ein Kind eine Tracht Prügel erwartet. Wird ein Kind häufig geschlagen, kann es antizipatorischen Stress entwickeln, weil es die Misshandlung vorhersieht oder erwartet. Es wird nervös, springt herum oder zieht sich zurück. Bauch- oder Kopfschmerzen sind normal. Während einer Tracht Prügel können physiologische Reaktionen wie Herzpochen, Sich-Übergeben oder sogar Kontrollverlust über Darm und Blase auftreten. Schläge erzeugen bei einem Kind toxischen Stress und für die Geschwister, die zuschauen, schwindet das Vertrauen und das Gefühl von Sicherheit in der Familie.[14] Kinder, die geschlagen wurden, leiden an langfristigen Symptomen wie Depressionen, Angst und emotionalem Stress.[15]

Wenn Sie als Kind geschlagen wurden, widert Ihr Körper Sie vielleicht an. Es kann für Sie schwierig sein, für sich selbst zu sorgen (einschließlich dem Einholen medizinischer und zahnmedizinischer Behandlung, regelmäßigem Sport und gesunder Ernährung), denn Ihr Körper ist seit Langem ein Schlachtfeld. Vielleicht bestärkt es Sie, zu wissen, dass die *American Academy of Pediatrics* empfiehlt, dass Eltern es vermeiden sollten, ihre Kinder aus irgendeinem Grund zu schlagen, und dass einige Forschende sich dafür einsetzen, Verprügeln auf die Liste der negativen Kindheitserfahrungen zu setzen.[16]

Sexueller Missbrauch

Ich glaube nicht, dass jemand im Unklaren darüber ist, was sexueller Missbrauch ist. Und wir gehen davon aus, dass die meisten Mütter ihre Töchter vor solchen Grenzüberschreitungen beschützen. Es ist unvorstellbar, dass eine Mutter ihre Tochter in sexuelle Gefahr bringt. Bekannterweise führt sexueller Missbrauch in der Kindheit zu vielen Formen von Abhängigkeit und selbstzerstörendem Verhalten. Und mehr als den Missbrauch selbst betrauern die Frauen die Tatsache, dass niemand sie beschützt hat. Ihre Mütter halfen ihnen nicht oder weigerten sich in manchen Fällen, ihnen zu glauben – vor allem, wenn die missbrauchende Person jemand war, den die Mutter geliebt hat. Mütter, die sich in die andere Richtung abwenden, wenn ihre Partner, Ehemänner oder die eigenen Eltern ihre Töchter sexuell missbrauchen, sind Teil des Missbrauchs.

Uns ist vielleicht bewusst, dass sexueller Missbrauch an kleinen Mädchen vorkommt, aber die Tatsache, dass die Mutter die Täterin sein könnte, ist undenkbar. In ihrem Buch *A Mother's Touch* (zu Deutsch: ›Mutters Berührungen‹) schreibt Julie Brand über die Belästigungen durch ihre Mutter. Sie berichtet, wie ihre Mutter während ihres Mittagsschlafs an ihr herumgefummelt hat. Der Missbrauch fühlte sich seltsam an, aber da es keinen Zwang gab, hat sie es nie als Missbrauch angesehen. Doch der langfristige, anhaltende Einfluss von sexuellem Missbrauch ist nicht nur der körperliche Schmerz. Nicht jeder sexuelle Missbrauch schmerzt körperlich. Mütter, die ihre Töchter für die Zuneigung und die Berührungen, die sie benötigen, missbrauchen, sind dem Risiko dieses Missbrauchstyps ausgesetzt.

Wenn Schmerz dabei ist, ist das Vergehen klar. Julie Brand berichtet von den demütigenden wöchentlichen Einläufen, die sie gezwungen war, zu ertragen. »Ich musste mich nackt ausziehen und mit dem Gesicht nach unten auf meinem Bauch auf ein Badehandtuch auf den Linoleumfußboden legen … Ich erinnere mich, dass sie mich energisch festhielt und das Gewicht ihres Fußes auf meinem Rücken lastete. Sie ließ mich nicht aufstehen, bis sie entschied, dass ich genug ausgehalten hatte.«[17] Verletzungen sexueller Natur führen oft zu einer vollständigen Ablehnung der eigenen Sexualität oder zu riskantem Sexualverhalten.

Battered Woman Syndrome (›Misshandelte-Frau-Syndrom‹)

Intime Beziehungen, die durch häufige Wutausbrüche gekennzeichnet sind, sind beängstigend für die Betroffenen. Die Psychotherapeutin Lenore Walker entwickelte Ende der 1970er-Jahre das Konzept des *Battered Woman Syndrome* (›Misshandelte-Frau-Syndrom‹), um die einzigartigen Verhaltensweisen und Emotionen zu beschreiben, die sich entwickeln, wenn eine Person Missbrauch durch die Hand eines intimen Partners erfährt. Nach der *National Coalition Against Domestic Violence* (*NCADV* – ›Nationale Koalition gegen häusliche Gewalt‹) leiden Opfer von häuslicher Gewalt an den folgenden Symptomen:

- Gefühle der Isolation, Angst, Depression oder Hilflosigkeit
- Scham vor Verurteilung und Stigmatisierung
- Liebe für die Person empfinden, die ihnen schadet, und glauben, dass sie sich ändern wird
- Sich emotional zurückgezogen fühlen sowie fehlende Unterstützung durch Familie oder Freunde
- Abstreiten, dass etwas nicht stimmt, oder die missbrauchende Person in Schutz nehmen
- Moralische oder religiöse Gründe, um in der Beziehung zu verbleiben[18]

Da unsere Mutter unsere erste intime Partnerin ist und sie zu jeder Zeit Zugang zu unserem Köper hat, ist ihre Grausamkeit eine besondere Form häuslicher Gewalt. Wenn sie mit uns aggressiv umgeht oder ihre Wut sich gegen uns richtet, dann erleben wir unvorstellbaren Terror. Wir tragen die gleichen Symptome wie die Opfer sexueller Gewalt durch einen intimen Partner in uns; wir haben Probleme, Freundschaften zu schließen oder einen Ort zu finden, dem wir uns zugehörig fühlen. Wir fühlen uns von Natur aus schlecht. Fast ohne Ausnahme glauben die Opfer von sexueller Gewalt durch einen intimen Partner, dass die häusliche Gewalt ihre Schuld sei. Töchter von missbrauchenden Müttern denken das ebenfalls.

Kleine Mädchen mit solchen Müttern sprechen kaum über den Missbrauch. Tatsächlich identifizieren sie normalerweise das missbrauchende mütterliche Verhalten gar nicht als solches. Es fühlt sich einfach normal an. Die Anpassungen an intime Gewalt verändern die Fähigkeit des Gehirns, das Geschehen zu verarbeiten, indem sie Sicherheit Vorrang vor dem Lernen und der Kommunikation einräumen.[19]

Psychobiologische Anpassungen an Angst durch mütterlichen Missbrauch können lange anhalten und der Tochter ihr ganzes Leben lang Komplikationen in Beziehungen einbringen. Die *NCADV* erklärt, wie eine Person, die Missbrauch durch einen intimen Partner erfahren hat, noch lange nach Beendigung der Beziehung Symptome aufweist. Die Symptome häuslicher Gewalt umfassen Schlafprobleme, eindringliche Flashbacks und Gefühle des Schreckens, das Vermeiden von Themen oder Situationen, die an sie erinnern, Gefühle der Hoffnungslosigkeit, Wut und Wertlosigkeit sowie Panikattacken.[20]

Auch Töchter mit Mutterhunger dritten Grades weisen diese Symptome auf. Sie idealisieren die missbrauchende Person (ihre Mutter), glauben, dass sie den Missbrauch verdient haben, und leiden an einem demütigenden Verlust an Selbstwert. Manche Fachleute verwenden den Begriff *Pathological Accommodation* (›pathologische Anpassung‹), um zu beschreiben, was passiert, wenn ein Kind Missbrauch zu überleben lernt. Sich in einer Situation einzurichten und eine angsteinflößende Mutter zu beschwichtigen, ist eine Anpassung an eine unausweichliche Angst. Während sie sich um die Launen ihrer sie missbrauchenden Mutter kümmert, verliert die Tochter den Zugang zu ihren eigenen Empfindungen und ihrer Handlungsfähigkeit.[21] Die pathologische Anpassung ist eine aktive biologische Erstarrungsreaktion, die die physischen Leiden erklären kann, die mit Mutterhunger dritten Grades einhergehen. Ein erstarrter Körper schmerzt.

Desorganisierte Bindung: der verlorene Bindungsstil

Frauen mit Mutterhunger dritten Grades fühlten sich in ihrem Heranwachsen selten *sicher* an jemanden gebunden. Schon früh haben sie sich an eine beängstigende Mutter angepasst und diese Bindung war traumatisch. Traumabindungen – starke emotionale Bindungen zwischen der missbrauchten und der missbrauchenden Person – werden gebildet, wenn die menschlichen Nervenbahnen für Gefahr und Bindung simultan aktiviert werden und das Bindungssystem schädigen.[22] Bildet sich eine traumatische Bindung zwischen Mutter und Tochter heraus, dann beeinflusst diese toxische Verbindung alle weiteren Beziehungen im Leben der Tochter. Angst zerstört das Bindungssystem und schafft eine desorganisierte Bindung oder Mutterhunger dritten Grades. Eine desorganisierte Bindung ist das mächtige Erbe einer schädlichen Mutter.

In Kapitel 2 wurden die Bindungskategorien *sicher, ängstlich* und *vermeidend* gemäß der Forschung von Mary Ainsworth besprochen. Ainsworth hat die Bindungsprinzipien von John Bowlby aktiv gemessen, indem sie das Wiedersehensverhalten zwischen Bezugspersonen und Kleinkindern in ihrem inzwischen berühmten Experiment *Strange Situation* (›Die merkwürdige Situation‹) untersuchte.[23] In einer späteren Studie fand Ainsworths Studentin Mary Main Anzeichen einer vierten Bindungskategorie. Main fiel auf, dass manche Kinder ohne sichere Bindung sich anders als ihre ängstlichen oder vermeidenden Altersgenossen verhielten, sobald die Mutter den Raum verließ und später wieder betrat. Wenn die Mutter zurückkehrte, waren es genau diese Kleinen, die zuerst auf sie zustürmten, sich dann aber losmachten oder wegliefen. Einige igelten sich ein oder schlugen ihre Mutter. Der erste Impuls, Trost zu bekommen, ist augenfällig, aber kaum kam die Mutter näher, bekam das

Kind Angst. Diese Kinder waren »desorganisiert« und desorientiert und zeigten dies durch irritierte Gesichtsausdrücke, Erstarren oder Herumlaufen.[24] Judy Garland und Édith Piaf lebten beide mit desorganisiertem Bindungsstil. Ihre Symptome verfolgten sie bis ins Erwachsenenalter und wurden mit der Zeit (und ohne therapeutische Intervention) noch intensiver, als beide Frauen gegen ihre Liebhaber wüteten, in Restaurants ausrasteten und Schwierigkeiten hatten, ihre erfolgreichen Karrieren weiterzuführen.

Kommt es zu Herausforderungen, die das Leben mit sich bringt, brechen von Mutterhunger dritten Grades betroffene Frauen zusammen oder geraten in Rage. Zusammenbrechen beziehungsweise Kollabieren ist eine Erstarrungsreaktion. Wut ist eine Kampf-oder-Flucht-Reaktion. Bestimmte Körpersignale (wie Gerüche, Geräusche oder Berührungen) erinnern an die frühe Hilflosigkeit und lösen schnell Impulsivität und Dissoziation aus. Sind diese aktiviert, kämpfen Frauen mit Mutterhunger dritten Grades damit, sich selbst zu beruhigen oder jemanden oder etwas zu finden, der oder das es könnte.

In ihrem tiefsten Inneren glauben Frauen mit desorganisiertem Bindungsstil, dass sie sich auf niemanden verlassen können. Die Art zu leben erfordert eine Form von Selbstmedikation. Judy Garland und Édith Piaf nutzten dafür beide Drogen, Alkohol und Romanzen. Trotz gesundheitlicher Probleme, Ansehensverlust und Schwierigkeiten beim Singen eskalierte ihre Sucht immer mehr. Ihren Geschichten sind keine Einzelfälle. Die meisten Frauen mit desorganisiertem Bindungsstil arbeiten zu viel, geben zu viel Geld aus oder essen zu viel. Manche berauben sich selbst ihrer Grundbedürfnisse. Flüchtige emotionale Höhenflüge überdecken den Schmerz, nirgendwo hin- und zu niemandem zu gehören. Normalerweise erfahren diese Personen zum ersten Mal menschliche Sicherheit und echte Wärme von einer professionellen Therapieperson, die für die Arbeit mit komplexen Entwicklungstraumata ausgebildet ist.

Dissoziation

Übersteigt eine Bedrohung unsere Fähigkeiten zur Bewältigung, schützt uns die Natur vor übermächtiger Angst, indem Körper und Geist uns gnädigerweise von der Realität wegführen. Dissoziation, ein parasympathischer Prozess, der das Nervensystem als Reaktion auf eine drohende Gefahr herunterreguliert, ist eine Überlebensreaktion.

Wir verlassen buchstäblich vorübergehend das Bewusstsein, während sich unsere Atmung verlangsamt und wir unbeweglich werden. So bereitet uns die Natur auf den Tod vor. Dies ist kein bewusster Prozess. Er passiert automatisch. Dissoziation passiert, wenn wir spüren, dass es angesichts einer Bedrohung keine andere Option gibt.

Als Säuglinge oder Kinder präsentiert uns die Realität mit einer angsteinflößenden Mutter ein Dilemma: Die Person, die uns die Angst nehmen könnte, verursacht sie. Die einzige Art und Weise, damit zurechtzukommen, ist, zu verschwinden.

Halten die mütterlichen Bedrohungen an, erfüllt auch Dissoziation diesen Zweck. Dissoziation wird zu einer Möglichkeit, sich vor unerträglichen Dingen, die passieren, zu verstecken, wie in meiner Sitzung mit Caroline deutlich wurde. Eine Dissoziation kann sich wie ein Tunnelblick, ein verschwommenes Zeitgefühl, ein Kribbeln in den Ohren oder wie ein traumähnliches Gefühl anfühlen, jemand anderes oder irgendwo anders zu sein. Eine Beschreibung einer Dissoziation, die ich mit am besten finde, steht in Marissa Korbels Artikel in *Harper's Bazaar* mit dem Titel »Manchmal machst du deinem Vergewaltiger das Frühstück«:

> »Dissoziation klingt beängstigend, fühlt sich aber nicht schlecht an. Manchmal ist es, als gleite ich in ein warmes, gemütliches Bett. Ein geheimer, sicherer Ort, an dem ich so lange bleiben kann, wie

> ich will. Es ist das Zurückkehren, das mich aufbricht. Dann weine ich immer.«[25]

Das ist der Grund, warum viele Frauen es vermeiden, die Heilung ihres Mutterhunger dritten Grades anzugehen – die lauernde Lawine der Angst ist einfach zu schrecklich.

Mutterhunger dritten Grades rührt von einer Beziehungsangst ohne Beziehungsheilung. In den prägenden Jahren führt Angst, die nicht behoben werden kann, zu lebenslangen Veränderungen im Gehirn. Hierin liegt die Essenz des komplexen Traumas. Wenn eine Mutter nicht in der Lage ist, ihren Schaden zuzugeben, sich dafür zu entschuldigen und ihn zu korrigieren, verändert die Angst die Gehirnfunktionen des Kindes und hinterlässt ein verschwommenes Identitätsgefühl und vage Vorstellungen von der Realität.

Sich zu dissoziieren, schützte Sie, als Sie es brauchten, aber die Gewohnheit erschwert es, sich zurückliegende Ereignisse ins Gedächtnis zu rufen. Seien Sie versichert – Ihr Körper behält die Geschichte:

> »Kognitive Verarbeitung ist untrennbar mit dem Körper verbunden … Alle frühen Beziehungsdynamiken mit primären Bezugspersonen, ob traumatisch oder nicht, dienen als Blaupause für die sich entwickelnden Kognitions- und Glaubenssysteme des Kindes; und diese Glaubenssysteme beeinflussen die Haltung, Struktur und Bewegung des Körpers.«[26]

Ob es Ihnen gefällt oder nicht: Aus dem Bewusstsein verbannt, ist die Erinnerung an Ihre Vergangenheit in Ihrem Körper gespeichert – und sie liefert dem körperlichen und geistigen Wohlbefinden unbemerkt Informationen. Diese gespeicherte Erinnerung versucht, Ihre Aufmerksamkeit durch körperliche Schmerzen, regelmäßige Albträume und chronische Angst zu erregen.

Die Tochter einer kalten, aggressiven und verlassenden Mutter *muss* glauben, dass ihre Mutter sich ändern wird. Dissoziation erlaubt diese hartnäckige Hoffnung, fast wie eine Fantasie. Als Kinder haben manche von Ihnen sich Freunde ausgedacht, andere Eltern oder einen charmanten Prinzen, um die Angst abzufedern. Zu fantasieren, ist eine kraftvolle Art, um unerträgliche Gefühle auszuhalten, wenn es keinen Ausweg gibt. Hält die Gefahr an, kann die Dissoziation übersteuern. Die gnädige Auslegung der Natur, Sie davor zu schützen, mit der übermächtigen Realität klarzukommen, versteckt Informationen, die nützlich sein könnten, etwa, wie man eine gefährliche Person erkennt. Doch wenn die gefährliche Person nun die eigene Mutter ist, was nützt dann diese Information? Da Sie sie nicht verlassen können, schränkt Ihr Gehirn das Bewusstsein mit einer emotionalen Augenklappe ein. So wird Dissoziation zum Lebensretter.

Sind wir hilflos, federt Dissoziation die untragbare Realität ab, schafft aber auch eine Trennung zwischen dem Ich, das durchs Leben geht (die Schule besucht, Lesen lernt, Freunde findet, Sport treibt), und dem Ich, das unausgesprochene Angst, Scham und Wut in sich trägt. Im Prinzip teilen wir uns in zwei Teile: in den äußeren Teil, der die Bewegungen des Lebens mitmacht, und den inneren Teil, der sich versteckt. Und manchmal wissen wir nicht, welches Ich real ist.[27]

Das antizipatorische Trauma – zu proben, wie wir mit der nächsten Tracht Prügel oder mit dem Nachhausekommen von der Schule zurechtkommen, wenn die Mutter sich gerade den nächsten Drink einschenkt – erklärt, warum Angst Unbeweglichkeit verursachen kann. Das Gefühl, langsam zu sein, festzustecken oder zu erstarren, ist die Art des Körpers, sich auf einen Angriff vorzubereiten. Zusätzlich zu Dissoziation oder Tagträumerei federt das Gehirn Angst und Machtlosigkeit durch Erstarren ab – als bereite es sich auf den Tod vor.[28] In ihrem Zusammenspiel machen Dissoziation und Paralyse den Körper bereit für unvermeidbaren Schmerz.

Blind gegenüber Verrat

Trotz jahrzehntelanger Beweise dafür, dass eine Mutter ihre schädigenden Verhaltensweisen nicht ändern kann oder will, klammern sich Töchter an die Hoffnung, dass sie es dennoch tut.

Ich nenne das *pathologische Hoffnung*. Die pathologische Hoffnung beginnt als Schutzmaßnahme – als ein Weg, Widrigkeiten auszuhalten. Doch mit der Zeit kann die pathologische Hoffnung Frauen in schmerzhaften Beziehungszyklen mit anderen festhalten. Die meisten bemerken die Natur der pathologischen Hoffnung gar nicht, weil sich das Gehirn schon so früh daran angepasst hat.

Töchter missbrauchender Mütter haben fast ihr ganzes Leben darum gekämpft, bemerkt zu werden; gekämpft, um beschützt zu werden; gekämpft, um fürsorglich umsorgt zu werden und um eine Entschuldigung zu erhalten.

Pathologische Hoffnung hat ein erstaunliches Durchhaltevermögen. Die Dauerhaftigkeit des Wunschdenkens könnte mit einem psychologischen Phänomen zusammenhängen, das als Blindheit gegenüber Verrat bekannt ist. Jennifer Freyd hat jahrelang die komplexen biologischen Prozesse erforscht, die erklären, warum manche Frauen in missbräuchlichen Beziehungen feststecken. Freyd prägte den Begriff *Betrayal Blindness* (›Blindheit gegenüber Verrat‹), um zu erklären, wie Erwachsene vergessen können oder schlicht nicht wissen, wann sie in einer intimen Beziehung verletzt wurden. Sie erklärt es so: »Weil wir von unserem Verräter abhängig sind – unsere nächstbeste Verteidigung besteht darin, das Bewusstsein für den Verrat zu blockieren; anders ausgedrückt ist diese Art mentales Einfrieren (Blindheit gegenüber Verrat) unsere nächstbeste Option.«[29]

Durch Freyd wird verständlich, wie diese psychologische Anpassung an Gefahr auf einem extremen Bedürfnis, die Situation intakt zu halten, basiert, sei es, »eine Ehe aufrechtzuerhalten, eine Familie zusammenzuhalten oder eine Position in einer Gemeinschaft zu behalten«.[30]

Es ist logisch, dass Blindheit gegenüber Verrat einem Kind hilft, eine beängstigende Mutter zu überleben. Blindheit dient hier dem höheren Zweck der Bindung. Da die menschlichen Bedürfnisse nach Bindung Vorrang vor denen nach Verteidigung haben, werden die biologischen Mechanismen, die uns eine Bindung an eine beängstigende Mutter ermöglichen, Teil unserer Persönlichkeit. Eine Überlebenspersönlichkeit mit wenig Selbstwahrnehmung entwickelt sich, da uns die Blindheit gegenüber Verrat davor schützt, zu erkennen, dass wir Expertinnen darin geworden sind, mit einer gefährlichen Person zusammenzuleben und sie zu lieben. Blind gegenüber unserem Verrat, realisieren wir nicht, dass die Liebe zu jemandem jetzt mit Mitleid und Pflicht vermischt ist. Unsere fragile, missbrauchende Mutter tut uns leid. Manchmal trösten wir sie, nachdem sie die Kontrolle verloren und uns geschlagen hat und sich nun schuldig fühlt. Oder wir fühlen uns verantwortlich – wir versuchen, sie vor ihrem misshandelnden Partner oder dem Inkassounternehmen zu retten. Wir werden zu *ihrer* Beschützerin.

Töchter, die ihre Mütter umsorgen und schützen, besänftigen sie. Die »Besänftigungsreaktion« der Natur veranlasst uns zu diesem Verhalten, wenn wir nirgendwo anders hinkönnen, und schafft eine Bindung an unsere Mutter, obwohl wir Angst vor ihr haben. »Kinder sind darauf programmiert, absolut loyal gegenüber ihren Bezugspersonen zu sein, selbst wenn sie von diesen missbraucht werden. Grauen erhöht das Bedürfnis nach Bindung, selbst wenn die Quelle des Trostes dieselbe ist wie die des Grauens.«[31] Auf diese Weise wird Verrat mit Liebe verknüpft. Das ist keine bewusste Erfahrung. Wir haben über die frühen Anpassungen an Angst keine Kontrolle. Wir brauchen unsere Mutter, selbst wenn sie uns anschreit, an den Haaren zieht oder uns sagt, wir seien fett. Eine missbrauchende Mutter zu besänftigen, sorgt für lebenslange Konfusionen in Beziehungen. Und möglicherweise finden wir uns selbst in einer destruktiven Beziehung nach der anderen wieder.

Die Biologie der Besänftigung

Wie Dr. Shelly Taylors *Tend-and-Befriend*-Theorie erklärt auch Dr. Stephen Porges´ Polyvagal-Theorie, wie unser soziales Nervensystem aufgebaut ist, um sich an andere zu binden, vor allem unter widrigen Umständen.[32] Es handelt sich um eine menschliche Reaktion auf Angst. Wir müssen uns »anfreunden«, wenn wir durch jemanden oder etwas bedroht werden. Die inhärente Tragödie von Mutterhunger dritten Grades ist, dass die Mutter diese Widrigkeit ist. Doch selbst wenn die Mutter gefährlich ist, wird ihre Tochter sich an sie binden. Sich anfreunden und besänftigen hält eine Tochter in der Nähe ihrer Mutter. Die Besänftigung entsteht aus hoffnungslosem Schrecken – aus dem Wissen, dass man nirgendwo anders hinkann. Das ist keine Wahl, das ist Biologie.

Biologische Reaktionen auf Gefahr sind für Notfälle bestimmt, nicht für routinemäßiges Überleben und ganz sicher nicht, um eine beängstigende Mutter auszuhalten. Mütterliche Grausamkeit bringt das Notfallreaktionssystem in Gang und verändert sehr schnell die sich entwickelnde Gehirnstruktur der Tochter. Ein hoher Spiegel des Stresshormons Cortisol schädigt Gehirnregionen, die für die soziale Interaktion bestimmt sind.

Wer sich bereits mit dem Gehirn näher befasst hat, weiß vielleicht, wie sich Stress auf die Temporallappen, insbesondere auf die Amygdala und den Hippocampus, auswirkt. Stress stört die Funktion der Amygdala, in der Empathie entsteht.[33] Cortisol vergiftet den Hippocampus, der für die Verarbeitung eingehender Informationen und das Gedächtnis zuständig ist. Das Gehirn passt sich an, lässt die notwendigen biologischen Prozesse am Laufen, etwa den Herzschlag und die Atmung, filtert aber weniger kritische Prozesse aus, zum Beispiel Erinnerung und Empathie. Während eines stressigen Ereignisses oder Moments ignoriert das Gehirn buchstäblich Informationen, die für das Überleben zweitrangig sind. Mit der Zeit verschwinden ungenutzte Neuronen und synaptische Verbindungen im Gehirn. Wissenschaftler nennen diesen ausgeklügelten neurologischen Prozess *Pruning*, was so viel wie ›Beschneiden‹ oder ›Zurechtstutzen‹ heißt.[34]

Stellen Sie sich vor, was das Gehirn tun muss, um die neurologischen Prozesse, die eine gefährliche Mutter identifizieren, zu ignorieren (und schließlich zu eliminieren). Es muss die Angst irgendwo außerhalb des Bewusstseins unterbringen, damit eine Bindung entstehen kann. Mit der Zeit lässt das Gehirn Gefahrensignale schrumpfen, etwa die schrille Stimme der Mutter oder ihre in Zornesfalten gelegte Stirn, und Sie können ihre Nähe tolerieren. Das *Pruning* verändert die Wahrnehmung und schützt Sie, wenn Sie jung und abhängig sind, aber mit der Zeit wird Ihre angeborene Fähigkeit, riskante Situationen zu erkennen oder zu unterscheiden, verdreht. Auf diese Weise wird die neurologische Wahrnehmung verändert, weshalb es für Sie ein größeres Risiko für eine weitere Viktimisierung darstellt, früh dem Verrat ausgesetzt zu sein.

Mütterlicher Missbrauch ist ein furchtbarer Verrat, denn Sie bekommen nicht nur keine elementare Fürsorge, Schutz oder Führung, sondern auch Ihre Neurozeption und Ihre Schutzinstinkte sind beschädigt. Da Sie an Gefahr angepasst sind, lösen Situationen, die eine normale Person als beängstigend empfinden würde, bei Ihnen keine Alarmsignale aus. Sie wissen, wie Sie sich an andere, die Sie verraten können, binden. Andere Menschen, die das nicht tun, langweilen Sie vielleicht sogar.

Toxische Scham

Toxische Scham, die aus mütterlichem Missbrauch resultiert, überzeugt uns, dass wir mangelhaft sind. Hierbei handelt es sich nicht um die Scham, die man empfindet, wenn man die Gefühle einer anderen Person verletzt, oder die Scham, die uns sagt, dass es keine gute Idee ist, mit dem Freund der Schwester zu flirten.

Toxische Scham stellt Ihr Recht, hier zu sein, infrage. Toxische Scham beschmutzt Ihre Seele mit einem Pechhaufen aus Unsicherheit.

Meine Hoffnung ist, dass mit dem Verstehen, was Mutterhunger dritten Grades ist, die Scham, die Sie in sich tragen, geringer wird. Sie haben keinen Defekt, und Sie sind nicht kaputt. Toxische Scham ist ein vererbter Typ Scham, der *nichts* mit Ihnen zu tun hat. Sie können die Scham Ihrer Mutter tragen, etwa die Scham, die sie nicht empfunden hat, als sie Sie misshandelt hat.

Weitergetragene Scham fühlt sich schwer und dick an, so wie eine nicht gewollte, dreckige Decke, unter der Sie nicht herauskommen. Die Beziehungspsychotherapeutin und Autorin Patricia DeYoung sagt, toxische Scham sei »irgendwo noch tiefer als Worte angesiedelt, eine ›Krankheit der Seele‹, mit noch weniger Form als ein Gefühl«.[35] Aus diesem Grund sei es schwierig, toxische Scham zu identifizieren oder zu diskutieren. Mit der Zeit schürt toxische Scham Selbstverletzungsformen wie Ritzen, Hungern, Sucht und Isolation.

Manchmal kommt toxische Scham als Pseudoselbstvertrauen daher oder als aufgeblasenes Überlegenheitsgefühl: eine Tarnung für ein Sich-schlecht-Fühlen. Sie fühlen sich erbärmlich, wollen aber bestimmt nicht, dass das irgendjemand mitbekommt, also sind Sie schnell dabei, andere zu verurteilen, bevor diese Sie verurteilen. Für einen Moment fühlt man sich damit besser, bis man sich hinter der Schranktür wiederfindet und heimlich eine ganze Packung Kekse isst oder man sich auf der Betriebsfeier betrinkt und schlecht benimmt. Später fängt die Stimme an zu raunen: *Ich bin widerlich und nutzlos und niemand sollte je wieder mit mir sprechen.* Und normalerweise klingt sie wie Ihre Mutter. Aber denken Sie dran: Ihre Persönlichkeit hat sich so entwickelt, um die fehlende mütterliche Sorge zu überleben. Das ist nicht Ihr wahres Ich.

Spezialisierte Behandlung

Supportive Behandlungen bei schwierigen Erkrankungen konzentrieren sich darauf, die Beschwerden zu lindern, anstatt die Krankheit zu kurieren. Ich halte Mutterhunger dritten Grades für ein schwerwiegendes gesundheitliches Problem und das Vorbild der ergänzenden Therapien ist für mich ein Kompass, wie schwer traumatisierte Frauen unterstützt werden können. Solchen Patientinnen können Kunsttherapie, Achtsamkeitstraining, *Brainspotting* oder die EMDR-Methode (*Eye Movement Desensitization and Reprocessing*) angeboten werden. Jede Patientin und jeder Patient kann sich psychiatrisch begutachten lassen, und auch eine Medikamentengabe kann bei Mutterhunger dritten Grades überlebenswichtig sein. Ergänzende Therapiemaßnahmen funktionieren dann am besten, wenn ganzheitliche Heilungsmethoden zusätzlich zu den traditionellen angewendet werden.

Die Behandlung von Mutterhunger dritten Grades erfordert die Unterstützung durch gut ausgebildete Fachleute, die sich mit komplexen Traumata, Bindungen und sensomotorischer Psychotherapie auskennen. Pat Ogden, Ruth Lanius und Janina Fisher haben Methoden entwickelt, um auf das Körpergedächtnis, das tiefer liegt als Worte, zuzugreifen und es zu heilen.[36]

Die nächsten Schritte für Überlebende von Mutterhunger dritten Grades

Mutterhunger dritten Grades zu heilen, ist ein zweifacher Prozess: Erstens finden Sie Worte für das stumme Grauen, dem Sie als Kind ausgesetzt waren. Sie tun dies in diesem Augenblick. Dieses Buch zu lesen, spricht aus, welchen desorganisierten Herzschmerz Sie über einen so langen Zeitraum ertragen haben. Zweitens: Falls Sie dies noch nicht getan haben, ist es jetzt an der Zeit, nicht mehr den Kontakt mit Ihrer Mutter zu suchen. Geben Sie Ihrer erschöpften Seele Ruhe und betrauern Sie, was Sie verloren haben. Damit dies funktioniert, benötigen Sie die Begleitung von jemandem, der diesen einzigartigen Schmerz versteht, und/oder durch eine klinisch ausgebildete Therapieperson, deren Schwerpunkt auf gesunder Bindung liegt. Ihr Schmerz ist aus einem Beziehungstrauma entstanden und wird nur mit gesunden Beziehungserfahrungen heilen.

Während Sie nach und nach Ihre impliziten Erinnerungen freilegen (was durchaus passieren kann), wird die Erkenntnis darüber, was alles mit der Zuwendung durch Ihre Mutter zu tun hat, dazu führen, dass Sie sich selbst in Zukunft besser lieben und schützen können. Denn Heilung umfasst auch, die impliziten Erinnerungen zu integrieren und ein kohärentes Narrativ über Ihre Beziehung zu Ihrer Mutter zu bilden.

Während Ihnen dies bewusst wird, können neue Verhaltensweisen erforderlich werden, damit Sie sich schützen. Für manche von Ihnen ist eine »Scheidung« von Ihrer Mutter Teil des Heilungsprozesses dieser schweren Verbrennung. Vielleicht fangen Sie mit einer 30-tägigen Trennung an und lösen die Verbindung über Telefon,

Textnachrichten, Social Media auf … also überall, wo Ihre Mutter Sie sehen und mit Ihnen in Kontakt treten kann. Während Sie neue Grenzen austesten und damit Sicherheit für sich selbst schaffen, kommen Sie ganz von allein aus einer dissoziativen Trance heraus, in der Sie den größten Teil Ihres Lebens feststeckten. Sich aus dieser ständigen Dissoziation zu lösen, bedeutet, mit vergrabenen Emotionen konfrontiert zu werden. Das ist ein guter Zeitpunkt, um sich daran zu erinnern, wie Ihr Ziel lautet: Sie bauen sich eine sichere Bindung mit sich selbst auf, das, was in Ihren prägenden Jahren verloren ging. Sie schaffen sich ein inneres Zuhause, in dem Sie sicher sind und geliebt werden.

Zum Heilungsprozess gehört, schreckliche Angst zu haben, wütend und sehr viel allein zu sein. Wenn Sie sich manchmal wie eine schlechte Tochter fühlen, hoffe ich, dass dieses Kapitel dieses Denken beendet und Sie von Ihrer Last befreit.

Denken Sie daran, dass andere vor Ihnen sich auch schon auf diesen Weg gemacht haben und Ihnen diesen Weg hin zu einem neuen, stabilen Selbstgefühl geebnet haben, ohne ständige Enttäuschungen, Herzschmerz und Verrat, die von einem ungesunden Kontakt mit der Mutter herrühren. Wenn sich Ihr Körper sicher fühlt, dann wird die emotionale Reaktivität insgesamt verschwinden. Von einem Albtraum oder einem Streit mit jemandem, den Sie lieben, werden Sie sich schneller erholen. Allmählich wird die Dissoziation den Griff um Sie lösen. Ihr Leiden wird geringer. Und mit der Hilfe einer vertrauensvollen Anleitung werden Sie emotionale Resilienz aufbauen. Der Herzschmerz, der Ihnen ein ständiger Begleiter war, wird eine Pause einlegen. In diesem neuen Gehirnbereich können Sie bessere Entscheidungen darüber treffen, wie und wann Sie Ihre Mutter kontaktieren möchten – und ob Kontakt überhaupt möglich ist. Mit unbehandeltem Mutterhunger dritten Grades zu leben, bedeutet, mit einem Trauma zu leben. Dem ins Auge zu sehen, kann sich riskant und furchterregend anfühlen. Schmerz zu blockieren, ist die mitfühlende Reaktion des Gehirns auf ein Trauma; es schottet die Erinnerung ab. Aber es macht das Leben auch farblos und stumpf, und echte Freude zu empfinden oder einen Sinn zu finden, ist ein Kampf.

Jetzt, da Sie bewusster leben, kann die Heilung tiefer gehen. Sie beginnen, die verlorene mütterliche Fürsorge zurückzufordern, indem Sie verschüttete Emotionen loslassen und neue Wärme mit anderen erfahren.

KAPITEL 9

MUTTERHUNGER HEILEN

Wir suchen sehnsüchtig nach Lösungen und Antworten, damit der Schmerz endlich aufhört. Sie sind es leid, zu leiden. Sie wollen jemanden oder etwas haben, der oder das es besser macht.

Im Mutterhunger-Heilungsprozess ist es wichtig, Ihr eigenes Tempo zu gehen. Wiederkehrende Pausen oder Schritte rückwärts sind normal. Manchmal fragen Sie sich vielleicht, ob Sie überhaupt irgendeinen Fortschritt gemacht haben oder ob Sie Ihre Mutter irgendwie verraten, weil es Ihnen besser geht. Manche von Ihnen möchten vielleicht warten, bis Ihre Mutter nicht mehr lebt, um diese Aufgabe anzugehen. Das ist in Ordnung. Wie Sie wann vorgehen, ist ganz allein Ihre Entscheidung. Sie sind jetzt die Architektin.

Es ist ganz natürlich, Angst zu haben, wenn Sie diese Verletzung angehen. Um Hilfe zu bitten, mag besonders schwierig sein, denn jemand anderem zu erlauben, Sie zu unterstützen, bringt Sie in eine verletzliche Position. Selbst wenn Sie bereit sind, sich anleiten zu lassen, erinnert Sie das Kräfteungleichgewicht zwischen Ihnen und der helfenden Fachperson unbewusst an die Angst, dass diese Person Sie manipulieren und kontrollieren kann, sobald sie oder er Sie besser kennt. Aus diesen Gründen ist es essenziell, eine Therapieperson zu finden, die sich mit Bindungstheorien auskennt und Ihren Heilungsprozess in sanften Schritten voranbringt.

Je mehr wir über das Gehirn lernen, desto mehr entstehen mit der Zeit immer neue Werkzeuge, die dabei helfen, Bereiche, die von Trauma und Widrigkeiten beeinflusst sind, neu zu vernetzen. Es gibt neue Hoffnung, um ein gebrochenes Herz zu heilen. Mutterhunger zu heilen, bedeutet, dass Sie die Chance haben, sich die sichere Bindung, die Sie so früh in Ihrem Leben nicht bekommen haben, zu erarbeiten. Dies geht zwar schneller, wenn Sie gesunde Beziehungen um sich herum haben, aber die neue innere Sicherheit kann auch aus Ihren eigenen Bemühungen heraus entstehen.

Die Heilung von Mutterhunger unterliegt ihrem ganz eigenen Rhythmus. Herzschmerz kann immer wieder dann aufflammen, wenn die Wunde durch ein vertrautes Lied, einen bestimmten Geruch, einen Feiertag oder einen verirrten Gedanken berührt wird. Wenn das passiert, fragen Sie sich, was genau wehtut. Sehnen Sie sich nach Zuneigung? Haben Sie Angst? Fühlen Sie sich verloren? Wie weiter oben erwähnt, gibt es ein Spektrum von Mutterhunger, das sich auf die wesentlichen mütterlichen Elemente, die Sie nicht bekommen haben, bezieht. Auch wenn es für die Heilung von Mutterhunger keine Zauberformel gibt, so kann doch das Erkennen, wie Sie sich fühlen, die Richtung vorgeben, wie und wo Sie anfangen. Wie lange es dauert, dass Sie sich in sich selbst sicher fühlen, hängt vom Schweregrad der fehlenden mütterlichen Fürsorge,des fehlenden Schutzes oder der unzureicheneden Führung ab. Wenn Ihnen alle drei Elemente gefehlt haben, dann kann der Heilungsprozess länger dauern.

Diese Anleitungen sind erste Schritte, um Selbstsicherheit und Sicherheit gegenüber anderen zu entwickeln:

- Identifizieren der primären fehlenden mütterlichen Bedürfnisse. Sehnen Sie sich nach Zuneigung und qualitativ hochwertiger Zeit mit einem besonderen Menschen? Dann brauchen Sie mehr Fürsorge. Sind Sie regelmäßig angespannt und ängstlich? Dann brauchen Sie mehr Schutz. Fühlen Sie sich uninspiriert und verloren? Dann brauchen Sie Führung.
- Verstehen, was ich den *Entschuldigungsschmerz* (*Apology Ache*) nenne. Darüber spreche ich auf Seite 176.
- Entrechtete Trauer verstehen (Seite 180).
- Die Vorteile erkennen, eine himmlische Mutter zu haben (Seite 185).
- Professionelle Unterstützung finden. Eine qualifizierte bindungsorientierte Therapie kann helfen, unabhängig davon, wo auf dem Spektrum von Mutterhunger Sie sich befinden. Falls Sie unter Mutterhunger dritten Grades leiden, ist es unverzichtbar, dass die Therapieperson sich mit Traumata auskennt.

Verdiente sichere Bindung

Der Mensch ist so konzipiert, dass er von Krankheiten und Verletzungen heilen kann, aber solange man das Problem nicht genau kennt, weiß das Gehirn nicht sicher, was es tun soll. Den Schmerz durch Mutterhunger zu bezeichnen, gibt Ihrem Körper einen Kompass, der Ihrer inneren Weisheit den Weg weist. Ihr Körper wird es wertschätzen. Das Hindernis auf dem Weg zum Wohlbefinden wurde beseitigt und Sie können sich nun ganz auf die Schaffung einer »verdienten« sicheren Bindung konzentrieren. Ganz gleich, ob Ihr vorherrschender Bindungsstil vermeidend oder ängstlich ist oder ob Sie irgendwo auf dem Spektrum der desorganisierten Bindung landen – eine verdiente sichere Bindung kann die Intensität Ihres Herzschmerzes lindern. Sich Sicherheit zu verdienen, braucht eine tiefe Verbindung mit Ihnen selbst, und wenn Sie gerade von Mutterhunger dritten Grades heilen, mit jemandem, der sich für Ihre psychische Gesundheit und Ihr Wohlbefinden einsetzt.

Sich Sicherheit zu verdienen, bedeutet, neue Wege der Selbstfürsorge zu finden, echten Schutz aufzubauen und eine kohärente Erzählung über Ihre prägenden Jahre zu schaffen. Mir ist klar, dass das sachlich-nüchtern und nach mühsamer Arbeit klingt. Es stimmt, dass, obwohl es möglich ist, einen gesünderen Bindungsstil zu entwickeln, es beachtliche Mühen kostet, in Ihrem Gehirn neue Bahnen entstehen zu lassen. Genauso wie zu Beginn einer neuen Trainingsroutine sind die ersten Tage die schlimmsten. Sie sind müde, aus dem Gleichgewicht und unsicher, ob es funktionieren wird. Aber mit Übung werden Sie an Stärke, Schwung und Vertrauen gewinnen. Mutterhunger zu heilen, ist ähnlich.

Sie mögen Groll empfinden, wenn Sie an die Arbeit denken, die vor Ihnen liegt. Das ist in Ordnung. Groll ist ganz natürlich. Sich eine sichere Bindung zu verdienen, ist ein großer Aufwand, während man gleichzeitig arbeitet, studiert oder sich um andere kümmert. Es erscheint wie eine unfaire Last.

Und vielleicht sind Sie schon allein davon erschöpft, dies zu lesen. Vielleicht sind Sie auch verwirrt, weil die vermissten mütterlichen Elemente tief unter einem schützenden Gedächtnisverlust begraben liegen. Sie mögen sich fragen: *Was habe ich verpasst?* Falls Sie sich unsicher sind, ist das ein guter Zeitpunkt, um Unterstützung zu suchen. Ihre fehlenden Bedürfnisse warten nur darauf, beachtet zu werden; doch weil die frühen mütterlichen Botschaften vor der Sprache oder dem expliziten Gedächtnis eingeprägt werden, sind sie schwerer zu finden als andere. Eine in Traumata ausgebildete, somatische Therapieperson kann unglaublich hilfreich dabei sein, diese verlorenen Schätze zu bergen.

Von Mutterhunger zu heilen, erfordert nicht immer fachliche Unterstützung, genauso wenig wie man nicht immer ein Fitnessstudio oder einen Trainer benötigt, um in Form zu kommen. Doch wenn John Bowlby, der Vater der Bindungstheorie, hier wäre, würde er Sie ermutigen, so oder so mit einer Therapieperson zu arbeiten, denn: »Wie Kinder zur Entfaltung ihres Explorationsdranges die Mutter brauchen, sollte der Therapeut dem erwachsenen Patienten eine verlässliche Basis für dessen geistig-seelische Selbstexplorationen und Verbalisierungen bieten.«[1]

Warum funktioniert Therapie?

Sich eine sichere Bindung zu verdienen, kommt vom Ersetzen der drei wesentlichen mütterlichen Elemente, die Sie nicht hatten. Um Ihr Gehirn darin zu unterstützen, dies zu tun, brauchen Sie ein Bewusstsein für Ihre Geschichte. Wie sind Sie an diesen Punkt gelangt? Denken Sie an die frühesten Erinnerungen mit Ihrer Mutter zurück. War sie liebevoll mit Ihnen? Konnten Sie sich auf sie verlassen, wenn Sie Angst hatten? Glauben Sie, dass sie glücklich war? Hat sie Sie inspiriert? Ihre eigene Geschichte zu erfahren, bringt Sie mit den fehlenden Teilchen in Verbindung, sodass Sie sie wieder zusammensetzen können. Aus einer Geschichte, die Ihr Verhalten und Ihre Gefühle erklärt, wird Energie für neue Entscheidungen, Träume und Ziele zum Vorschein kommen. Der erneuerte Fokus ist ein Zeichen, dass Ihr Bindungsstil dabei ist, zu heilen.

Heilung passiert, indem Sie wissen, was Sie *nicht* hatten, sodass Sie Ihren leeren Geist mit den richtigen Zutaten füllen können. Wir können schlicht nicht verändern, was wir nicht kennen. Wissen passiert auf zwei Arten: kognitiv und emotional. Über Mutterhunger zu lesen und ihn zu verstehen, ist kognitiv. Hier ist Ihre linke Gehirnhälfte in Aktion. Kognitives Bewusstsein ist der erste Schritt.

Aber um eine dauerhafte Veränderung zu erreichen, müssen Sie die Wunde *spüren* – die krank machende Leere, die sich danach sehnt, umsorgt, beschützt oder geführt zu werden. Die meisten von uns können diesen Schmerz ohne Hilfe nicht spüren. Nachdem wir uns ein Leben lang selbst geschützt haben, möchte das Gehirn einfach nicht loslassen, bis wir sicher sind und unterstützt werden. Ihr wunderbares Gehirn wartet darauf, dass Sie jemanden finden, der Sie führt – jemanden, der nichts anderes auf dem Plan hat, als Ihnen dabei zu helfen, sich selbst zu finden.

Mutterhunger ist eine Wunde in der rechten Gehirnhälfte. Die Sprache der rechten Gehirnhälfte drückt sich von Körper zu Körper aus, durch Augenkontakt, Stimmlaute und die Rhythmen der Reaktion. Durch die nonverbalen Interaktionen mit einer kompetenten, gut ausgebildeten Therapieperson heilt die rechte Gehirnhälfte von der Musik, nicht den Worten, von dem, was zwischen Menschen hin und her geht.[2] So funktioniert Psychotherapie, und das ist es, weshalb ich hoffe, dass Sie eine anleitende Person finden, die Sie gut unterstützt. Aber so funktioniert auch eine gesunde Verbindung. Wenn Sie eine enge Freundin oder einen vertrauensvollen Partner haben, können manche Formen des Mutterhungers auch ohne professionelle Unterstützung heilen, da die Beziehungswunde Beziehungspflege erhält.

Verlorene mütterliche Fürsorge ersetzen

Sind Sie es nicht gewohnt, Fürsorge zu bekommen, kann es sich seltsam anfühlen, wenn Sie anfangen, sich auf gesunde Art und Weise um sich selbst zu kümmern. Vielleicht fühlen Sie sich unwohl, genervt oder angewidert. Das ist *normal.*

Hier einige ausgezeichnete Vorgehensweisen, um das fehlende Element der Fürsorge zu ersetzen:

- Nehmen Sie ein Bad in einer Wanne oder einem Salzwasserbecken: Das Wasser ist wie eine menschliche Umarmung.
- Kümmern Sie sich um regelmäßige, traumasensitive Körperarbeit.
- Praktizieren Sie *Restorative Yoga*, um die emotionalen Wunden, die in Ihrem Körper stecken, zu mildern.
- Probieren Sie eine Gewichts-Therapiedecke aus, wenn Sie ins Bett gehen oder auf dem Sofa entspannen.
- Hören Sie Achtsamkeits-Podcasts, zum Beispiel von Tara Brach oder *On Being* mit Krista Tippett.
- Spazieren Sie durch die Natur, wo die Stille Sie finden kann.
- Zünden Sie Ihre Lieblings-Duftkerze an.
- Trinken Sie zur Nacht einen koffeinfreien Tee.
- Machen Sie, wenn möglich, ein Schläfchen. Kuscheln Sie sich an etwas Weiches, zum Beispiel an Ihr Lieblingskissen oder an ein Haustier.
- Schlafen Sie, wenn Sie können. Doch wenn Schlaf eine Strategie ist, um Dinge zu vermeiden, probieren Sie andere Formen aus, um Selbstfürsorge zu betreiben.

Man würde auch ein Kind nicht den ganzen Tag schlafen lassen. Wenn Ihre Mutter noch lebt, könnte es verführerisch sein, zu ihr zu gehen, um Fürsorge zu erhalten. Wenn sie Ihnen jedoch schon keine Zuneigung oder Zärtlichkeit geben konnte, als Sie klein waren, ist sie vielleicht dazu immer noch nicht in der Lage. Es ist ein natürlicher Impuls, dass Sie von ihr Fürsorge bekommen möchten. Teil der Heilung von Mutterhunger kann bedeuten, dass Sie den Kontakt mit ihr auf Eis legen – zumindest so lange, bis Sie eine bessere Vorstellung über gesunde Möglichkeiten haben, sich mit ihr zu verbinden.

21 Tage Detox und die Verbindung zu sich selbst

Ich möchte Sie ermutigen, sich 21 Tage lang von dem regelmäßigen Kontakt zu Ihrer Mutter (oder von den Gedanken an Ihre Mutter) zu entwöhnen. Damit das klappt, sollten Sie sich in gesunder Selbstfürsorge üben und vermeiden, ihr Textnachrichten zu schicken, mit ihr zu sprechen oder mit ihr zusammen zu sein. Versuchen Sie drei Wochen lang Folgendes:

- Geben Sie sich das Essen, das Sie einem kleinen Kind geben würden. Vermeiden Sie Zucker, Koffein und verarbeitete Lebensmittel.
- Schreiben Sie Ihre Gedanken und Gefühle auf, wenn Sie sie wahrnehmen. Das ist mit die *schwerste* Heilungsaufgabe, aber sie ist unerlässlich.
- Machen Sie Schlaf zu einer Priorität. Apps wie *Calm* oder *Insight Timer* sind hilfreich, wenn die Nächte schlaflos sind.
- Begrenzen Sie Ihren Umgang mit Social Media. Checken Sie Ihre E-Mails nur, wenn es während des Arbeitstages notwendig ist.
- Üben Sie, Zeit allein zu verbringen, *ohne* den Liebespartner, ein Familienmitglied oder einen Freund/eine Freundin, die Sie unterhalten, trösten oder ablenken. Versuchen Sie, Alleinsein auf bewusste, präsente Weise zu üben.
- Legen Sie nachts Ihre elektronischen Endgeräte weg. Wenn Sie Ihr mobiles Endgerät verwenden, um einen Schlaf- oder Meditations-Podcast zu hören, stellen Sie es auf Flugmodus oder »Nicht stören«.
- Wenn Ihnen all dies unmöglich erscheint und Sie immer noch den Kontakt zu Ihrer Mutter suchen, um danach ein weiteres Mal verletzt und enttäuscht zu sein, dann denken Sie darüber

nach, die Hilfe einer zugelassenen Therapieperson in Anspruch zu nehmen. Eine Selbsthilfegruppe kann extrem hilfreich sein, wenn Sie gerade mit einer Suchtproblematik zu tun haben. Manche Gruppen bieten Meetings vor Ort oder über Telefon an. Ich empfehle die folgenden:

- »Overeaters Anonymous« (OA): in Deutschland overeatersanonymous.de
- »Sex and Love Addicts Anonymous« (SLAA): slaafws.org/german
- »Adult Children of Alcoholics« (ACA): acawsoec.org/germany/ sowie erwachsenekinder.org
- »Anonyme Alkoholiker« (AA): anonyme-alkoholiker.de

Verlorenen mütterlichen Schutz ersetzen

Wenn Sie als Kind nicht beschützt wurden, fühlt Angst sich normal an. Sich sichere Bindung zu verdienen, bedeutet, sein Leben so sicher wie möglich zu gestalten, damit man seine Ausgangsbasis wiederherstellen kann. Ihr Körper hat keine Vorstellung davon, wie sich Entspannung anfühlt, weil Sie den größten Teil Ihres Lebens auf der Hut waren, immer bereit, auf Gefahren zu reagieren.

Die oben beschriebenen Fürsorgestrategien helfen auch bei Schutz, weil sie beruhigen. Aber es gibt noch weitere Dinge, die Sie tun können:

- Vermeiden Sie Filme oder Shows mit Gewalt.
- Schalten Sie die Nachrichten aus.
- Hören Sie auf Ihre Intuition, wenn jemand oder etwas sich ungut anfühlt.
- Beruhigen Sie Ihre überaktive Amygdala mit Entspannungstechniken (siehe auch die oben genannten Fürsorge-Empfeh-

lungen und die Übung zum abwechselnden Nasenlochatmen auf Seite 115).
- Bewegen Sie Ihren Körper sanft. Sport motiviert das träge, dissoziierte Nervensystem.
- Verbringen Sie Zeit mit vertrauenerweckenden Menschen.
- Hören Sie Bildungs-Podcasts zum Thema »Bindung«.
- Eine bewusste, gesunde Dissoziation beruhigt die Angst.

Es ist hilfreich, Wege zu finden, um Ihr Angstgehirn auszuschalten, damit Ihr Körper sich entspannen kann. Fröhliche Filme helfen dabei. Auf diese Art können Medien eine achtsame Ablenkung statt eine den Geist betäubende Flucht sein.

Wenn Ihre Mutter Sie in Dinge verstrickt, wie es Malabar in *Wild Game* tat, dann beinhaltet Schutz auch, neue Grenzen zu ihr zu ziehen. Um dies zu lernen, kann es erforderlich sein, dass Sie sie eine Zeit lang meiden. Ein körperlicher und emotionaler Freiraum erlaubt Ihnen, Ihre eigenen Emotionen auf eine Art und Weise zu erfahren, die Ihnen vorher unbekannt war. Wenn sie frei fließen können, können Ihre Emotionen Sie lehren, was Sie brauchen, um sich in Gegenwart Ihrer Mutter sicher zu fühlen.

Verlorene mütterliche Führung ersetzen

Wir wachsen mit den Erwartungen der Eltern auf, sodass viele sich unbewusst ein Leben aufbauen, das deren Werte statt die eigenen widerspiegelt. Die Hoffnungen, die Eltern in ihre Kinder setzen, sind üblicherweise eine Mischung aus offenen und verdeckten Zielbestrebungen. Letztere sprechen sie nicht aus. Diese Botschaften können widersprüchlich und verwirrend für Sie sein. Zum Beispiel hat Ihre Mutter Ihnen vielleicht gesagt, dass Sie alles werden können, was Sie wollen, gleichzeitig hat sie aber nur Ihre Brüder ermutigt, eine höhere Ausbildung anzustreben. Oder vielleicht fühlte sich Ihre Mutter von der Vorstellung bedroht, dass Sie erfolgreich werden und sie dann verlassen, also hat sie Ihre Talente kleingehalten.

Wenn Sie das Gefühl haben, dass zwischen Ihnen und Ihrem Leben, das Sie sich wünschen, eine unsichtbare Mauer steht, dann kann eine objektive Fachperson von außen Ihnen möglicherweise helfen. Sie brauchen jemanden, der Sie anleitet, der die versteckten »Verträge« aufdecken kann, die Sie mit Ihrer Mutter (oder anderen Bezugspersonen) haben und die Sie ausbremsen. Solche versteckten Verträge können in Fleisch und Blut übergegangene Lektionen sein, die Ihnen zuflüstern: *Sei glücklich, aber nicht glücklicher als ich* oder *Heirate, dann muss ich mich nicht mehr um dich kümmern* oder *Verdiene ja viel Geld, damit du später für mich sorgen kannst …*

Nähe zu anderen Menschen üben

Ich helfe Frauen dabei, die vermissten mütterlichen Bedürfnisse mit einer einfachen, aber wirkmächtigen Übung zu lokalisieren. Sie können diese Übung mit einer vertrauten Freundin oder einem Freund ausprobieren.

Bevor wir uns darin vertiefen, sind einige vorbereitende Arbeiten zu leisten, um in einem sicheren therapeutischen Raum Vertrauen und Wärme aufzubauen. Dann bitte ich meine Klientin, sich vorzustellen, dass ich Ihre Mutter sei. Ich versichere ihr, dass wir jederzeit aufhören können. Wenn sie so weit ist, stehe ich auf und gehe in die Mitte des Raumes, etwa anderthalb Meter von ihr entfernt. Hier ein Beispiel einer typischen Interaktion:

KM: »Ich bin jetzt Ihre Mutter.«

Ich mache eine Pause und warte, bis ihre Augen sich verdunkeln. Dann gehe ich langsam zwei Schritte nach vorn. Ich beobachte sie. Wenn sie nachgibt oder sich mir zuneigt, komme ich etwas näher. Ich halte inne und warte. Während sie sich entspannt, gehe ich in die erste Position zurück und beobachte sie. Wenn ihre Haltung nachlässt oder ihr Gesicht traurig aussieht, zeigt mir das, dass sie nicht wollte, dass ich gehe.

KM: »Soll ich wiederkommen?«
Klientin: »Ja.«
Also komme ich näher.
KM: »Wie fühlt sich das an?«
Klientin: »Besser.«
KM: »Wie fühlte es sich an, als ich von Ihnen wegging?«
Klientin: »Traurig … leer.«

Jetzt haben wir erfahren, dass sie Nähe bevorzugt. Sie wird von den fürsorglichen Aufgaben, um Mutterhunger zu heilen, profitieren.

Schauen wir nun, was passiert, wenn ich auf eine Klientin zugehe und sie zusammenzuckt oder klein wird. In diesem Falle halte ich an und gehe zwei Schritte zurück. Ich warte ab. Ich mache mir eine Notiz zu ihrer Körpersprache. Wenn sie sich immer noch unwohl fühlt, gehe ich weitere zwei Schritte zurück, um mehr Platz zwischen uns zu schaffen, und beobachte ihr Gesicht, ihre Augen und ihre Körperhaltung, um Hinweise zu erhalten.

KM: »Fühlt sich das besser an?«
Klientin: »Ja.«
KM: »Okay, versuchen wir etwas anderes.«
Ich rolle meinen Bürostuhl zwischen uns, was noch mehr Distanz schafft.

Ich beobachte ihren Gesichtsausdruck. Manchmal erschlafft ihre Körperhaltung oder sie sieht verwirrt aus.
KM: »Wie fühlt sich der Abstand jetzt an?«
Klientin: »Zu groß ... Er gefällt mir nicht.«
KM: »Okay.«
Ich stelle den Stuhl an seinen Ort zurück und gehe nach vorn, aber nur zwei Schritte.
KM: »Besser?«
Klientin: »Ja, besser.«

Ich sehe ihren Seufzer der Erleichterung. Wir haben den richtigen Punkt gefunden. Sie möchte Nähe mit anderen, aber nicht zu viel.

Manchmal, bevor sich eine Klientin entspannen kann, trete ich buchstäblich aus der Tür heraus. Wenn eine Klientin möchte, dass ich mich bei der Übung zurückziehe, ist es wahrscheinlich, dass sie sich in der Nähe ihrer Mutter nicht sicher gefühlt hat, was darauf hindeutet, dass ein früher Schutz gefehlt hat.

Jede von uns hat eine gewisse Toleranzgrenze für das Maß an menschlicher Nähe, das sie sich wünscht. Während dieser ruhigen, kraftvollen Übung schätze ich die Bindungspräferenzen einer Klientin ein: *Wie viel ist zu viel?* Wenn Sie Ihr einzigartiges Bindungsbedürfnis verstehen, so werden Sie Ihren inneren Kompass finden und die Landkarte, von der Sie eine Vorstellung über Ihr wahres Selbst erhalten. Die Suche nach dem inneren Kompass, der Ihre Bindungsbedürfnisse steuert, bringt Licht in Ihre unbewussten Entscheidungen. Es ist ebenso aufregend, wie ein fehlendes Schmuckstück zu finden, von dem Sie längst vergessen hatten, dass Sie es besaßen – Sie wollen es nicht nochmal verlieren.

Um das wiedergewonnene Juwel zu bewahren, erörtere ich mit der Klientin, was bei dieser kurzen Übung gerade passiert ist und was es bedeutet. Ein solches Gespräch aktiviert die linke Gehirnhälfte und stärkt das neue Bewusstsein der rechten Gehirnhälfte. Dies ist ein Schritt zur Verschmelzung des impliziten Gedächtnisses mit dem expliziten Gedächtnis – und macht Ihre Geschichte nützlicher für Sie.

Entschuldigungsschmerzen (Apology Ache)

Viele von uns sind Expertinnen darin, so zu tun, als sei es nicht schlimm, wenn jemand unsere Gefühle verletzt. Wir schlucken den Schmerz herunter, um Konflikte zu vermeiden. Alternativ suchen manche nach Vergeltung, wenn ihnen jemand wehtut – wir möchten, dass sie sich genauso schlecht fühlen wie wir uns selbst. Viele von uns erlernen diese Strategie schon sehr früh, denn wenn die Mutter unsere Gefühle verletzt hat, hat sie sich nicht entschuldigt. Wir sind Meisterinnen darin geworden, so zu tun, als sei alles gut, auch wenn wir uns gar nicht gut fühlen.

Apology Ache (›Entschuldigungsschmerzen‹) ist der Begriff, den ich für die Sehnsucht geschaffen habe, dass Ihre Mutter sieht, wie sehr sie Sie verletzt hat, und sagt: »Es tut mir leid.« Es ist das starke Verlangen danach, dass sie Reue zeigt. Sie warten auf eine Entschuldigung und hoffen, dass Ihr Schmerz aufhört, wenn Ihre Mutter erkennt, dass sie etwas falsch gemacht hat. Aber viele Mütter geben ihr verletzendes Verhalten nicht zu oder entschuldigen sich gar dafür. Sie wissen nicht, wie, oder sie empfinden zu viel Scham oder sie können schlicht nicht einfühlend sein.

Das Vermächtnis einer sich nicht entschuldigenden Mutter schmerzt unglaublich. Eine ehrliche Entschuldigung von jemand anderem können Sie vielleicht gar nicht erkennen, weil Sie so etwas in Ihrer Kindheit nicht kennengelernt haben. Eine Entschuldigung beinhaltet mehr als nur die Worte *Es tut mir leid*, auch wenn diese Worte schon mal ein guter Anfang sind. Zu einer echten Entschuldigung gehören zwei Dinge: die Anerkennung des zugefügten Schmerzes und die Bemühungen, das verletzende Verhalten wiedergutzumachen. Schauen wir uns an, was eine Entschuldigung *nicht* ist:

- Eine Entschuldigung ist keine Ausrede. Jeder, der nach den Worten »Es tut mir leid« ein »Aber« hinterherschiebt, sollte Sie nervös machen. »Es tut mir leid, dass ich dich geschlagen habe, aber du musst aufhören zu ______________ (jammern, streiten, schmollen usw.)« oder »Es tut mir leid, dass ich ______________ (dich angeschrien habe, weggegangen bin, dich bestraft habe usw.), aber du bist einfach so schwierig.«

- Eine Entschuldigung ist kein Abstreiten. Wenn jemand versucht, Ihnen Ihre Realität auszureden, ist das keine Entschuldigung, sondern ein Weg, um Gewissensbisse zu vermeiden. Worte wie »War es wirklich so schlimm?« oder »Du bist einfach zu empfindlich« ergänzen die Verletzung um eine Beleidigung. Diese Art von Entschuldigung verlangt von Ihnen, zu ignorieren, wie Sie sich fühlen. Zu dem Schmerz kommt die Scham hinzu. Beschämungsversuche verstecken sich hinter falschen Entschuldigungen, zum Beispiel wenn jemand sagt: »Es tut mir leid, dass du dich so fühlst«, als ob Ihre Gefühle in einem Vakuum entstanden wären. So eine Pseudo-Entschuldigung ist nicht nur nicht hilfreich. Waren Sie zunächst nur verletzt, sind Sie jetzt wahrscheinlich auch noch wütend.

- Entschuldigungen sind nicht manipulativ. Wenn sich jemand aus Selbstmitleid entschuldigt, will er oder sie Ihre Vergebung, ohne sich diese zu verdienen. Es könnte sich so anhören: »Ich bin so ein Chaot, ich kann nichts dafür, wenn ich ______________ (zu viel trinke, anderen Frauen hinterherschaue, zu lange arbeite, deinen Geburtstag vergesse); so bin ich nun mal …« Das ist keine Entschuldigung.

Eine manipulative Mutter könnte sich so entschuldigen: »Es tut mir leid, dass ich dich geschlagen habe. Aber du hast mich echt verrückt gemacht. Wenn du dich so verhältst, kann ich nichts dafür …« Sie fängt an zu weinen. »Aber es tut mir leid … Ich liebe dich, bitte, komm her und umarm mich.« Diese Art von Entschuldigung ist toxisch, denn sie gibt dem Opfer die Schuld. Wenn eine Mutter Ihnen die Schuld für ihr Verhalten gibt, reagiert sie aus ihrer eigenen unreflektierten Machtlosigkeit heraus. Sie verdreht die Wahrheit darüber, was gerade passiert. Sie haben ihr keinen Grund gegeben, Sie zu verletzen, und tun es auch weiterhin nicht.

Eine echte Entschuldigung könnte lauten: »Ich sehe, dass es dich aufgeregt hat, dass ich getrunken habe. Ich habe dich zu spät von der Schule abgeholt. Ich war schlecht gelaunt und unfreundlich. Das ist nicht deine Schuld. Es tut mir so leid, dass ich dir wehgetan habe, und ich werde nicht mehr trinken.« Diese Mutter sieht ihren Einfluss und bemüht sich nach Kräften, Ihr Verhalten wiedergutzumachen. Vielleicht sucht sie professionelle Hilfe auf oder besucht eine Selbsthilfegruppe. Auf diese Weise macht sie es wieder gut und baut Vertrauen durch ihre anhaltende Vorhersehbarkeit auf. Sie beendet den Kreislauf, der Mutterhunger erzeugt.

Wenn eine Mutter sich auf gesunde, erwachsene Art und Weise entschuldigt, sind ihre Demut und emotionale Reife ein Vorbild dafür, wie eine vertrauenswürdige Person aussieht. Eine vertrauensvolle Mutter ist sich ihrer Macht bewusst, erkennt, wenn sie Schaden anrichtet, und bringt ihn in Ordnung. Ohne Behandlung haben missbrauchende Mütter diese Kapazität jedoch nicht. Wenn Sie an Mutterhunger dritten Grades leiden, werden Sie vielleicht nie eine echte Entschuldigung von Ihrer Mutter bekommen. Das mag sehr schwer anzuerkennen sein, aber es ist wichtig, zu wissen, dass Sie heilen können, *ohne* dass Ihre Mutter eingebunden ist. Deren Entschuldigung würde es sicherlich einfacher machen, aber sie ist nicht nötig, um Ihr gebrochenes Herz zu heilen.

Es kommt selten vor, dass man die Hoffnung aufgibt, dass die eigene Mutter sich entschuldigt oder sich ändert, wenn sie noch lebt. Anstatt der Realität in die Augen zu schauen, warten Sie auf eine Entschuldigung, weil diese es leichter machen würde. Betrachten Sie dies als sanfte Einladung, zu versuchen, ohne diese Entschuldigung zu heilen. Auf eine Entschuldigung Ihrer Mutter zu warten, verzögert Ihre Fähigkeit, Verluste in Ihrer frühen Kindheit zu betrauern, die fehlenden Teilchen zu ersetzen und anzufangen, Ihr Leben wirklich zu leben. Warten könnte das größte Hindernis auf dem Weg zur Heilung sein. Der nächste erforderliche Schritt ist, sich mit der Trauer zu konfrontieren.

Trauer verstehen

In meiner Praxis höre ich herzzerreißende Geschichten von Verlassenheit und Kummer. Lächerlichmachen, Vernachlässigen und andere toxische Formen mütterlichen Missbrauchs führen zu lebenslanger Trauer. Obwohl jede Geschichte einzigartig ist, haben sie alle doch eine eindringliche Ähnlichkeit – eine Art ewiges Warten und Hoffen auf eine Mutter, die sich wie eine Mutter verhält. Die Fantasie von einer liebenden Mutter versteckt sich hinter dem Streben nach etwas, das die Leere füllen soll, für die wir keine Worte haben.

Die pathologische Hoffnung gehört zu den Meisterwerken der Natur. Schutzmechanismen, die der Bindung dienen, geben uns Hoffnung, auch wenn es viele Hinweise darauf gibt, dass sich nichts ändern wird. Also hoffen wir auf Veränderung, statt zu fühlen, was real ist. Unser Gehirn schützt uns so lange mit emotionalen

Scheuklappen, bis wir bereit und in der Lage sind, uns mit dem Erbe fehlender mütterlicher Liebe zu konfrontieren. Die Tatsache, dass wir immer damit beschäftigt sind, unser perfektes Leben zu orchestrieren oder uns mit zu viel von allem zu betäuben, macht es uns allzu leicht, die durch Mutterhunger verursachte Trauer zu vermeiden. Das Betrauern verlorener mütterlicher Liebe wird so verschleppt, bis man die richtige Unterstützung gefunden hat.

> »Mangelnde Sicherheit und Geborgenheit während wichtiger Entwicklungsphasen, mangelndes Eingehen auf [unsere] affektiven Bedürfnisse und mangelnde Anerkennung [unserer] inneren Zustände können im späteren Leben zu *dissoziativen Zuständen sowie zu verlängerter und komplizierter Trauer führen.*«[3]

»Komplizierte Trauer« ist genau das, wonach es klingt – kompliziert. Resistent gegen jede Phase von Trauer, wird die komplizierte Traurigkeit, die dem Mutterhunger innewohnt, zutiefst missverstanden und ist schwer zu erreichen. Vielleicht liegt das auch daran, dass das Thema tabu ist oder weil die Blindheit gegenüber Verrat es bedeckt hält.

Trauer aufgrund von Mutterhunger braucht einen Rahmen, der zur Erlaubnis und Anerkennung der komplizierten, individuellen Arten und Weisen, wie jede von uns den Verlust mütterlicher Fürsorge betrauert, einlädt. Betrauern Sie die Mutter, die Sie nicht hatten? Trauern Sie darum, wie sehr diese Bindungsverletzung Ihr Leben beeinflusst hat? Betrauern Sie verlorene Träume? Trauern Sie um zerbrochene Beziehungen und destruktives Verhalten? Betrauern Sie all das?

Entrechtete Trauer

Verlieren Eltern ein Kind, stehen Freunde und Familie bereit, um Unterstützung zu leisten. Wenn jemand bei einem Autounfall verletzt wird oder an Krebs erkrankt, reagiert die Gemeinschaft darauf mit Essen, Blumen und Besuchen. Wer leidet, braucht Trost. Ein gebrochenes Herz braucht Zugehörigkeit. Diese Bemühungen helfen uns, zu trauern. Ohne soziale Bestätigung gerät die Trauer jedoch ins Stocken.

Dr. Kenneth Doka prägte den Begriff *Disenfranchised Grief* – zu Deutsch: ›entrechtete oder sozial aberkannte Trauer‹ –, um das Phänomen zu erklären, wenn ein erfahrener Verlust vom sozialen Umfeld nicht anerkannt werden kann, ähnlich wie bei Trauer, die aus dem Beenden einer Affäre entsteht. Weil sie geheim war und nicht hätte passieren dürfen, gibt es für die Verarbeitung des Verlusts keine Unterstützung. Entrechtete Trauer hat keinen Ort.[4] Wenn wir keinen Namen dafür haben, was schmerzt, oder keinen Ort, an dem wir darüber sprechen können, erstarrt der Trauerprozess.

Beim Lesen von *A Mother's Reckoning* (deutsche Übersetzung: ›Liebe ist nicht genug – Ich bin die Mutter eines Amokläufers‹), Sue Klebords Erinnerungen an einen der Attentäter an der Columbine High School – ihren Sohn –, sticht einem das Konzept der entrechteten Trauer geradezu ins Auge. Ich konnte ihre Verzweiflung spüren, ihre heillose Hilflosigkeit und den Schock. Wie konnte sie den Verlust ihres Sohnes betrauern, wenn er doch so vielen auf so schreckliche Art und Weise Schaden zugefügt hat? An wen konnte sie sich wenden, um verstanden zu werden? In den Monaten nach dieser Tragödie fühlte sich Sue wie ein verängstigtes Tier und verlor zwölf Kilo. Sie hatte Panikattacken und lehnte eine Chemotherapie gegen ihren Brustkrebs ab. Isolation und Angst brachten sie so weit, dass sie die Selbstmordgefühle ihres Sohnes nachvollziehen konnte. In ihrer erstarrten Trauer wollte sie sterben.

Intuitiv spüre ich, wie zäh ihre Trauer ist, und Dr. Dokas Konzept der entrechteten Trauer hilft mir, kognitiv zu verstehen, wie und warum Mutterhunger so lähmend ist. Es gibt keinen Ort, um über die Verletzung zu sprechen, und kaum gesellschaftliches Bewusstsein darüber. Sogar der inzwischen weithin anerkannte ACE-Fragebogen führt nicht auf, dass man eine »missbrauchende oder beängstigende Mutter« haben kann. (Immerhin führt er das Miterleben von Missbrauch an der Mutter auf, was zeigt, wie wir Müttern den Raum als Opfer, aber nicht als Täterin geben können.) Entrechtete Trauer ist so fest und untrennbar in die Struktur von Mutterhunger eingewoben, dass sie normal ist; *erstarrte Trauer ist die Essenz von Mutterhunger.*

In der Psychologie wird das Konzept »normaler« Trauer so dargestellt, dass Trauern in vorhersehbaren Phasen abläuft und mit der Auflösung endet.[5] Nach Expertenmeinung folgt »unnormale« Trauer jedoch nicht diesen vorhersehbaren Phasen. Sie bleibt in Trauermustern stecken. Diese Muster können wie folgt aussehen:

- **Protest:** Streiten oder Fordern und Wutausbrüche
- **Sehnsucht:** Verlängertes Betrauern, vom Verlust verfolgt werden
- **Verzweiflung:** Depression, Hoffnungslosigkeit und Resignation
- **Abkopplung:** Dissoziation, erstarrte Trauer. Manchmal treten ein Suchtprozess, ein Verhalten oder der Gebrauch einer Substanz ein, und der Trauerprozess findet überhaupt nicht statt.

Da jede Frau, die an Mutterhunger leidet, irgendwo im Morast der »unnormalen« Trauer feststeckt – in den verschiedenen Mustern von Protest, Sehnsucht, Verzweiflung und Abkopplung –, sind diese Symptome für mich nicht unnormal. Tatsächlich sind diese besonderen Trauersymptome so üblich, dass ich ihnen einen Namen gegeben habe. So sind Entschuldigungsschmerzen Teil der Sehnsuchtsphase. Diese Entschuldigungsschmerzen zu benennen, hilft Frauen dabei, von der Erwartung abzulassen, dass ihre Mutter schlussendlich »Es tut mir leid« sagen wird. Es hilft Frauen auch dabei, zu vermeiden, die Entschuldigungsschmerzen auf einen Ehepartner, Freund/eine Freundin oder ein erwachsenes Kind zu übertragen.

Sich gehen lassen

Mit Mutterhunger zu leben, ist, wie in einem Käfig von Wut und Sehnsucht gefangen zu sein. Wie Sue Klebold können Sie manchmal nichts essen. Manchmal essen Sie so viel, dass Ihnen schlecht wird. Diese Muster sind *normal*. Im Laufe Ihrer Heilung werden die Emotionen, die Sie als kleines Mädchen nicht spüren durften, hochkommen. Manchmal wird sich Trauer nicht wie Traurigkeit oder Verzweiflung, sondern wie Angst oder Wut anfühlen. Sich selbst zu erlauben, diese Gefühle zu empfinden, mag sich falsch und verwirrend anfühlen, weil wir darauf programmiert wurden, emotionale Schmerzen zu vermeiden. Dazu kommt, dass unsere Kultur von uns erwartet, emotionale Widrigkeiten schnell beiseitezuwischen, was uns keine Zeit für Trauer lässt.

In ihrem Buch *Constructive Wallowing* (zu Deutsch: ›Sich konstruktiv gehen lassen‹) beschreibt Tina Gilbertson ein starkes Hilfsmittel, das für die Heilung von Mutterhunger wirklich gut funktioniert. Sie lädt uns ein, uns gehen zu lassen – sich der Traurigkeit, der Trauer und Verzweiflung hinzugeben. Mir gefällt sehr, wie Gilbertson »Sich-gehen-Lassen« neu aufstellt und die negativen Konnotationen von »Faulheit« oder Selbstmitleid in aktive, nützliche Prozesse umdeutet. Gilbertson sieht in dem englischen Wort *wallowing* für ›Sich-gehen-Lassen‹ auch den Begriff *(w)allowing* für ›Erlauben‹ – man erlaubt den Gefühlen, mehr Raum und Aufmerksamkeit einzunehmen. Manche mögen im Sich-gehen-Lassen Maßlosigkeit sehen, ich finde jedoch, Gilbertson hat absolut recht. Sich-gehen-Lassen ist eine wirkmächtige Art, um durch schwierige Emotionen zu kommen. Sie zur Seite zu stoßen, funktioniert nicht, davon wird man bloß deprimiert. Sie zu unterdrücken, geht auch nicht; denn irgendwo werden sie ihren Weg schon herausfinden. Die Emotionen zu verleugnen, sorgt dafür, dass das kleine Mädchen in uns, das seine Gefühle, die seine Mutter nicht ertragen konnte, irgendwohin verpackt hat, noch mehr im Stich gelassen wird. Wir wissen längst, wie man das macht. Es ist an der Zeit, etwas Neues zu erlernen.

Sich-gehen-Lassen mag beängstigend klingen. Sie fragen sich vielleicht, was passiert, wenn negative Gefühle Sie überwältigen und Sie zum Beispiel gar nicht mehr aus dem Bett kommen. Das sind normale Sorgen, aber erinnern Sie sich daran, dass das Vermeiden negativer Gefühle tatsächlich bedeutet, dass Sie sich selbst meiden. Heilung wird erreicht, indem Sie sich Ihrer Angst stellen, mit Ihren Wunden präsent sind, die Ihre Mutter nicht gesehen hat und nicht ertragen konnte. Lassen Sie die entrechteten Gefühle in Ihre Seele spülen. Stellen Sie sich den Teilen Ihres Selbst, die Sie versteckt haben. Lassen Sie sich gehen.

Wann immer es möglich ist, nehmen Sie sich Zeit von der Arbeit, dem Partner oder den Kindern, um diese Gefühle zu pflegen. Decken Sie sich mit einer schweren Decke zu und igeln Sie sich ein, als würden Sie von einer liebenden Mutter umarmt.

Zugehörigkeit

Eine Frau beschreibt ihre Heilung:

»Drei Jahre nach dem Tod meiner Mom war dies der erste Feiertag, an dem ich nicht unter ihrer Abwesenheit litt … Ich habe meine Mutter mit einigen Bildern in den sozialen Medien geehrt und den Tag in meinem Garten verbracht – ich habe Mutter Natur schon immer verehrt und mag es, für sie zu sorgen. Aufseiten meiner Mutter gibt es Cousins/Cousinen und angeheiratete Verwandte, die für mich sehr wertvoll sind, und ich habe mich von meiner Familie bei einem wunderschönen Essen feiern lassen.«[6]

Orte der Zugehörigkeit zu finden, heilt Mutterhunger. Ohne ein Gefühl der Zugehörigkeit suchen wir Ersatz in Suchtmitteln, um unsere Einsamkeit zu betäuben. Auch wenn sich Einsamkeit sicherer anfühlt, als eine Verbindung zu riskieren, ist das Finden eines Ortes, an dem Sie zeitweise Erleichterung von Ihrem eigenen Denken erfahren, essenziell, um Mutterhunger zu heilen. Bruce Alexanders bahnbrechende Forschung zur Sucht macht diesen Fakt unwiderlegbar. Während seiner Studien fiel ihm Folgendes auf: Wenn Ratten allein im Käfig mit einer Flasche normalen Wassers und einer Flasche mit kokainversetztem Wasser gesperrt wurden, tranken sie das Kokainwasser so lange, bis sie krank wurden und starben. Gab Alexander den kleinen Säugetieren jedoch etwas zu tun (Spielzeuge, Rädchen) oder Kameraden (andere Ratten), dann tranken die Tiere das normale Wasser und vermieden das Kokainwasser.[7] Da das Gehirn von Ratten unserem ähnelt, unterstreicht Alexanders Studie unser Bedürfnis nach menschlicher Zugehörigkeit und normalisiert es.

Einen Ort der Zugehörigkeit zu finden, klingt einfacher, als es ist. Wahrscheinlich haben Sie es versucht. Frauengruppen können sehr beängstigende Orte sein. Vielleicht haben Sie festgestellt, dass Kirchen für Sie auch nicht sicher sind. Aus diesem Grund liebe ich Selbsthilfegruppen. Sie sind freie, nicht urteilende Orte der Zugehörigkeit. Falls Sie diese Vorstellung in Schrecken versetzt, probieren Sie zur Unterstützung Telefon-Meetings oder Online-Gruppen aus.

Scheidung von der Mutter

Manchmal sind das Verhalten einer Mutter und ihre fehlende Reue so schmerzhaft, dass es erforderlich ist, sich von ihr zu trennen. Sich von der Mutter zu »scheiden«, ist ein letzter Ausweg, bei dem es nicht um eine Lösung für den Mutterhunger geht – sondern eher um eine Überlebensstrategie. Sie können es sich schlicht nicht mehr erlauben, sich ihr weiterhin auszusetzen.

Wenn Sie vor dieser Entscheidung stehen, stellen Sie sicher, dass Sie diese nach Rücksprache mit der Fachperson, die Sie begleitet und Ihr Leid miterlebt, treffen. Die Entscheidung, sich von der eigenen Mutter zu scheiden, sollte niemals aus einem Zustand der Wut heraus oder als Versuch, zu »gewinnen« und sich schlussendlich stark zu fühlen, getroffen werden. Wie jede andere gesunde Grenzziehung muss eine Entscheidung dieser Größenordnung nach reiflicher Überlegung und aus der Ruhe heraus getroffen werden. Das heißt nicht, dass Sie nicht traurig sein werden. Trauer ist Teil jedes Scheidungsprozesses. Und sich von der eigenen Mutter zu trennen, kann die schmerzhafteste Scheidung überhaupt sein.

Eine himmlische Mutter

Wenn Sie gerade von einer traumatischen Trennung oder einer Verletzung heilen, brauchen Sie jemanden, der für Sie da ist – jemanden, auf den Sie sich auch nachts um drei verlassen können, wenn Ihnen alles trostlos erscheint, oder gleich morgens, wenn der beginnende Tag sich schon vor dem Aufstehen schwer anfühlt. In diesen Momenten sucht Ihr Herz nach einer mütterlichen Figur, die Sie kennt und liebt, nach jemandem, der von Ihren Ängsten nicht belastet wird. In solchen Momenten finden es manche meiner Klientinnen hilfreich, sich in die Arme einer himmlischen Mutter fallen zu lassen.

In der Geschichte haben sich die Menschen sowohl weiblichen als auch männlichen Gottheiten zugewandt und sie verehrt. In der Tat sehen viele die jüdisch-christliche Gottheit der Bibel sowohl als männlich wie auch als weiblich an. Patriarchalische Kräfte haben jedoch dafür gesorgt, dass die feminine Seite der Gottheit aus der kollektiven Psyche ausgelöscht wurde. Aus diesem Grund brauchen Sie vielleicht Hilfe dabei, sich eine himmlische Mutter zu erschaffen. Und hier kommt Ihr Einfallsreichtum ins Spiel. Lassen Sie sich von Ihrer Vorstellungskraft leiten. Wenn Sie gerade nicht in besonders einfallsreicher Stimmung sind, denken Sie daran, wie viel Mühe es Sie gekostet hat, sich als kleines Mädchen eine Fantasie-Mutter auszudenken. Sie schaffen das.

Lassen Sie sich träumen. Wie sähe eine ideale Mutter für Sie aus? (Falls Ihre Mutter noch lebt, hängen Sie vielleicht der Hoffnung nach, dass sie sich noch ändern wird, statt sich der Vorstellungsarbeit zu widmen, die hier erforderlich ist. Aber inzwischen ist Ihnen längst klar, dass es sich um eine Verzögerungstaktik handelt, um eine Möglichkeit, Trauer zu vermeiden.) Wenn Sie keine Ahnung haben, wie Sie sich eine ideale Mutter erschaffen können, könnten Sie sich die Göttinnen anschauen, die im Laufe der Geschichte verehrt wurden. Für eine nährende, fürsorgliche Mutter käme zum Beispiel die griechische Göttin Gaia infrage. Als mütterliche Seele der Erde sorgt Gaia für Leben und Nahrung. Manchmal auch als Mutter Erde bekannt, hat Gaia in jeder Kultur einen Namen. Falls Sie eine beschützende Mutter brauchen, ist Kali eine mächtige Göttin, die man anrufen könnte. Kali ist die Hindu-Göttin, die böse Kräfte zerstört und die Freiheit erhält. In Indien wird sie weithin verehrt, sie ist die göttliche Beschützerin. Stellen Sie sich vor, was sie tun würde, um Ihnen zu helfen. Wen würde sie bekämpfen? Wohin würde sie Sie in Sicherheit bringen? Wenn Sie Führung brauchen, könnten Sie sich mit den Göttinnen beschäftigen, die Wildheit und Weisheit in

Einklang bringen, wie Athene und Persephone. Wie gehen sie mit schwierigen Entscheidungen um?

Es gibt auch noch andere Stellen, um sich Inspirationen zu holen. Gibt es in Ihrem Leben Frauen, die Sie attraktiv finden? Falls ja, was finden Sie anziehend? Ist es ihre Wärme, Stärke, ihr Selbstbewusstsein oder ihre Schönheit? Wenn Ihnen persönlich keine einfällt – wie wäre es mit einem Charakter aus einem Buch oder Film, der Sie inspiriert? Vielleicht ist es Wonder Woman mit ihren übermenschlichen Kräften, Armbändern, die Kugeln abwehren, und einem magischen Lasso, das die Leute dazu bringt, die Wahrheit zu sagen. Es war William Marston, der – inspiriert von der Liebe – Wonder Woman erschaffen hat. Seine Liebhaberin Olive war zufälligerweise die Tochter von Ethel Byrne, die mit ihrer Schwester Margaret Sanger das Konzept entwickelt hat, das heute als *Planned Parenthood* (›geplante Elternschaft‹) bekannt ist und einen der frühesten Zugänge zu Geburtenkontrolle ermöglichte.[8] Wenn Sie Inspirationen brauchen, dann finden Sie viel in dieser Geschichte.

Der entscheidende Punkt hier ist, sich mit einem beabsichtigten Zweck nach innen zu wenden: um eine himmlische Mutter zu finden, die Ihnen Freundlichkeit und Liebe bieten kann. Und dann lassen Sie sich in diese Liebe fallen. Wenn Sie dies tun, wird die Liebe durch Ihren Körper strömen, und mit der Zeit werden Sie Ihre eigene innere Mutter sein, ausgefüllt von einer Quelle aus Zärtlichkeit und Schutz.

EMDR: Therapeutisches Arbeiten mit Augenbewegungen

Diejenigen unter Ihnen, die bereits mit einer Therapieperson arbeiten, kennen EMDR (*Eye Movement Desensitization and Reprocessing* – ›Desensibilisierung und Aufarbeitung mithilfe von

Augenbewegungen‹) vielleicht schon. Möglicherweise haben Sie die Methode bereits selbst ausprobiert. Falls ja, so hoffe ich, dass Sie sie hilfreich fanden. Sollte es jedoch bei Ihnen nicht funktioniert haben, lag es vielleicht daran, dass Sie keinen *Safe Place*, keinen sicheren, »geschützten Ort« finden konnten. Er ist Teil des Originalprotokolls, das die amerikanische Psychologin Francine Shapiro Ende der 80er-Jahre entwickelt hat. Der »geschützte Ort« ist zwar eine bewährte Strategie zu Beginn der EMDR-Methode, kann aber für diejenigen, die keine Vorstellung davon haben, wie sich ein geschützter Ort überhaupt anfühlt, ein Hindernis darstellen.

Vor ein paar Jahren, als ich EMDR bei einer Klientin anwendete, um mit ihr ihre himmlische Mutter zu prägen, stellte ich fest, dass das Standard-EMDR-Protokoll »geschützter Ort« den Prozess blockierte. Tatsächlich passierte dies immer und immer wieder. Viele meiner Klientinnen konnten schlicht keinen »geschützten Ort« finden. Frauen ohne mütterlichen Schutz kennen oft nicht das Gefühl von Sicherheit. Sie zu bitten, sich einen »geschützten Ort« zu suchen, schien unnötig Frust und Scham zu verursachen. Vermeidende Klientinnen waren genervt und entschieden, mit EMDR aufzuhören. Ängstlichere Klientinnen versuchten es mir zuliebe zu tun, aber das Vorgehen empfanden sie als schal und kalt. Nach einigen Misserfolgen war auch ich frustriert. Also entschied ich, auszuprobieren, ob EMDR auch ohne »geschützten Ort« funktionieren würde. Das tat es. Und die Vorteile waren zu gut, um sie zu ignorieren. Ganz langsam erzielte ich großartige Ergebnisse.

Bei der Konferenz der *EMDR International Association* 2017 wurde ich auf die Arbeit von Marshall Wilensky und Katie O'Shea aufmerksam. Ihr Beitrag mit dem Titel »When Safe Place Doesn't Work« (zu Deutsch: ›Wenn der geschützte Ort nicht funktioniert‹) ließ mich buchstäblich innehalten. Ich las ihr Paper und sah meine Erfahrung mit dem »geschützten Ort« validiert. Außerdem lernte ich, dass es ein kleines Zeitfenster im Uterus gibt, bevor der Fötus mit der biologischen Mutter verbunden wird. In den ersten fünf bis sechs Wochen nach der Empfängnis wird das primitive Nervensystem ausgebildet (nach vier Wochen haben wir ein Gehirn); und es feuern etwa 100 000 Neuronen, sodass es möglich ist, dass einige der Erfahrungen, die wir vor der Bindung an unsere biologische Mutter gemacht haben, in unserem Körper und unserem Geist bereits gespeichert sind. Vielleicht, so die Annahme der Autoren, ist in diesem winzigen Zeitfenster, bevor die Bindung an eine ängstliche, unsicher-ambivalente oder unglückliche Mutter stattfindet, ein Körpergedächtnis für Sicherheit entstanden.

Jetzt, mit einem besseren Gefühl, modifizierte ich ohne Umschweife das EMDR-Protokoll mit meinen Klientinnen und mit einer neuen Zuversicht, dass das innere Gefühl der Sicherheit existieren könnte.

Ein Jahr später traf ich Dr. Laurel Parnell, die Mutter des bindungsfokussierten EMDR-Ansatzes. Sie bestätigte die Gründe, warum das Zählen, das auch Teil des klassischen EMDR ist, bei mir oder meinen Klientinnen nicht so gut funktionierte. Eine hilfreiche Anleitung wie diese bringt uns nun allerdings tatsächlich weiter. Daher hoffe ich, dass Sie, sollten Sie EMDR zuvor schon aufgegeben haben, es vielleicht in Betracht ziehen, es noch einmal mit einer Fachperson zu versuchen, die in Laurel Parnells Methode ausgebildet ist.

Langfristiges Beziehungstrauma

War der Körper ein Schlachtfeld, halten sich desorganisierte Bindungsmuster sehr lange. Sich Sicherheit zu erarbeiten, erfordert mehr Mühe als die Heilung milderer Formen von Mutterhunger. Falls Sie unter Mutterhunger dritten Grades leiden, müssen Sie zuallererst eine sichere Beziehung zu jemandem finden, dem Ihr Wohlbefinden am Herzen liegt. Patricia DeYoung schreibt, dass »ein langfristiges Beziehungstrauma unauslöschliche Spuren in unserer Psyche hinterlässt«.[9] Mutterhunger dritten Grades ist ein langfristiges Beziehungstrauma. Die »unauslöschliche« Spur sind Vernarbungen in Ihrem Herzen. Deshalb brauchen Sie eine kompetente Führungsperson, die Ihnen hilft. Ein Trauma durch Mutterhunger dritten Grades wird ohne eine sichere Beziehung nicht heilen. Das Fehlen dieser Beziehung erklärt, warum es Frauen, die stationär in eine Einrichtung aufgenommen werden, nicht besser geht.

Grundsätzlich muss sich die Behandlung dieser unaussprechlichen Wunde zunächst auf die desorganisierte Bindung und nicht auf das Trauma konzentrieren, denn die kaputte mütterliche Beziehung *ist* das Trauma. Eine sichere Beziehung mit einem/einer vertrauenswürdigen Erwachsenen *ist* das Heilmittel. Ist eine sichere Beziehung erst einmal etabliert, ist Traumaarbeit vielleicht nicht einmal erforderlich, denn Bindungsheilung *ist* Traumaheilung.

Dieser komplizierte Heilungsprozess erfordert eine in Trauma ausgebildete Therapieperson, die *mit* Ihnen die Orientierungslosigkeit und Desorganisation, die Sie in Ihrem Körper und Geist spüren, durchleben kann; eine Person, die in der Lage ist, die Tiefe der Trauer, die Sie erleben, auszuhalten. Nur wenn Sie sich vollständig verstanden fühlen – wenn Ihr Körper weiß, dass jemand diesen Wahnsinn mit Ihnen gemeinsam erlebt –, können Sie zu sich selbst zurückkehren.

Abschließen

In jeder Frau, die wegen Mutterhunger Unterstützung sucht, steckt ein kleines Mädchen, dessen Sprache ich erlernen muss. Meinen Klientinnen ist es egal, was für ein Auto ich fahre, wo ich lebe und ob ich glutenhaltig oder glutenfrei esse (nun, anfangs interessiert es doch einige). Wenn wir mit der Behandlung beginnen, brauchen sie vor allem, dass ich absolut präsent bin, um jede noch so kleine Bewegung in ihrem Gesicht zu bemerken und entsprechend zu reagieren. Ich bekomme es nicht immer hin. Aber wenn ich ein Anzeichen übersehe und es einen Moment der *Ent*-Bindung gibt, dann ist das eine Chance zur Wiedergutmachung – eine Chance, zu modellieren, wie es aussehen könnte, wenn eine sich kümmernde Frau Verantwortung für eine gesunde Beziehung übernimmt. Das ist gute Therapie in Aktion. Und das bietet eine in Traumata ausgebildete Therapieperson.

Heilung von Mutterhunger ist ein nichtlinearer, fließender Prozess. Keine Zeitachse kann Aufschluss über den notwendigen Aufwand oder den Zeitplan geben, der zu den besten Ergebnissen führt. Ich habe allerdings festgestellt, dass es sehr hilfreich ist, die Vorstellung einer Ziellinie fallen zu lassen. Diesen Druck brauchen Sie nicht. Wie ein Entschuldigungsschmerz ist die Suche nach einem Abschluss eine Sehnsucht nach einer Fantasie. Selbst wenn Sie alle Hilfsmittel nutzen und es in Ihrem Leben aufwärts geht, wird es Tage geben, an denen die Trauer Sie wieder einholt – etwa am Muttertag. Der Muttertag ist ein besonders schrecklicher Tag für viele erwachsene Töchter. Die unten aufgeführte E-Mail, die ich bekommen habe, beschreibt sehr gut die Gefühle, die viele Frauen haben:

»Hi Kelly,
danke, dass ich Ihnen schreiben darf. Ich hasse Muttertag. Meine eigene Mutter war unersättlich, was Karten, Geschenke und Anrufe anging, und nichts war ihr gut genug. Dieser Tag war jedes Jahr von Neuem zum Scheitern verurteilt und ich fürchtete ihn. Als ich über 30 war, wurde ich Stiefmutter, und damit wurde dieser Tag doppelt schrecklich, weil die drei Kinder mit ihrem Vater unterwegs waren oder wir alle gemeinsam loszogen, um Geschenke

> und Karten für deren Mutter zu kaufen. Ich fühlte mich wie eine Schwindlerin und fehl am Platze, wie jemand, der versucht, mitzumachen, während er denkt: ›Das ist doch nicht meine Aufgabe.‹
> Ich habe keine eigenen Kinder und muss mich jedes Jahr wieder darauf vorbereiten, dass meine Stiefkinder vielleicht anrufen oder eine Textnachricht schicken oder auch nicht. Es ist ein einsamer Tag. Wenn ich aus dem Haus gehe und die Angestellten im Supermarkt oder im Restaurant oder die Ladenbetreiber mir einen schönen Muttertag wünschen, lächle ich respektvoll, aber innerlich fühle ich mich wie eine Betrügerin. Meine eigene Mutter sagte mal: ›Stiefkinder zu haben, ist nicht wirklich wie Mutter sein, oder?‹ Dieses Jahr hat es mich völlig überrumpelt, und mit Corona wurde es besonders schlimm. Nächstes Jahr werde ich besser vorbereitet sein.«

Wenn die Trauer herankriecht, kann das entmutigend sein. Man könnte denken, es sei ein Zeichen dafür, nicht zu heilen. Aber das stimmt nicht. Die anhaltende Trauer, die Teil des Mutterhungers ist, ist mit dem sogenannten *uneindeutigen Verlust* (*Ambiguous Loss*) verbunden. Es ist schwierig, sich einem Problem zu stellen, ohne ein Versprechen für eine schnelle, schmerzfreie Lösung zu bekommen. Das Fehlen eines sauberen Abschlusses liegt jedoch in der Natur der nicht anerkannten Trauer und des uneindeutigen Verlusts, nicht in der Indikation einer Pathologie.

Statt zu erwarten, dass Ihr Herz von Zeit zu Zeit frei von Schmerzen ist, sollten Sie die Momente wahrnehmen, in denen Sie sich nicht länger unter einer Decke der Scham verstecken. Auch wenn sich diese Wunde vielleicht nie ganz geheilt anfühlt, werden Sie einen inneren Frieden finden, wenn Sie die verlorene mütterliche Zuwendung ersetzen und den Schmerz in einen Zweck verwandeln. Auf diese Art und Weise wird es Ihnen leichter fallen, die unvermeidlichen dunklen Tage zu ertragen. Ich finde die Arbeit von Patricia DeYoung zu toxischer Scham sehr hilfreich, da sie sich auf Heilung bezieht. Sie sagt, dass wir schamresilient werden können. »Scham kann umgewandelt werden. Und die Umwandlung passiert in Verbindung mit jemandem, der uns nahesteht, und reguliert unser Nervensystem.«[10]

Das Gleiche trifft auf Mutterhunger zu.

Während Sie daran arbeiten, verlorene Fürsorge, Schutz und Führung zu ersetzen, denken Sie daran, dass es ein anhaltender Prozess ist. Sie bauen ein neues Gehirn auf, und wie bei jeder anderen neuen Routine auch braucht es Zeit, bevor Sie die Ergebnisse spüren können. Bitte tun Sie all dies nicht allein. Das waren Sie lang genug. Ihr Körper ist auf Wohlbefinden ausgerichtet, aber wir sind Beziehungskreaturen und brauchen die Verbindung mit anderen. Die Heilung von Mutterhunger bringt Sie heimwärts – heim zu sich selbst –, aber es ist sehr hilfreich, wenn um Ihr Heim herum ein Dorf steht.

Zerstörte Träume und Ziele zurückgewinnen

Dies ist eine lustige und effektive Art, um Ihre Wünsche und Träume herauszufinden. Aber zuerst sollten wir Ihr Gehirn ein bisschen ankurbeln.

Denken Sie an vier Ihrer bis zum heutigen Tage bedeutendsten Leistungen. Auf was, das Sie erreicht haben, sind Sie besonders stolz? (Zum Beispiel sind der Verzicht auf Alkohol, der Abschluss eines Studiums oder der Umzug in eine neue Stadt allesamt bedeutende Erfolge.)

Auf welche vier Arten drücken Sie Ihre Kreativität aus? (Nur ein paar Ideen: Essen planen, Freunde und Familie unterhalten oder Musik- oder Kunststücke schaffen.)

Was gibt Ihrem Leben einen Sinn? Listen Sie vier Dinge auf, für die es sich lohnt, aufzustehen. (Versuchen Sie dabei, an Dinge zu denken, die Sie zum Lächeln bringen, etwa Ihr Haustier, der Yogakurs oder eine Tasse Kaffee.)

Jetzt ist Ihr Gehirn bereit für den nächsten Teil.

Denken Sie an sieben Wörter, um sich selbst zu beschreiben, zum Beispiel: lustig, hübsch, widerstandsfähig, kreativ. (Das ist das »Ich«, das sich am meisten wie Sie selbst anfühlt, nicht das »Ich«, das sich Sorgen darüber macht, was andere denken.)

Denken Sie an sieben Dinge, die Sie gerne machen und die Ihnen ein Gefühl von Sinn und Zweck geben. (Schauen Sie auf die ersten drei Listenpunkte, falls Sie Anregungen benötigen.)

Wenn Sie alle 14 Begriffe haben, wählen Sie die Top drei der beschreibenden Begriffe aus. (Sie könnten sich zum Beispiel mit den Worten stark, hübsch, ausdauernd, lustig, ruhig und intelligent beschreiben. Doch jetzt wählen Sie nur Ihre drei Favoriten aus, zum Beispiel (1) lustig, (2) ausdauernd, (3) hübsch.)

Wählen Sie jetzt Ihre drei Lieblingsbeschäftigungen (zum Beispiel: (1) Lesen, (2) Kochen, (3) Stricken).

Und jetzt kommt das Finale: Lassen Sie uns messbar machen, was Sie soeben zusammengefügt haben. Nehmen Sie die Top drei jeder Kategorie und bilden Sie daraus einen Satz. (Zum Beispiel: Ich bin lustig, ausdauernd und hübsch, sodass ich lesen, kochen und stricken kann.)

Wenn Sie Ihren Satz gebildet haben, denken Sie sich ihn als Ihren inneren Kompass für Ihr Leben. Dies kann Ihnen eine Anleitung für Auswahlmöglichkeiten und Entscheidungen sein.

Wie stark spiegelt sich diese Aussage in Ihrem Alltag wider? 10 Prozent? 30 Prozent? 60 Prozent?

Was können Sie tun, um diesen Anteil zu erhöhen?

Je mehr Ihr Leben widerspiegelt, wer Sie wirklich sind, desto weniger müssen Sie die Leere mit ungesunden Verhaltensweisen oder Menschen füllen.

KAPITEL 10

MUTTERSCHAFT MIT MUTTERHUNGER

Ich liebe es, mit Müttern in allen Lebensphasen zu arbeiten, denn gemeinsam können wir die Weitergabe von Mutterhunger über Generationen hinweg stoppen. Wenn Sie dies lesen und ein Bedauern verspüren, weil Ihre Kinder groß sind, dann trösten Sie sich damit, zu wissen, dass Ihre Heilung Ihre Kinder positiv beeinflussen wird – in jedem Alter. Nicht, weil Sie Ihren erwachsenen Kindern erzählen, was Sie tun – tatsächlich wollen diese das höchstwahrscheinlich nicht hören und brauchen es auch nicht. Sondern weil im Verlauf Ihrer Heilung sich die Art, wie Sie sprechen, Ihre Gesichtsausdrücke und selbst Ihre Körperbewegungen verändern. Energetisch gesehen sendet Ihr Körper Botschaften der Sicherheit und des Wohlbefindens an jeden um Sie herum aus. Die verlorenen Elemente der mütterlichen Liebe zu ersetzen, verbessert die Art, wie Sie sich selbst und andere lieben.

Ich habe festgestellt, dass Frauen, die vom Schmerz des Mutterhungers heilen, sehr aufmerksame, liebende Mütter werden. Ich wurde immer wieder Zeugin davon, wie sich die zerrütteten Beziehungen zwischen erwachsenen Töchtern und ihren Müttern veränderten. Wie ich bereits sagte: Da wir nie wirklich den Wunsch nach einer Mutter verlieren, wissen Töchter die Wiedergutmachungsbemühungen ihrer Mutter fast immer zu schätzen. Diejenigen unter Ihnen, die bereits Kinder haben, seien ermutigt: Im Laufe Ihrer Heilung von Mutterhunger übertragen sich Ihre Bemühungen auch auf Ihre Kinder.

Selbst ein Baby bekommen

Wenn Sie in Betracht ziehen, selbst Mutter zu werden und ein Kind großzuziehen, dann lesen Sie dieses Kapitel. Tatsächlich erfordert eine tiefgreifende Auseinandersetzung mit dem Thema »Mutterschaft mit Mutterhunger« ein separates Buch. Doch fürs Erste kann dieser kurze Abschnitt hilfreich sein.

Ich möchte betonen, dass alles, was Ihr Kleines braucht – Fürsorge, Schutz und Führung –, Sie selbst ebenfalls benötigen. Um fürsorglich sein zu können, brauchen Sie selbst Fürsorge von Familie und Freunden. Und um Ihren Säugling zu beschützen, müssen Sie in Sicherheit sein. Da Sie sich vielleicht für Ihr Baby andere Dinge wünschen als die, die Sie von Ihrer Mutter bekommen haben, benötigen Sie die Führung von anderen Müttern. Frauen, die Ihren Wunsch, sich an Ihr Kind zu binden, unterstützen. Mütter, die Ihren Wunsch, sanft und ansprechbar zu sein, mit Beifall bekunden. Mütter, die so etwas selbst erlebt haben.

Seien Sie versichert: Selbst mit Mutterhunger können Sie fürsorglich sein, wenn Sie zulassen, dass Mutter Natur Sie führt. Ich werde einige hilfreiche Ideen vorstellen, um kulturell dominanten, aber irreführenden Informationen über Säuglingspflege entgegenzutreten, damit Sie frei entscheiden können.

Es kann heilend, sogar befreiend sein, eine Form von Führung zu entdecken, die weder toxisch ist noch einem bestimmten Plan folgt. Kürzlich erzählte mir eine Klientin von einem interessanten Angebot für Frauen, die mit dem Gedanken spielen, Kinder zu bekommen: dem »Klarheit-über-Mutterschaft-Coaching« *(Motherhood Clarity Coaching)*. Diese Art von Coaching hilft Frauen, kulturellem Druck und generationsbedingten Erwartungen standzuhalten, um selbst und frei herauszufinden, ob Mutterschaft für sie passt oder nicht. Kinder zu bekommen, ist lebensverändernd und sicherlich nicht für alle geeignet. Bei dieser großen Entscheidung unterstützt zu werden, ist unabdingbar, da der Druck von vielen Seiten kommt und dies das Ganze noch schwieriger macht.

Häufig verändert Mutterhunger das körpereigene Leitsystem für die Fürsorge eines Babys. Vor allem für jene unter Ihnen mit Mutterhunger dritten Grades kann sich das Gefühl von purer Liebe für Ihren Nachwuchs so fremd anfühlen, dass es zu Angst und dissoziativen Zuständen führt, zusammen mit dem zwingenden Wunsch, das Kind zu umsorgen und zu schützen. Diese polarisierenden Emotionen können schrecklich verwirrend sein und den Bindungsprozess überfordern. Es hilft, das zu antizipieren und zu wissen, dass es normal ist.

Die Psychotherapeutin Susan Forward sagt: »Der ›Mutterinstinkt‹ lässt sich nicht einfach einschalten, sodass eine Frau, vor allem wenn sie unter Problemen leidet, plötzlich eine Bindung zu ihrer kleinen Tochter aufbaut, deren Bedürfnisse kennt, dementsprechend handelt und sie umsorgt.«[1] Zwar steckt in dieser Aussage ein Körnchen Wahrheit, vor allem wenn Sie an Mutterhunger dritten Grades leiden, und doch haben Sie einen magischen Schalter – Oxytocin. Für die Bindung an Ihr Baby gibt Ihnen die Natur, was Sie benötigen. Bedauerlicherweise unterstützt unsere Kultur die Natur nicht in diesem starken Bindungsprozess. Anforderungen von außen setzen Sie gehörig unter Druck. Problematisch wird es dann, wenn sich falsch informierte Experten einmischen und die Art und Weise, wie die Natur Ihnen hilft, Mutter zu werden, umlenken.

Vorsicht ist geboten bei Schlafexperten, die Ihnen erzählen, dass Ihr Baby sich selbst beruhigen kann, dass Ihr Baby von Ihnen getrennt sein muss oder dass Ihr Kleinkind eine Auszeit braucht. Diesen Leuten ist die Bindung egal. Ihr schlechter Ratschlag hält Sie nur davon ab, den magischen Schalter der Natur zu betätigen und das für Ihren Säugling so notwendige fürsorglich-nährende Verhalten zu entwickeln.

Oxytocin – der magische Schalter der Natur

Wie jedes andere Säugetier auch sind wir biologisch darauf programmiert, uns an unseren Nachwuchs zu binden. Die Biologie liefert starke neurochemische Unterstützung, um uns beim Mutterwerden zu helfen. Erinnern Sie sich an das letzte Mal, als Sie sich mit jemandem tief verbunden gefühlt haben. Haben Sie Wärme gespürt? Waren Sie hoffnungsfroh?

Bindung ist etwas Angenehmes, weil das Oxytocin wirkt und eine positive Erfahrung schafft, die Sie immer wieder machen wollen – nicht weil Sie bedürftig sind, sondern weil Sie menschlich sind. Oxytocin, manchmal auch als *Liebeshormon* bezeichnet, ist ein starker Neurotransmitter, der den Körper flutet, wenn man mit jemandem, den man liebt, kuschelt, einen Orgasmus hat, ein Kind zur Welt bringt oder Muttermilch produziert. Sowohl Männer als auch Frauen haben Oxytocin-Rezeptoren, die die Bindung erleichtern. Frauen haben mehr Gelegenheiten, Oxytocin-Einschüsse zu bekommen, nämlich wenn sie gebären oder stillen. Aber auch ohne diese beiden Erfahrungen wird Oxytocin durch die Nähe, das Halten, das Kuscheln und die Pflege für ein Kind freigesetzt.

Oxytocin macht aus einer Erwachsenen ein Elternteil – sie wandelt sich von einer jungen Frau zu einer Mutter. Für das Wohlergehen eines verletzlichen, komplett abhängigen kleinen Menschen verantwortlich zu sein, ist ein unglaubliches Unterfangen – und Sie werden sich verändern. Veränderung tut weh. Selbst wenn wir sie wollen, wehren wir uns vielleicht dagegen. Sich dieser besonderen Gelegenheit für Veränderung zu widersetzen, macht das Muttersein schwieriger. Nehmen Sie die Gelegenheit an, innezuhalten, langsam zu machen, neugierig zu sein und sich auf die Veränderungen in Ihnen selbst und auf die Bedürfnisse Ihres Kindes einzustimmen.

Wenn Sie selbst als Kind gestillt und viel gekuschelt wurden, dann fällt Ihnen die Anpassung an diesen neuen Lebensabschnitt leichter, als wenn Sie nicht angemessen fürsorglich genährt wurden. Ohne ein inneres Gespür dafür, wie es ist, auf eine sensible, auf das Kind eingestimmte Art und Weise umsorgt zu werden, kann sich das Kümmern um ein Baby oder Kleinkind sowohl unnatürlich als auch beängstigend anfühlen. In diesem Fall ist es gut, zu wissen, dass die Biologie auf Ihrer Seite ist. Erlauben Sie Mutter Natur, Sie zu leiten, indem Sie auf die Signale Ihres Babys nach Trost, Nahrung und Nähe achten.

Halten Sie Ihr Baby, so oft Sie können, damit der mütterliche magische Schalter angeht. Der Oxytocinfluss hängt davon ab. Es besteht kein Grund zur Sorge, dass man ein total abhängiges Kind heranzieht. Babys kann man nicht verwöhnen. Ein Baby, das viel berührt wird, entwickelt ein größeres, besseres Gehirn. Eine Mutter, die nah bei ihrem Säugling bleibt, entwickelt ein mütterliches Herz. Oxytocin und Prolaktin (ein milchbildendes Hormon) sind darauf ausgelegt, Sie zu entschleunigen, damit Sie eine Bindung zu Ihrem Baby aufbauen können. Das verschleierte «Mutterhirn«, von dem Sie gehört haben oder das Sie vielleicht gerade selbst spüren, ist eine absichtliche Lethargie; es ist die Einladung der Natur, sich zu entspannen und bei Ihrem Neugeborenen zu sein. Siehe auch Kapitel 3 (Fürsorge) für weitere Informationen zu diesen wirkmächtigen Hormonen.

Epigenetisches Erbe

Toxischer Stress, Generationen sexueller Objektivierung, mangelnde Unterstützung und unbehandelter Mutterhunger lassen viele Mütter ohne epigenetische Weisheit zurück, die sie auf ihrem Weg von der jungen Frau zur Mutter führen sollte. Da die meisten epigenetischen Übertragungen über die matrilineare Linie erfolgen, wirkt sich die Geschichte Ihrer Mutter auf Ihre eigene aus. Sie konnte nur geben, was sie selbst bekommen hatte. Aus der Epigenetik wissen wir, dass wir die Widerstandsfähigkeit (Resilienz) und das Trauma unserer Vorfahren erben.

Junge Mütter brauchen dieselbe Zuwendung wie ein Baby: Fürsorge, Schutz und Führung. In gewisser Weise sind diejenigen Frauen, die an Mutterhunger leiden, genauso verletzlich wie ihr Neugeborenes, denn sie haben nicht die mütterliche Unterstützung, die sie für diesen gewaltigen Übergang brauchen. Um die Weitergabe von Mutterhunger zu stoppen, sollten Sie sich mit einem Team umgeben, das Sie nährt und schützt, während Sie sich die nötige Zeit nehmen, um sich an Ihr Neugeborenes zu binden. Frühe Fürsorge und Sicherheit in den ersten drei Lebensjahren sind die beste Versicherung gegen Widrigkeiten und Stress. (Eine Doula für die Zeit nach der Geburt zu engagieren, ist für Sie und Ihr Neugeborenes ein guter Anfang.)

Geburt und Stress

Viele Frauen in Nordamerika sind, bis es bei ihnen so weit ist, nie zuvor bei einer Geburt dabei, sodass der natürliche Prozess der Geburt seltsam und beängstigend sein kann. Wenn Sie sich auf die Geburt vorbereiten, hilft Ihnen das Wissen um Ihren erstaunlichen weiblichen Körper, Ihr Selbstvertrauen zu stärken, noch bevor Ihr Baby da ist.

Der erste Versuch der Natur, Ihnen beim Mutterwerden zu helfen, beginnt mit dem Einströmen von Oxytocin, um den Geburtsschmerz zu dämpfen. Wenn während der Geburt die Wehen stärker werden, steigt auch der Oxytocinspiegel. Oxytocin verringert gleichzeitig Ihre Zurückhaltung und hilft Ihnen, sich auf den Rhythmus der Wehen einzustellen.

Leider hat die Biologie noch keine Oxytocin-Formel entwickelt, die stark genug ist, um die beängstigenden Geräusche, die üblen Gerüche und die störenden Lichter in Krankenhäusern auszublenden. Angst erschwert die Geburt und löst eine neuronale Lawine an Adrenalin und Cortisol aus, was während der Wehen sehr ungünstig ist. Diese Hormone sind erforderlich für Kampf oder Flucht, aber kontraproduktiv während der Geburt.

Frauen sind nicht dafür bestimmt, unter diesen sterilen und chaotischen Bedingungen ihr Kind auf die Welt zu bringen. Die Forschung zeigt, dass es Frauen während der Geburt in einer vertrauten Umgebung mit gedämpftem Licht und leisen Geräuschen besser geht. Sie benötigen auch die Anwesenheit anderer Frauen – Frauen, die ruhig, zuversichtlich und fürsorglich sind. Aus diesem Grund hoffe ich, dass Sie Alternativen zum Krankenhaus in Betracht ziehen, etwa ein Geburtshaus, eine Hebamme und/oder eine Doula. Die zunehmende Beliebtheit von Doulas ist ein ermutigender Trend. Doulas begleiten, trösten, ermutigen und helfen Ihnen während und nach der Geburt. Sie arbeiten zwar an der Seite von Medizinern und Hebammen, doch ihre wesentliche Aufgabe ist es, die Mutter zu unterstützen. Untersuchungen zeigen, dass die Anwesenheit einer Doula die Oxytocin-Ausschüttung erhöht.[2] Mit einer Doula an Ihrer Seite ist die Geburt weniger beängstigend und Sie haben bessere Chancen auf eine frühe Bindung mit Ihrem Baby.

Stillen

Die menschliche Milch wird speziell für ein neues kleines menschliches Wesen gebildet. Die Muttermilch schützt das Baby vor Krankheiten, solange das Immunsystem noch jung ist. Muttermilch reguliert den Stoffwechsel und fördert das zügige Wachstum des Gehirns bei Neugeborenen. Regelmäßig zu nuckeln, beruhigt Ihr Baby und entspannt Sie selbst. Muttermilch enthält die perfekte Mischung für Verbindung und Bindung. Wenn Sie ein Baby adoptieren, könnten Sie versuchen, die Milchbildung bei sich anzuregen, oder den Bezug von Muttermilch von einer Milchbank in Betracht ziehen.

Wie ich bereits zuvor gesagt habe, ziehe ich den Begriff des *Stillens* (*Nursing*) dem des *Brustgebens* (*Breastfeeding*) vor. Es geht beim Stillen nicht nur ums Füttern. Stillen ist Halten, Kuscheln, Singen, Säubern und Kümmern. Stillen ist Fürsorge.

Obwohl die Vorteile der Muttermilch bekannt sind, sind die meisten Ärzte nicht ausreichend geschult darin, Sie bei diesem faszinierenden Prozess zu unterstützen. Hier einige wichtige Punkte, die man kennen sollte, wenn man sein Kind stillen will:

- Die meisten Neugeborenen sind die ersten 48 bis 72 Stunden nach der Geburt nicht sehr hungrig, sodass der Saugreflex noch nicht stark genug ist, um richtig anzudocken.
- Es ist normal, dass die Milchgänge verstopfen und der Milcheinschuss sich schlimm anfühlt, denn es schmerzt. Lassen Sie sich im Vorfeld von einer Hebamme, einer Doula oder einer zertifizierten Stillbegleiterin beraten.
- Prolaktin, das den Körper anregt, Milch zu produzieren, richtet sich nach Angebot und Nachfrage. Hautkontakt und häufiges Stillen steigern die Prolaktinbildung. Je mehr die Brustwarzen und die Haut stimuliert werden, desto mehr Milch fließt.

- Häufiges Stillen über einen längeren Zeitraum fördert Ihre Entspannung und gibt Ihrem Baby die besten Chancen, an die Hintermilch zu gelangen – den cremigen, reichhaltigen Teil der Muttermilch, der später im Verlauf einer Stillmahlzeit kommt und das Wachstum des kindlichen Gehirns anregt.
- Jahrhunderte der genetischen Codierung haben Ihr Baby auf die Nähe zu Ihrem Körper programmiert. Bei der Geburt kann Ihr Baby schon Ihre Milch riechen und kennt Ihren Geruch. Ihrem Säugling nahe zu sein, ist das Beste für die Milchversorgung und für den Aufbau einer sicheren Bindung.

Die Verletzlichkeit eines Körpers, der von der Geburt noch wund ist und plötzlich Milch herstellt, kann überwältigend sein. Es braucht seine Zeit, bis Stillen erlernt ist. Nur weil es biologisch ist, heißt es nicht, dass es komplett intuitiv funktioniert. Sie beginnen eine neue Beziehung und wie jede neue Beziehung ist sie erstaunlich, unbeholfen, aufregend, verwirrend und manchmal schmerzhaft. Falls es für Sie zu stressig wird, Ihr Kind zu stillen, seien Sie versichert, dass Ihr Kleines mit Ihrer sensiblen Pflege auch so gedeiht, egal wie Sie es füttern. Die Flasche zu geben, ist in so einem Fall für Mütter eine Erlösung und für die Babys eine Zeit zum Kuscheln, in der Blickkontakt und körperliche Berührungen zum Ritual gehören. Selbst wenn es mit dem Stillen nicht gut läuft, können glücklicherweise Hautkontakt, gemeinsames Kuscheln und spielerische Interaktionen Ihre Oxytocin-Ausschüttung aufrechterhalten.

Aus diesem Kapitel sollten Sie auf jeden Fall diesen Punkt mitnehmen: Ich möchte Sie ermutigen, den Kontakt mit Stillspezialistinnen oder Doulas zu suchen. Sich ein Team aus Unterstützerinnen aufzubauen, bietet Ihnen die besten Chancen auf Erfolg in den ersten gemeinsamen Monaten. Ich wünsche Ihnen, dass Sie viel Unterstützung erfahren, denn wenn Sie an Mutterhunger leiden, sind die hormonellen Vorteile, die sich aus dem Stillen ergeben, sehr wichtig, um Ihnen beim Übergang von einer vielbeschäftigten Erwachsenen zu einem beruhigenden Elternteil zu helfen. Als frischgebackene Mutter benötigen Sie genauso viel Fürsorge wie Ihr Neugeborenes. Egal ob Sie ein Kind gebären oder adoptieren – dies ist die verletzlichste Zeit in Ihrem Leben nach Ihrer eigenen Kindheit. Am besten werden Sie geführt, wenn Sie sich auf die Signale Ihres Babys einstimmen. Doch in einer Welt, die Ihre Aufmerksamkeit in vielerlei Richtungen erfordert, kann das herausfordernd sein.

Hören Sie nicht auf die Fütterungspläne der Hersteller von Säuglingsnahrung oder auf die Ratschläge von Schlafexperten, sondern auf Ihren Nachwuchs. Ihr Baby weiß, was es braucht, um sich sicher zu fühlen. Was bei dem einen Baby funktioniert, muss noch lange nicht bei einem anderen klappen. Manche Babys sind schwieriger zu beruhigen als andere, weil sie schon in der Gebärmutter mütterlichem Stress ausgesetzt waren. Unterbrochene Stillrhythmen können zu frühen Fütterungsproblemen führen, die die Bindung erschweren. Die Bildung von Prolaktin verlangsamt sich ohne richtige Stimulation der Brustwarzen und verringert die Milchproduktion. Vielleicht haben Sie mit Traurigkeit oder Scham zu kämpfen, wenn das Stillen Probleme bereitet oder Ihr Kind schreit. Wenn Sie gestresst sind, vermeiden Sie vielleicht, Ihr Baby zu halten, was wiederum Ihren Oxytocinspiegel senkt. Falls das passiert, gerät man leicht in einen lähmenden Kreislauf aus Angst und Depression.

Diese Herausforderungen sind normal. Wenn Sie nicht genug Milch für Ihr Baby produzieren, dann brauchen Sie wahrscheinlich mehr Unterstützung und Anleitung. Vielleicht hat Ihnen noch niemand gesagt, dass das Stillen eines Babys eine Vollzeitbeschäftigung ist oder dass die nächtliche Nähe zu Ihrem Baby Ihren Milchvorrat für die Stunden am Tag auffüllt, in denen Sie vielleicht nicht da sind. Aus diesem Grund hat Schlaftraining, das nach Vorschlag mancher Experten so früh wie möglich begonnen werden sollte, schreckliche Auswirkungen auf die Milchproduktion und sorgt in der Bindungsphase für Stress.

Den Kreislauf von Mutterhunger durchbrechen

Vielleicht haben Sie angesichts der Realität von Mutterschaft die Orientierung verloren oder sind schockiert. Der Verlust von Freiheit, die fehlende Kontrolle und die riesige Verantwortung können überwältigend sein. Die Last von Mutterhunger zu tragen, macht diese normalen Gefühle noch komplizierter. Die Mischung aus purer Freude und blankem Entsetzen kann eine emotionale Krise hervorrufen. Die Liebe zu Ihrem Baby weckt die vergrabene Wahrheit in Ihrem Herzen und rührt an Ihren eigenen Entbehrungen und Ihrem Herzschmerz. Die Intensität dieser Emotionen kann ohne die Unterstützung der eigenen Mutter zu viel werden. Ich hoffe, dass, wenn dies passiert, Sie in einer sicheren Umgebung sind und hilfreiche Beziehungen haben, die Sie beruhigen und schützen.

Ich bin so froh, dass Sie dieses Buch lesen, um etwas über die Natur zu lernen und darüber, wie wichtig es ist, dass Sie Fürsorge, Schutz und Führung erfahren, was auch Ihr Kind benötigt. Mit Achtsamkeit, Zärtlichkeit und Vorbereitung können Sie sich selbst eine Mutter sein, *während* Sie gleichzeitig fürsorglich Ihr Baby versorgen. Tatsächlich könnte es sein, dass Sie sich jetzt, da Sie Mutter werden, zum ersten Mal um sich selbst kümmern, denn im Leben geht es nun nicht mehr nur um Sie; und sich um sich selbst zu sorgen, ist auch das Beste für Ihr Kind. Indem Sie sich selbst mit gutem Essen, Schlaf und einer Verbindung zu anderen Frauen Fürsorge geben, stoppen Sie die generationenübergreifende Weitergabe von Mutterhunger. In jeder Phase der Mutterschaft ist Ihre Heilung ein Geschenk an Ihr Kind – und an die Welt.

SCHLUSSFOLGERUNGEN

Stress macht uns nervös. Unser Gesicht spannt sich an, wir lächeln nicht und unsere Stimme klingt harsch und brüchig. Während ich dieses Manuskript in der Gefahrenzeit von Covid-19 fertigschrieb, gingen mir die verletzlichen Mütter und Kinder nicht aus dem Kopf, denn mir war klar, dass der Stress für sie schlicht zu viel war. Dieses Buch wäre nicht möglich gewesen, wenn ich immer noch täglich als Mutter im Einsatz gewesen wäre. Es verlangte von mir, die richtige Sprache dafür zu finden, wie einfacher Herzschmerz passiert. Ich sollte Beschreibungen für die verschiedenen Arten finden, wie Mütter ihre Kleinen im Stich lassen – liebende Mütter, gute Mütter und hingebungsvolle Mütter; Mütter, die Kinder wollten, die sich bereit fühlten und ihr Bestes taten; Mütter wie ich, die nicht in der Lage waren, das zu geben, was sie schlicht nicht hatten. Ich hätte es nicht hinbekommen, wäre ich als Mutter in einer Pandemie gefragt gewesen.

Aber abgesehen von der Corona-Pandemie war das Schreiben über Mutterhunger eines der schwersten Dinge, die ich je getan habe. Selbst wenn ich etwas Vergnügsames wie ein Kochbuch geschrieben hätte, hätte ich zu kämpfen gehabt. Schreiben ist einfach schwierig.

Glücklicherweise fand ich ganz am Anfang der Vorbereitungen das Buch von Gail Honeyman: *Eleanor Oliphant Is Completely Fine* (deutsche Übersetzung: *Ich, Eleanor Oliphant*). Die Lektüre ihrer brillanten Schilderung einer benachteiligten, distanzierten Tochter war die perfekte Ergänzung zum Schreiben über Mutterhunger. Honeymans Protagonistin ist ein Paradebeispiel für ein Kind mit Mutterhunger, das das brennende Bedürfnis verspürt, sich mit Fantasie zu betäuben, und ein gespaltenes Selbst erlebt, das aus frühem Herzschmerz herrührt.

Honeyman schreibt über einen fiktionalen Charakter, der aber so realistisch ist wie die Fälle meiner Klientinnen. In der Geschichte inszeniert Eleanor Oliphant eine Liebesbeziehung zu einem Mann, den sie nie kennengelernt hat. Es ist eine der fesselndsten Geschichten über Liebessucht, die ich je gelesen habe. Sie telefoniert aber auch einmal in der Woche mit ihrer grausamen, kritischen Mutter. Das klingt vernünftig, außer dass ihre Mutter tot ist. Ihre fabrizierten Telefonanrufe veranschaulichen eine Möglichkeit, wie eine Tochter unerträgliche Trauer und Traumata überlebt. Oliphants Wodka-getränkte Isolation macht sie fast obdachlos und stellt den schlimmsten Albtraum jeder Frau dar. Oliphant, die nie mütterliche Liebe erfahren hat, spricht eine starke Wahrheit aus: »Einsamkeit ist der neue Krebs.«

Während der Corona-Pandemie, in der wir unsere Gesichter mit Masken bedeckten, unser Lächeln vor den anderen verbargen, kamen mir zwangsläufig die Folgen der Isolation durch das Virus in den Sinn. Kürzlich hatte mir eine Fotografin erzählt, die Fotos von Babys und Kleinkindern macht, dass es in den letzten vier Monaten immer schwieriger geworden sei, Babys zum Lächeln zu bringen. Ihre Beobachtung ließ mich an die Forschungen von Beatrice Beebe denken und über die langfristigen Auswirkungen auf Säuglinge, die in maskierte Gesichter starren, sinnieren. Was verlieren ihre Spiegelneuronen da gerade?

Während die Masken entmutigend waren, stimmten mich andere Geschichten von Babys und ihren Fürsorgepersonen in gemeinsamer Quarantäne hoffnungsvoll. Kinder, die 2020 geboren wurden, kamen in eine Welt, die ihre Mutter und andere Fürsorgepersonen eng zusammenhielt. Jeden Tag hörte ich von Eltern, wie sie aus der gemeinsam verbrachten Quarantäne mit ihren Kindern Gutes ziehen konnten. Sie wechselten sich mit der Betreuung von Säuglingen und Kleinkindern ab, mit den häuslichen Pflichten und den beruflichen Aufgaben. Das ging nicht ohne Stress. Niemand ist immun gegen den Stress durch eine Pandemie. Aber für die Kleinen kann sich die ständige Nähe zu den Erwachsenen auszahlen.

Häusliche Gewalt und finanzielle Unsicherheit machen jedoch die Vorteile von Nähe zunichte, und die schwindelerregende Zahl von Familien, die in ständiger Angst leben, hat schreckliche Auswirkungen auf den Mutterhunger dritten Grades. Ärzte äußern ihre Besorgnis über Kinder in Gewaltsituationen. Kalifornien hat 42 Millionen Dollar investiert, um Kinder zu schützen, die aufgrund der Corona-Pandemie einem erhöhten Risiko von Gewalt und Misshandlung ausgesetzt waren.[1] Die gute Nachricht ist hier vielleicht, dass Corona die Existenz von belastenden Kindheitserfahrungen und die Auswirkungen von toxischem Stress auf Kinder stärker ins Bewusstsein rief.[2] Organisationen wie *ACEs Connection*, die *Robert Wood Johnson Foundation* und *Iowa ACEs 360*, um einige wenige zu nennen, haben in die Forschung und in Programme investiert, um Kinder und Familien zu unterstützen.

In einer *Sunday-Morning*-Sendung auf CBS während der Corona-Pandemie fand ich ermutigenderweise einen ganzen Beitrag über die Vorteile von Oxytocin. Darin werden wir ermuntert, uns selbst zu umarmen.[3] Und wenige Wochen später gab es im selben Programm ein Feature über Lächeln und Spiegeln.[4] *Scientific American* veröffentlichte einen Artikel von Lydia Denworth, Autorin von

Friendship, mit dem Titel »The Loneliness of the ›Social Distancer‹ Triggers Brain Cravings Akin to Hunger« (zu Deutsch: ›Die Einsamkeit des Abstand Haltenden löst im Gehirn ein Hungergefühl aus‹).[5] Bildungsbeiträge wie diese nehmen der Einsamkeit die Scham, denn wir wissen, dass wir sie alle spüren. Eine Pandemie zerrt die Einsamkeit aus dem Verborgenen hervor und verlangt von uns, unser Bedürfnis, aufeinander achtzugeben, zu erkennen. Ich hoffe, dass wir dieses Wissen in Zukunft nicht wieder vergessen.

Noch wissen wir nicht genau, wie sich soziale Isolation, Schulschließungen und durch Corona verursachte ökonomische Verwerfungen auf unsere geistige Gesundheit auswirken werden, aber wir wissen, dass es so sein wird. Die Scheidungszahlen nehmen zu. Mütter leiden, während sie mit den unmöglichen, sich widersprechenden Anforderungen an Beruf und Familie jonglieren. Stress lässt unser biologisches Alarmsystem auf Hochtouren laufen. Im besten Fall werden wir denjenigen, die sich unter schwierigsten Bedingungen um andere kümmern und sich mit ihnen zusammenschließen, mehr Respekt entgegenbringen, denn mehr denn je brauchen wir jemanden, der das Haus hygienisch rein hält, die Vorratskammer mit Lebensmitteln auffüllt und die Familie zusammenhält. Das sind allgemein die Pflichten von Frauen, aber hin und wieder lösen sich Geschlechterrollen unter dem geteilten Druck einer lang anhaltenden Pandemie nunmehr auf. Paare und Familien arbeiten zusammen, denn wenn jeder kämpfen oder fliehen würde, würden Beziehungen schlichtweg auseinanderfallen. Den Instinkt, sich zu kümmern und sich anderen anzuschließen, zu respektieren, hat dauerhafte Auswirkungen auf unseren menschlichen Umgang miteinander.

Es lässt sich nicht genau vorhersagen, wie die Welt aussieht, wenn Sie dieses Buch in den Händen halten. Werden wir eine stärkere, mitfühlendere Gesellschaft sein? Werden wir ein neues Bewusstsein und Respekt für die Bedürfnisse von Säuglingen und für unsere eigenen haben? Wird die »Tend-and-Befriend«-Reaktion dafür sorgen, dass wir uns besser umeinander kümmern? Oder werden wir uns mithilfe von Essen, Alkohol oder anderen stimmungsverändernden Dingen, die wir finden können, an ein neues Niveau an Isolation anpassen?

Ich finde Trost – und vielleicht können Sie das auch – in den Worten von Margaret Renkls *Late Migrations* (zu Deutsch: ›Späte Wanderungen‹). Ihre wunderschönen Worte haben einen prophetischen Klang, wenn sie schreibt:

> »Es gibt nichts zu fürchten. Es gibt überhaupt nichts zu fürchten. Gehen Sie hinaus in den Frühling und schauen Sie: Die Vögel begrüßen uns mit einem Chor. Die Blumen recken uns ihre Köpfe entgegen. Die letzten Blätter des vergangenen Jahres, die noch feucht im Schatten liegen, riechen reif und schwach nach Herbst.«[6]

Ihre Memoiren sprechen von der Beständigkeit von Mutter Natur, die für uns da ist.

Trost für Mutterhunger findet sich in der Natur. Nähren und schützen Sie sie, damit sie *Sie* wiederum nähren und schützen kann. Pflanzen Sie etwas, räumen Sie Ihren Schrank auf, essen Sie Lebensmittel, die Ihren Geist nähren. Kümmern Sie sich um Ihren Herzschmerz und schließen Sie Freundschaften mit Menschen, die Ihren Weg verstehen. Ruhen Sie sich auf dem Weg der Heilung aus, wenn Sie müde und ängstlich sind, bis Sie sich daran erinnern, dass es »nichts zu fürchten gibt«.

ANMERKUNGEN

Einführung

1 Lisa Donovan: *Our Lady of Perpetual Hunger: A Memoir.* New York: Penguin Press 2020, S. 83.

Kapitel 1

1 Erica Komisar: *Being There: Why Prioritizing Motherhood in the First Three Years Matters*. New York: TarcherPerigee 2017, S. 36.

2 Marcy Axness: *Parenting for Peace: Raising the Next Generation of Peace- makers*. Boulder, CO: Sentient 2012, S. 192.

3 Gabor Maté: *In the Realm of Hungry Ghosts: Close Encounters with Addiction.* Berkeley, CA: North Atlantic Books 2010, S. 436, zitiert nach Axness, *Parenting for Peace*, S. 193. Deutschsprachige Ausgabe: *Im Reich der hungrigen Geister: Auf Tuchfühlung mit der Sucht – Stimmen aus Forschung, Praxis und Gesellschaft*. Kandern: Narayana Verlag 2021, S. 414.

4 Axness, *Parenting for Peace, S.* 194.

5 Komisar, *Being There*, S. 36.

6 Amir Levine und Rachel Heller: *Attached: The New Science of Adult Attachment and How It Can Help You Find—And Keep—Love.* New York: TarcherPerigree 2010.

7 Maia Szalavitz und Bruce D. Perry: *Born for Love: Why Empathy Is Essential—and Endangered*. New York: William Morrow 2011, S. 20.

8 Gwen Dewar: »Newborn Cognitive Development: What Do Babies Know, and How Do They Learn?«, *Parenting Science*, https://www.parentingscience.com/newborn-cognitive-development.html (Zugriff am 02.12.2020).

9 Daniel J. Siegel und Tina Payne Bryson: *The Whole-Brain Child: 12 Revolutionary Strategies to Nurture Your Child's Developing Mind*, New York: Bantam 2012.

10 Maureen M. Black et al.: »Early Childhood Development Coming of Age: Science Through the Life Course«, in: *Lancet* 389, Nr. 10064 (2017), S. 77–90.

11 Erin P. Hambrick et al.: »Beyond the ACE Score: Examining Relationships Between Timing of Developmental Adversity, Relational Health and Developmental Outcomes in Children«, in: *Archives of Psychiatric Nursing* 33, Nr. 3 (2019), S. 238–247.

12 Allan Schore: »The American Bowlby: An Interview with Allan Schore«, telefonisches Interview von Roz Carroll im März 2001.

13 Centers for Disease Control and Prevention: »Essentials for Childhood: Creating Safe, Stable, Nurturing Relationships and Environments for All Children«, https://www.cdc.gov/ violenceprevention/pdf/essentials-for-childhood-framework508.pdf (Zugriff am 18.11.2020).

14 Megan H. Bair-Merritt et al.: »A Framework for Thriving: A Comprehensive Approach to Child Health – CHCS Blog«. Center for Health Care Strategies, 13. Oktober 2020, https://www.chcs.org/a-framework-for-thriving-a-comprehensive-approach-to-child-health.

15 Komisar, *Being There*, S. 207.

16 Johanna Robledo: »Developmental Milestone: Separation and Independence«, *BabyCenter*, 12. Dezember 2018, https://www.babycenter.com/baby/baby-development/developmental-milestone-separation-and-independence_6577.

17 Harvard University Center on the Developing Child: »ACEs and Toxic Stress: Frequently Asked Questions«, https://developingchild.harvard.edu/resources/aces-and-toxic-stress-frequently-asked-questions (Zugriff am 20.09.2020); Adrienne Rich: »It Is Hard to Write About My Own Mother: On the Deep Complexity of the Mother-Daughter Relation-

ship«, *Literary Hub*, 24. August 2018, https://lithub.com/adrienne-rich-it-is-hard-to-write-about-my-own-mother.

18 Adrienne Rich: »It is Hard to Write About My Own Mother: On the Deep Complexity of the Mother-Daughter Relationship«, in: *Essential Essays: Culture, Politics, and the Art of Poetry* 2018.

19 Ebd.

20 Adrienne Rich: *Of Woman Born: Motherhood as Experience and Institution.* New York: W. W. Norton 1986, S. 237.

21 Resmaa Menakem: *My Grandmother's Hands: Racialized Trauma and the Pathway to Mending Our Hearts and Bodies.* Las Vegas: Central Recovery Press 2017, S. 42.

22 Donald Woods Winnicott: *Playing and Reality.* London: Tavistock 1971.

23 Marco Iacoboni: »The Mirror Neuron Revolution: Explaining What Makes Humans Social«, Interview von Jonah Lehrer, *Scientific American,* 1. July 2008, https://www.scientificamerican.com/article/the-mirror-neuron-revolut.

24 »Why Former U.S. Surgeon General Vivek Murthy Believes Loneliness Is a ›Profound‹ Public Health Issue«, *Washington Post Live* video, 5:46, 15. Mai 2018, https://www.washingtonpost.com/video/postlive/former-surgeon-general-dr-vivek-murthy-people-who-are-lonely-live-shorter-lives/2018/05/15/4632188e-5853-11e89889-07bcc1327f4b_video.html.

Kapitel 2

1 Daniel J. Siegel: »The Verdict Is In: The Case for Attachment Theory«, *Psychotherapy Networker*, März/April 2011, https://www.psychotherapynetworker.org/magazine/article/343/the-verdict-is-in.

2 Daniel J. Siegel: *The Developing Mind: How Relationships and the Brain Interact to Shape Who We Are.* 2. Aufl., New York: Guilford 2012, S. 91.

3 Psychology Hub: »Bowlby's Theory of Maternal Deprivation: Romanian Orphan Studies – Effects of Institutionalization«, 16. März 2017, https://psychologyhub.co.uk/bowlbys-theory-of-maternal-deprivation-romanian-orphan-studies-effects-of-institutionalisation.

4 Kendra Cherry: »Biography of Psychologist John Bowlby: The Foun-

der of Attachment Theory«, *Verywell Mind*, 29. März 2020, https://www.verywellmind.com/john-bowlby-biography-1907–1990–2795514.

5 Allan N. Schore: »Attachment and the Regulation of the Right Brain«, in: *Attachment & Human Development* 2, Nr. 1 (2000), S. 23–47.

6 Allan N. Schore: »The Experience-Dependent Maturation of a Reg- ulatory System in the Orbital Prefrontal Cortex and the Origin of Developmental Psychopathology«, in: *Development and Psychopathology* 8, Nr. 1 (Winter 1996), S. 59–87.

7 Peter Graf und Daniel L. Schacter: »Selective Effects of Interference on Implicit and Explicit Memory for New Associations«, in: *Journal of Experimental Psychology: Learning, Memory, and Cognition* 13, Nr. 1 (1987): S. 45–53.

8 Brigid Schulte: »Effects of Child Abuse Can Last a Lifetime: Watch the ›Still Face‹ Experiment to See Why«, *Washington Post* (blog), 16. September 2013, https://www.washingtonpost.com/blogs/she-the-people/wp/2013/09/16/affects-of-child-abuse-can-last-a-life-time-watch-the-still-face-experiment-to-see-why.

9 Schore, »Attachment and the Regulation of the Right Brain«, https://psycnet.apa.org/record/2000-16311-002.

10 »Mother-Infant Communication: The Research of Dr. Beatrice Beebe Promo«, produziert von Karen Dougherty, YouTube-Video, 1:03, 23. Juni 2016, https://www.youtube.com/watch?v=rEMge2FeREw.

11 Levine and Heller, *Attached, https://www.attachedthebook.com/wordpress/about-the-book/.*

12 Daniel P. Brown und David S. Elliott: *Attachment Disturbances in Adults: Treatment for Comprehensive Repair.* New York: W. W. Norton 2016.

13 Jean Baker Miller: »Connections, Disconnections, and Violations«, *Work in Progress* 33, Wellesley, MA: Stone Center Working Paper Series 1988, S. 5.

14 Sarah Peyton: »Are You Suffering from Alarmed Aloneness?«, Interview von *Om Times* podcast, 21. Juli 2019, http://podcast.omtimes.com/e/sarah-peyton-are-you-suffering-from-alarmed-aloneness.-

Kapitel 3

1 »Your First 1000 Days Shape the Rest of Your Life«, *South Africa Mail & Guardian*, 9. Dezember 2016, https://mg.co.za/article/2016-12-09-00-your-first-1000-days-shape-the-rest-of-your-life.

2 Dana G. Smith: »Opioid-Dependent Newborns Get New Treatment: Mom Instead of Morphine«, California Health Care Foundation, 1. August 2019, https://www.chcf.org/blog/opioid-dependent- newborns-get-new-treatment.

3 Ashley M. Weber, Tondi M. Harrison und Deborah K. Steward: »Expanding Regulation Theory with Oxytocin: A Psychoneurobio- logical Model for Infant Development«, in: *Nursing Research* 67, Nr. 2 (März/April 2018), S. 133.

4 Elsevier: »Maternal Separation Stresses the Baby, Research Finds«, *ScienceDaily*, 2. November 2011, https://www.sciencedaily.com/releases/2011/11/111102124955.htm.

5 Adrienne Santos-Longhurst: »Why Is Oxytocin Known as the ›Love Hormone‹? And 11 Other FAQs«, *Healthline Parenthood*, 30. August 2018, https://www.healthline.com/health/love-hormone.

6 Jill Bergman: »Skin-to-Skin Contact«, La Leche League International, November 8, 2018, https://www.llli.org/skin-to-skin-contact; Darcia Narvaez: »The Tremendous Benefits of Breast Milk: An Evolved Nest Podcast«, *Kindred Media*, 6. August 2020, https://www.kindredmedia.org/2020/08/the-tremendous-benefits-of-breast-milk-an-evolved-nest-podcast.

7 Michael J. Meaney: »Maternal Care, Gene Expression, and the Transmission of Individual Differences in Stress Reactivity Across Generations«, in: *Annual Review of Neuroscience* 24, Nr. 1 (2001), S. 1170.

8 Linda Richter: »The Importance of Caregiver-Child Interactions for the Survival and Healthy Development of Young Children: A Review«, *World Health Organization* 2004.

9 Ebd.

10 Harry F. Harlow, Margaret Kuenne Harlow und Donald R. Meyer: »Learning Motivated by a Manipulation Drive«, in: *Journal of Experimental Psychology* 40, Nr. 2 (April 1950), S. 228.

11 Rachel Yehuda et al.: »Low Cortisol and Risk for PTSD in Adult Off-

spring of Holocaust Survivors«, in: *American Journal of Psychiatry* 157, Nr. 8 (August 2000), S. 1252–1259.

12 Amy Lehrner und Rachel Yehuda: »Cultural Trauma and Epigenetic Inheritance«, in: *Development and Psychopathology* 30, Nr. 5 (Dezember 2018), S. 1763–1777.

13 Bruce H. Lipton: »Maternal Emotions and Human Development«, Birth Psychology, abrufbar im Internet-Archiv, https://web.archive.org/web/20121113215219/https://birthpsychology.com/free-article/maternal-emotions-and-human-development.

14 Mark Wolynn: *It Didn't Start with You: How Inherited Family Trauma Shapes Who We Are and How to End the Cycle.* New York: Penguin 2017, S. 25.

15 William C. Shiel: »Definition of Epigenetics«, *MedicineNet*, 21. Dezember 2018, https://www.medicinenet.com/epigenetics/definition.htm.

16 »Scientists Discover How Epigenetic Information Could Be Inherited«, Research, University of Cambridge, 25. Januar 2013, http://www.cam.ac.uk/research/news/scientists-discover-how-epigentic-information-could-be-inherited.

17 Komisar, *Being There*, S. 36.

18 Diana Divecha: »How Cosleeping Can Help You and Your Baby«, in: *Greater Good Magazine: Science-Based Insights for a Meaningful Life*, 7. Februar 2020, https://greatergood.berkeley.edu/article/item/how_cosleeping_can_help_you_and_your_baby.

19 James J. McKenna: *Safe Infant Sleep: Expert Answers to Your Cosleeping Questions.* Washington, D.C.: Platypus Media 2020.

20 Komisar, *Being There*, S. 101.

21 William Sears: *Nighttime Parenting: How to Get Your Baby and Child to Sleep.* New York: Plume 1999.

22 James J. McKenna, Helen L. Ball und Lee T. Gettler: »Mother-Infant Cosleeping, Breastfeeding and Sudden Infant Death Syndrome: What Biological Anthropology Has Discovered About Normal Infant Sleep and Pediatric Sleep Medicine«, in: *American Journal of Physical Anthropology: The Official Publication of the American Association of Physical Anthropologists* 134, Nr. S45 (2007), S. 133–161.

23 Ebd., S. 147.

24 »Safe Cosleeping Guidelines«, University of Notre Dame Mother-Baby Behavioral Sleep Laboratory, https://cosleeping.nd.edu/safe-co-sleeping-guidelines (Zugriff am 03.12.2020).

25 Komisar, *Being There, S.* 90.

26 Bessel Van der Kolk: *The Body Keeps the Score: Brain, Mind, and Body in the Healing of Trauma.* New York: Penguin 2015, S. 217.

Kapitel 4

1 Tara Brach: »Healing Addiction: De-Conditioning the Hungry Ghosts«, 29. März 2017, https://www.tarabrach.com/healing-addiction.

2 Vincent Iannelli: »Normal Heart Rate for Children«, *Verywell Family*, 3. Februar 2020, https://www.verywellfamily.com/normal-pulse-rates-for-kids-2634038.

3 »Why Stress Causes People to Overeat«, *Harvard Mental Health Letter*, aktualisiert am 13. Oktober 2020, https://www.health.harvard.edu/staying-healthy/why-stress-causes-people-to-overeat.

4 Geneen Roth: *When Food Is Love: Exploring the Relationship Between Eating and Intimacy.* New York: Penguin 1992, S. 19.

5 Lydia Denworth: »The Loneliness of the ›Social Distancer‹ Triggers Brain Cravings Akin to Hunger«, in: *Scientific American*, 2. April 2020, https://www.scientificamerican.com/article/the-loneliness-of-the-social-distancer-triggers-brain-cravings-akin-to-hunger.

6 Staci Sprout, E-mail an die Autorin, 19. Februar 2020.

7 Roxane Gay: *Hunger: A Memoir of (My) Body.* New York: Harper 2018, S. 166. Deutsche Ausgabe: *Hunger: Die Geschichte meines Körpers.* btb Verlag 2021, S. 240.

8 Ebd., S. 231; dt. Ausgabe: S. 240.

9 Alexandra Katehakis: *Sexual Addiction as Affect Dysregulation: A Neurobiologically Informed Holistic Treatment.* New York: W. W. Norton 2016, S. 57.

10 Roth, *When Food Is Love*, S. 78.

11 Komisar, *Being There*, S. 93.

12 Charlotte Davis Kasl, *Women, Sex, and Addiction: A Search for Love and Power.* New York: HarperCollins 1990, S. 127.

13 Ebd., S. 281.

14 Staci Sprout, E-Mail an die Autorin, 19. Februar 2020.

Kapitel 5

1 David Foster Wallace: »This Is Water«, commencement speech at Kenyon College, Gambier, Ohio, 21. Mai 2005, https://fs.blog/2012/04/david-foster-wallace-this-is-water.

2 Anjali Dayal: »We Must Reckon with the Terrible Realities Hidden in Plain Sight«, *On Being,* Blog, 2. April 2018, https://onbeing.org/blog/anjali-dayal-we-must-reckon-with-the-terrible-realities-hidden-in-plain-sight.

3 Evelyn Reed: *Woman's Evolution: From Matriarchal Clan to Patriarchal Family.* New York: Pathfinder Press 1975, S. 293.

4 Oscar Serrallach: »Healing the Mother Wound«, Goop, https://goop.com/wellness/relationships/healing-the-mother-wound (Zugriff am 28.12.2020).

5 Laura Mulvey: »Visual Pleasure and Narrative Cinema«, in: *Screen* 16, Nr. 3 (Herbst 1975), S. 6–18.

6 Renee Engeln: *Beauty Sick: How the Cultural Obsession with Appearance Hurts Girls and Women.* New York: Harper Collins 2017, S. 45.

7 Vgl. Jackson Katz: »Violence Against Women – It's a Men's Issue« (lecture), TEDxFiDiWomen, San Francisco, 5. Dezember 2013, https://www.ted.com/talks/jackson_katz_violence_against_women_it_s_a_men_s_issue.

8 Emilie Buchwald, Pamela Fletcher und Martha Roth (Hrsg.): *Transforming a Rape Culture.* Minneapolis: Milkweed Press 2005, S. xi.

9 Katherine Sellgren: »Pornography ›Desensitising Young People‹«, *BBC News*, 15. Juni 2016, https://www.bbc.com/news/education-36527681.

10 Gail Dines: »The Porn Crisis«, https://www.gaildines.com/the-porn-crisis (Zugriff am 15.11.2020).

11 Judith Leavitt: *The Sexual Alarm System: Women's Unwanted Res-*

ponse to Sexual Intimacy and How to Overcome It. New York: Jason Aronson 2012, S. 38.

12 Ebd., S. 10.

13 See Shelley E. Taylor: »Tend and Befriend Theory«, in: *Handbook of Theories of Social Psychology,* Band 1, hrsg. von Paul A. M. Van Lange, Arie W. Kruglanski und E. Tori Higgins. Thosand Oaks, Ca: Sage 2012, S. 32-49.

14 Stanley Schachter: *The Psychology of Affiliation: Experimental Studies of the Sources of Gregariousness.* Redwood City, CA: Stanford University Press 1959, S. 71.

15 Shelley E. Taylor et al.: »Biobehavioral Responses to Stress in Females: Tend-and-Befriend, Not Fight-or-Flight«, in: *Psychological Review* 107, Nr. 3 (Juli 2000), S. 411–429.

16 Marissa Korbel: »Sometimes You Make Your Rapist Breakfast: Inside the Controversial–and Often Confusing–'Tending Instinct' of Women«, *Harper's Bazaar,* 25. April 2018, https://www.harpersbazaar.com/culture/features/a19158567/what-is-rape.

Kapitel 6

1 Rachel Yehuda, Sarah L. Halligan und Robert Grossman: »Childhood Trauma and Risk for PTSD: Relationship to Intergenerational Effects of Trauma, Parental PTSD, and Cortisol Excretion«, in: *Development and Psychopathology* 13, Nr. 3 (September 2001), S. 733–753.

2 Michael J. Meaney: »Maternal Care, Gene Expression, and the Transmission of Individual Differences in Stress Reactivity Across Generations«, in: *Annual Review of Neuroscience* 24 (2001), S. 1161–1192

3 Heather Schwedel: »*Dirty John* Sneakily Made Its Delicious Mean-Girl Daughters the Real Heroes«, *Slate*, 14. Januar 2019, https://slate.com/culture/2019/01/dirty-john-season-1-finale-review-sisters-daughters.html.

4 Stephanie Nolasco: »›Dirty John‹ Victim Recalls Daughter Screaming She Had Killed Con Man«, *New York Post*, 11. Januar 2019, https://nypost.com/2019/01/11/dirty-john-victim-recalls-daughter-screaming-she-had-killed-con-man.

5 Stephen W. Porges: *The Polyvagal Theory: Neurophysiological Foundations of Emotions, Attachment, Communication, and Self-Regula-*

tion, Norton Series on Interpersonal Neurobiology. New York: W. W. Norton 2011.

6 Sarah Peyton: *Your Resonant Self: Guided Meditations and Exercises to Engage Your Brain's Capacity for Healing*. New York: W. W. Norton 2017, S. 153. Deutschsprachige Ausgabe: *Selbstresonanz – Im Einklang mit sich und seinem Leben: Erkenntnisse aus Neurobiologie, Gewaltfreier Kommunikation und Traumaforschung*, Junfermann 2019, S. 185.

7 Sara F. Waters, Tessa V. West und Wendy Berry Mendes: »Stress Contagion: Physiological Covariation Between Mothers and Infants«, in: *Psychological Science* 25, Nr. 4 (April 2014), S. 934–942.

8 Gabor Maté: »Love Is Not Enough«, produziert von KidCare Canada, YouTube-Video, 4:10, 1. Juni 2013, https://www.youtube.com/watch?v=Xy57UpKRNEo.

9 »Not All Attention Problems are ADHD«, Child Mind Institute, https://childmind.org/article/not-all-attention-problems-are-adhd (Zugriff am 03.12.2020).

10 Centers for Disease Control and Prevention: »About the CDC-Kaiser ACE Study, cdc.gov/violenceprevention/acestudy/about.html (Zugriff am 10.06.2020); Vincent J. Felitti et al.: »Relationship of Childhood Abuse and Household Dysfunction to Many of the Leading Causes of Death in Adults: The Adverse Childhood Experiences (ACE) Study«, in: *American Journal of Preventive Medicine* 14, Nr. 4 (Mai 1998), S. 245–258.

11 Simon Partridge: »The Origins of the Adverse Childhood Experiences Movement and Child Sexual Abuse: A Brief History«, in: *Attachment* 13, Nr. 1 (Juni 2019), S. 113–116.

12 Annabelle Timsit: »California's New Surgeon General Changed the Way We Understand Childhood Trauma«, *Quartz*, 24. Januar 2019, https://qz.com/1530399/nadine-burke-harris-californias-first-surgeon-general-changed-the-way-we-understand-childhood-trauma.

13 Nadine Burke Harris: »How Childhood Trauma Affects Health across a Lifetime«, TEDMED, San Francisco, September 2014, https://www.ted.com/talks/nadine_burke_harris_how_childhood_trauma_affects_health_across_a_lifetime.

14 Komisar, *Being There*, S. 89.

15 Megan R. Gunnar et al.: »The Rise in Cortisol in Family Daycare: As-

sociations with Aspects of Care Quality, Child Behavior, and Child Sex«, in: *Child Development* 81, Nr. 3 (Mai/Juni 2010), S. 851–869.

16 Carolina de Weerth, Jan K. Buitelaar und Roseriet Beijers: »Infant Cortisol and Behavioral Habituation to Weekly Maternal Separations: Links with Maternal Prenatal cortisol and Psychosocial Stress«, in: *Psychoneuroendocrinology* 38, Nr. 12 (Dezember 2013),

17 Ebd., S. 2863–2874.

18 Komisar, *Being There*, S. 138.

19 Ebd., S. 41.

20 Gordon Neufeld: »Preparing for Motherhood: You're More Equipped Than You Think«, Tenth Annual Vancouver Neufeld Conference, April 2018, YouTube-Video, 1:09:23, https://www.youtube.com/watch?v=hz9VWWg1bWY.

21 Komisar, *Being There*, S. 82.

22 Ebd., S. 198.

23 Lisa Damour: *Under Pressure: Confronting the Epidemic of Stress and Anxiety in Girls*. New York: Ballantine Books 2020, S. xvii.

24 »From Aromatherapy to Anger Management: How Schools are Addressing the ›Crisis‹ of Childhood Trauma«, Child Mind Institute, 20.Mai 2019, https://childmind.org/news/from-aromatherapy-to-anger-management-how-schools-are-addressing-the-crisis-of-childhood-trauma.

25 Robert M. Post: »Kindling and Sensitization as Models for Affective Episode Recurrence, Cyclicity, and Tolerance Phenomena«, in: *Neuroscience & Biobehavioral Reviews* 31, Nr. 6 (April 2007), S. 858–873.

26 Peggy Orenstein: »What Young Women Believe About Their Own Sexual Pleasure«, TED talk, Oktober 2016, San Francisco, YouTube-Video, 17:04, https://www.youtube.com/watch?v=a-BrIRTWnFQ.

27 Peggy Orenstein: »›Girls and Sex‹ and the Importance of Talking to Young Women About Pleasure«, Interview von Terry Gross, *Fresh Air*, 29. März 2016, https://www.npr.org/sections/health-shots/2016/03/29/472211301/girls-sex-and-the-importance-of-talking-to-young-women-about-pleasure.

28 Ariel Levy: *Female Chauvinist Pigs: Women and the Rise of Raunch Culture.* New York: Free Press 2005, S. 162.

29 Sloane Ryan und Roo Powell: »I'm a 37-Year-Old Mom & I Spent Seven Days Online as an 11-Year-Old Girl. Here's What I Learned«, *Medium*, 13. Dezember 2019, https://medium.com/@sloane_ryan/im-a-37-year-old-mom-i-spent-seven-days-online-as-an-11-year-old-girl-here-s-what-i-learned-9825e81c8e7d.

30 »Social Media Dangers Exposed by Mom Posing as 11-Year-Old«, produziert von Bark, 20. Februar 2020, YouTube video, 9:31, https://www.youtube.com/watch?v=dbg4hNHsc_8.

31 Gabor Maté: *In the Realm of Hungry Ghosts: Close Encounters with Addiction,* Berkeley, CA: North Atlantic Books, 2010, S. 272. Deutschsprachige Ausgabe: *Im Reich der hungrigen Geister: Auf Tuchfühlung mit der Sucht – Stimmen aus Forschung, Praxis und Gesellschaft.* Kandern: Narayana Verlag 2021, S. 252.

32 Sally Schofield: »The Ins and Outs of Alternate Nostril Breathing«, *YogaLondon,* Blog, 18. Dezember 2018, https://yogalondon.net/monkey/the-ins-and-outs-of-alternate-nostril-breathing.

Kapitel 7

1 Adrienne Brodeur: *Wild Game: My Mother, Her Secret, And Me.* New York: Houghton Mifflin Harcourt 2019, S. 14. Deutschsprachige Ausgabe: *Wild Game: Meine Mutter, ihr Liebhaber und ich.* Droemer HC, 1. Ausgabe April 2020, S. 27.

2 Ebd., S. 98; dt. Ausgabe: S. 119.

3 Ebd., S. 14; dt. Ausgabe: S. 27 f.

4 Ebd., S. 98; dt. Ausgabe: S. 119.

5 Teresa D'Astice und William P. Russell: »Enmeshment in Couples and Families«, in: *Encyclopedia of Couple and Family Therapy*, hrsg. von. Jay L. Lebow, Anthony L. Chambers und Douglas C. Breunlin. New York: Springer International Publishing 2019, https://doi.org/10.1007/978-3-319-49425-8_1021.

6 Kenneth Adams: *Silently Seduced: When Parents Make Their Children Partners.* Deerfield Beach, FL: Health Communications Inc. 2011.

7 Patricia A. DeYoung: *Understanding and Treating Chronic Shame: A*

Relational/Neurobiological Approach. New York: Routledge 2015, S. 95.

8 Brodeur, *Wild Game*, S. 50; Dt. Ausgabe: S. 68.

9 Ebd., S. 50; dt. Ausgabe: S. 68 f.

10 Ebd., S. 97; dt. Ausgabe: S. 119.

11 Marissa Korbel, »Sometimes You Make Your Rapist Breakfast«, https://www.harpersbazaar.com/culture/features/a19158567/what-is-rape/.

12 Karin Grossmann et al.: »The Uniqueness of the Child-Father Attachment Relationship: Fathers' Sensitive and Challenging Play as a Pivotal Variable in a 16-year Longitudinal Study«, in: *Social Development* 11, Nr. 3 (Juli 2002), S. 301–337.

13 Lauren Vinopal: »How Fathers of Daughters Can Help Women Make More Money«, *Ladders*, 22. Juli 2019, https://www.theladders.com/career-advice/how-fathers-of-daughters-can-help-women-make-more-money.

14 Wendy B. Rosen: »On the Integration of Sexuality: Lesbians and Their Mothers«, in: *Women's Growth in Diversity: More Writings from the Stone Center*, hrsg. von. Judith V. Jordan. New York: Guilford Press 1997, S. 239–259.

15 Christiane Northrup: *Women's Bodies, Women's Wisdom: Creating Physical and Emotional Health and Healing*. 5. Aufl., New York: Bantam 1994, S. 4. Deutschsprachige Ausgabe: *Frauenkörper, Frauenweisheit. Wie Frauen ihre ursprüngliche Fähigkeit zur Selbstheilung wiederentdecken können*. ZS Verlag 2017, S. 14.

Kapitel 8

1 George Jessel, quoted in Dial Torgerson, »Judy Garland Dies in London at 47; Tragedy Haunted Star«, in: *Los Angeles Times*, 23. Juni 1969, https://www.latimes.com/local/obituaries/archives/la-me-judy-garland-19690623-story.html.

2 Caitlin Johnson: »A Film on the French Judy Garland«, *CBS Sunday Morning*, 7. Juni 2007, https://www.cbsnews.com/news/a-film-on-the-french-judy-garland.

3 Judy Garland: *Today Show*, Interview von Barbara Walters,

Mai 1967, YouTube-Video, 19:01, https://www.youtube.com/watch?v=NHJujYMvY30.

4 Suyin Haynes: »The True Story Behind the Movie *Judy*«, *Time*, 26. September 2019, https://time.com/5684673/judy-garland-movie-true-story.

5 Alison Kerr: »The Lasting Love for Edith Piaf, and Her Last Love«, *The Herald*, 20. November 2015, https://www.heraldscotland.com/arts_ents/14094390.the-lasting-love-for-edith-piaf-and-her-last-love.

6 Sara Kettler: »Inside Judy Garland's Troubled Youth«, aktualisiert am 1. Oktober 2020, https://www.biography.com/news/judy-garland-facts-bio.

7 »Edith Piath, French Singer«, *Encyclopedia Britannica*, aktualisiert am 20. Dezember 2020, https://www.britannica.com/biography/Edith-Piaf.

8 Anne Edwards: *Judy Garland: A Biography,* Lanham. MD: Taylor Trade Publishing 2013.

9 Kerr: »The Lasting Love for Edith Piaf, and Her Last Love«, https://www.heraldscotland.com/arts_ents/14094390.the-lasting-love-for-edith-piaf-and-her-last-love.

10 Anne Edwards, *Judy Garland: A Biography, https://www.amazon.de/Judy-Garland-Biography-Anne-Edwards/dp/1589797876.*

11 Megan Romer: »The Tragic Death of French Cabaret Sweetheart Edith Piaf«, liveaboutdotcom, 7. Juni 2018, https://www.liveabout.com/how-did-edith-piaf-die-3552707.

12 Judith Lewis Herman: »Complex PTSD: A Syndrome in Survivors of Prolonged and Repeated Trauma«, in: *Journal of Traumatic Stress* 5, Nr. 3 (Juli 1992), S. 380.

13 Nicole M. Racine et al.: »Systematic Review: Predisposing, Precipitating, Perpetuating, and Present Factors Predicting Anticipatory Distress to Painful Medical Procedures in Children«, in: *Journal of Pediatric Psychology* 41, Nr. 2 (März 2016), S. 159–181.

14 Susan M. Jay, Mickey Ozolins, Charles H. Elliott und Steven Caldwell: »Assessment of Children's Distress During Painful Medical Procedures«, in: *Health Psychology* 2, Nr. 2 (1983), S. 133.

15 Jennifer Shu: »The American Academy of Pediatrics on Spanking Children: Don't Do It, Ever«, Interview von Lulu Garcia Navar-

ro, *Weekend Edition*, 11. November 2018, https://www.wbur.org/npr/666646403/the-american-academy-of-pediatrics-on-spanking-children-dont-do-it-ever.

16 Ebd.

17 Julie Brand: *A Mother's Touch: Surviving Mother-Daughter Sexual Abuse.*

18 Bloomington, IN: Trafford 2007, S. 153.

19 This list is adapted from »Dynamics of Abuse«, National Coalition Against Domestic Violence, https://ncadv.org/dynamics-of-abuse (Zugriff am 05.01.2021).

20 Center on the Developing Child at Harvard University: »In Brief: The Impact of Early Adversity on Children's Development«, https://developingchild.harvard.edu/resources/inbrief-the-impact-of-early-adversity-on-childrens-development (Zugriff am 05.09.2020).

21 »Dynamics of Abuse«, *National Coalition Against Domestic Violence.*

22 Beatrice Beebe und Frank Lachmann: *The Origins of Attachment: Infant Research and Adult Treatment,* Relational Perspectives Book Series. New York: Routledge 2014.

23 Donald Dutton und Susan L. Painter: »Traumatic Bonding: The Development of Emotional Attachments in Battered Women and Other Relationships of Intermittent Abuse«, in: *Victimology: An International Journal* 6, Nr. 4 (1981), S. 139–155.

24 »The Strange Situation-Mary Ainsworth«, YouTube-Video, 3:14, https://www.youtube.com/watch?v=QTsewNrHUHU.

25 Carlo Schuengel et al.: »Frightening Maternal Behavior Linking Unresolved Loss and Disorganized Infant Attachment«, in: *Journal of Consulting and Clinical Psychology* 67, Nr. 1 (March 1999), S. 54–63, https://doi.org/10.1037/0022-006x.67.1.54.

26 Marissa Korbel, »Sometimes You Make Your Rapist Breakfast«, https://www.harpersbazaar.com/culture/features/a19158567/what-is-rape/.

27 Pat Ogden, Kekuni Minton und Claire Pain: *Trauma and the Body: A Sensorimotor Approach to Psychotherapy*, Norton Series on Interpersonal Neurobiology. New York: W. W. Norton 2006, S. 10.

28 Melissa G. Platt und Jennifer J. Freyd: »Betray My Trust, Shame on

Me: Shame, Dissociation, Fear, and Betrayal Trauma«, in: *Psychological Trauma: Theory, Research, Practice, and Policy* 7, Nr. 4 (January 2015), S. 398–404.

29 Michelle J. Bovin et al.: »Tonic Immobility Mediates the Influence of Peritraumatic Fear and Perceived Inescapability on Posttraumatic Stress Symptom Severity Among Sexual Assault Survivors«, in: *Journal of Traumatic Stress: Official Publication of The International Society for Traumatic Stress Studies* 21, Nr. 4 (August 2008), S. 402–409.

30 Jennifer Freyd and Pamela Birrell: *Blind to Betrayal: Why We Fool Ourselves We Aren't Being Fooled.* Hoboken, NJ: Wiley & Sons 2013, S. 56.

31 Ebd., S. 95.

32 Bessel Van der Kolk, *The Body Keeps the Score*, S. 133, https://www.jpc.de/jpcng/books/detail/-/art/bessel-van-der-kolk-body-keeps-the-score/hnum/7613475?iampartner=bingads&awc=201&awa=1015&kw=%2Fjpcng%2Fbooks%2F&pos=&mtm_medium=cpc&mtm_source=bing&mtm_kwd=%2Fjpcng%2Fbooks%2F&mtm_campaign=ms-DSA&mtm_content=B%C3%BCcher%20-%20URL&msclkid=84ad7155dbb21411185314832b2c9988.

33 Stephen W. Porges: »The Polyvagal Theory: New Insights into Adaptive Reactions of the Autonomic Nervous System«, in: *Cleveland Clinic Journal of Medicine* 76, Nr. 4 (Februar 2009), S. 86.

34 Bahar Gholipour: »Strange Case of ›Hyper Empathy‹ after Brain Surgery«, *LiveScience*, 11. September 2013, https://www.livescience.com/39560-hyper-empathy-case-report.html.

35 Michael Gazzaniga et al.: *Cognitive Neuroscience: The Biology of the Mind.* 3. Aufl., New York: W. W. Norton & Company 2008.

36 Patricia A. DeYoung, *Understanding and Treating Chronic Shame*, S. 35, https://link.springer.com/article/10.1057/s11231-019-09190-6.

37 Vgl. z.B. Ogden, Minton und Pain, *Trauma and the Body.*

Kapitel 9

1 John Bowlby: *A Secure Base: Parent–Child Attachment and Healthy Human Development.* New York: Basic Books 1990, S. 140. Deutschsprachige Ausgabe: *Bindung als sichere Basis. Grundlagen und An-*

wendung der Bindungstheorie. Ernst Reinhardt Verlag, 5. Ausgabe 2015, S. 114 f.

2 Peyton, *Your Resonant Self*, S. 37.

3 Ilanit Hasson-Ohayon et al.: »Neurocognition and Social Cognition Elements of Social Functioning and Social Quality of Life«, in: *Psychiatry Research* 258 (September 2017), S. 538–543.

4 Kenneth J. Doka: *Disenfranchised Grief: Recognizing Hidden Sorrow.*

5 Washington, D.C.: Lexington Books 1989.

6 Elisabeth Kübler-Ross und David Kessler: *On Grief and Grieving: Finding the Meaning of Grief Through the Five Stages of Loss*. New York: Scribner 2005.

7 Persönliche Kommunikation mit der Autorin im Januar 2019.

8 Vgl. Bruce K. Alexander: »Rat Park«, https://www.brucekalexander.com/articles-speeches/rat-park (Zugriff am 06.01.2021).

9 Asheville Emporium: »Wonder Woman 78 Years Strong«. http://asheville-emporium.com/wonder-woman-78-years-strong.

10 Patricia A. DeYoung, *Understanding and Treating Chronic Shame*, S. 162, https://psycnet.apa.org/record/2015-11105-000.

11 Ebd., S. 87.

Kapitel 10

1 Susan Forward: *Mothers Who Can't Love: A Healing Guide for Daughters, https://www.amazon.com/Mothers-Who-Cant-Love-Daughters/dp/0062204343.*

2 New York: Harper Collins 2013, S. 13. Deutschsprachige Ausgabe: *Wenn Mütter nicht lieben: Töchter erkennen und überwinden die lebenslangen Folgen*, Goldmann Verlag 2015.

3 Kenneth J. Gruber, Susan H. Cupio und Christina F. Dobson: »Impact of Doulas on Healthy Birth Outcomes«, in: *Journal of Perinatal Education* 22, Nr. 1 (Winter 2013), S. 49–58.

4 »Meet Darcia«, *Evolved Nest*, https://evolvednest.org/about (Zugriff am 08.01.2021).

Schlussfolgerungen

1 »Governor Newsom Announces $42 Million to Protect Foster Youth and Families Impacted by COVID-19«, Office of Governor Gavin Newsom, 13. April 2020, https://www.gov.ca.gov/2020/04/13/governor-newsom-announces-42-million-to-protect-foster-youth-and-families-impacted-by-covid-19.

2 Danielle Roubinov, Nicole R. Bush und Thomas W. Boyce: »How a Pandemic Could Advance the Science of Early Adversity«, in: *JAMA Pediatrics* 174, Nr. 12 (Juli 2020), S. 1131–1132.

3 »The Medical Value of Hugs«, *CBS News*, 2. August 2020, https://www.cbsnews.com/news/the-medical-value-of-hugs.

4 Jim Alexrod: »The Smile Behind the Mask«, *CBS News*, 6. September 2020, https://www.cbsnews.com/news/the-smile-behind-the-mask.

5 Denworth: »The Loneliness of the ›Social Distancer‹ Triggers Brain Cravings Akin to Hunger«, https://www.scientificamerican.com/article/the-loneliness-of-the-social-distancer-triggers-brain-cravings-akin-to-hunger.

6 Margaret Renkl: *Late Migrations: A Natural History of Love and Loss*. Minneapolis: Milkweed 2019, S. 218.

DANKSAGUNG

Liebes Hay-House-Team, danke, dass mein Buch zur Veröffentlichung ausgewählt wurde. Eure Unterstützung bedeutet, dass *Mutterhunger – der alles verzehrende Wunsch nach Liebe* diejenigen Frauen erreicht, die diese Hilfe benötigen.

Führung ist für jede Autorin elementar, die möchte, dass ihr veröffentlichtes Manuskript auch gelesen wird. Mein Dank geht an Ami McConnell, Autorin und professionelle Lektorin, für die meisterhafte Ausarbeitung der Konzepte und des allgemeinen Auftrags dieses Buches. Deine Expertise gibt diesen Seiten ein Zuhause. Kacie Main, danke für die Überarbeitung des ersten Kapitels und die wunderbaren Einsichten. Corrine Casanova, danke für die Überprüfung meiner Forschung und fürs Anfeuern. Dem Team von KN Literary danke ich für die Hilfe bei der Erstellung des Buch-Exposés. Danke, Mary O'Donohue, dafür, mich »medienbereit« zu machen. Jenn von Mixtusmedia danke ich für die Social-Media-Anleitung.

Schutz ist für das Schreiben elementar. Gerade als die Welt eine sichere Zuflucht vor einer unheilvollen Pandemie brauchte, fing unser Haus Feuer. Wir brauchten Schutz. Wir sammelten unsere Kätzchen und die wichtigsten Dinge ein und flohen ins Haus meiner Eltern, ein paar Stunden entfernt. Ihr Schutz erlaubte es mir, mit dem Schreiben weiterzumachen.

Eine Autorin braucht Fürsorge. Ich werde den besonderen Menschen, die mich umsorgten, während ich stundenlang am Schreibtisch saß, für immer dankbar sein. Melinda, meine Bonusmutter und Freundin, unterstützte dieses Projekt, wann immer sie konnte. Meine Assistentin Audrey Isbell erinnerte mich daran, dieses Buch zu schreiben, selbst wenn ich keine Lust hatte. Meine liebe Freundin Jennifer Acker schickte mir jeden Morgen liebevolle Texte und gab mir eine emotionale Zuflucht. Margaret Renkl, Schriftstellerin und Nachbarin, und Millie, eine ganz besondere Hündin, fühlten sich bei unseren täglichen Spaziergängen in mein Schreiben ein. Julieann Myers spürte die Essenz dieses Buches und spiegelte sie mir. Robin Satyshur hatte immer Zeit für mich, um mit mir ein Kapitel zu besprechen. Britt Frank machte mich fit für Social Media und Zahnarzttermine. Michelle Mays öffnete ihr Haus für mich, kam zu mir, korrigierte und gab mir unermüdlich Feedback. Und sie erinnerte mich an die Notwendigkeit dieses Buches.

Mit einer Therapeutin/Autorin während einer Pandemie zusammenzuleben, ist ein echt grausamer Witz. Trotz aller Widrigkeiten sorgte Chris McDaniel dafür, dass der Vorrat an Feuerholz nie ausging und immer genügend Snacks im Haus waren. Meine Stimmungsschwankungen beim Schreiben meisterte er mit Liebreiz. Chris, ich danke dir für den emotionalen Raum zum Schreiben und die endlosen Stunden, in denen wir über *Mutterhunger* diskutierten. Garrett, danke für deine regelmäßigen Check-ins. Es ist wunderbar, deinem Leben zuzuschauen. Ich bin dankbar, deine Mutter zu sein.

ZUR AUTORIN

Kelly McDaniel, Psychotherapeutin, Sexsuchttherapeutin, arbeitet als Fachtherapeutin und Buchautorin und ist spezialisiert auf die Behandlung von Frauen, die süchtig machende Beziehungsmuster erleben. Als Pionierin ihres Fachs ist McDaniel die erste Therapeutin, die das Phänomen »Mutterhunger« als Bindungsverletzung benennt und die Auswirkungen der Bindung an eine emotional beeinträchtigte Mutter untersucht. Kelly McDaniel leitet Workshops und hält in den ganzen USA Vorträge über *Mutterhunger*. Ihr erstes Buch erschien unter dem Titel *Ready to Heal*. Mehr über die Autorin ist auf ihrer Website kellymcdanieltherapy.com zu erfahren.

Stimmen zu Mutterhunger

»Ein mutiges, sensibles und sachlich verständliches Buch voller Weisheit und Heilung.«

Erica Komisar, Sozialarbeiterin, Psychoanalytikerin, Elternbegleiterin und Autorin von *Being There: Why Prioritizing Motherhood in the First Three Years Matters*

»Ich las Mutterhunger wie eine heilige Schrift – jedes Wort enthüllte und beleuchtete mein tiefstes Inneres, von dem ich wusste, dass es da war, aber ich hatte keinen Namen dafür. Kelly McDaniel hat die greifbarste, stärkste und wirkungsvollste Prägung von der Mutter auf die Tochter übersetzt. Hierin steckt das Potenzial, uns zu heilen und gleichzeitig den Generationen vor und nach uns Heilung zu bringen. Ich kann mich ehrlich gesagt nicht daran erinnern, wann bei mir ein Buch jemals so lange nachgehallt hat wie Mutterhunger. Wenn Sie sich von diesem Buch angesprochen fühlen – vertrauen Sie darauf!«

Nancy Levin, Autorin von *Setting Boundaries Will Set You Free*

»Mutterhunger ist eine zutiefst mitfühlende, wissenschaftliche und nachdenkliche Darlegung des Verständnisses für die zarten Wunden unserer unerfüllten Bedürfnisse. Mit klarer Sprache führt Kelly McDaniel den Leserinnen vor Augen, welchen Einfluss Fürsorge, Schutz und Führung auf unsere Entwicklung haben, und schafft Mitgefühl für den Ersatz, den wir suchen, wenn diese Bedürfnisse nicht erfüllt werden. Kelly skizziert gekonnt Schritte zur Heilung und lädt die Leserinnen zu Wachstum und Hoffnung ein. Dieses Buch ist eine starke Hilfe!«

Jenna Riemersma, Psychotherapeutin, Bestsellerautorin von *Altogether You: Experiencing personal and spiritual transformation with Internal Family Systems therapy* sowie Gründerin und klinische Direktorin des *Atlanta Center for Relational Healing*

»Mit mehr als dreißig Jahren feministischer Studien im Rücken und jahrzehntelanger Erfahrung in der Behandlung von Frauen mit Bindungsstörungen ist McDaniel in einzigartiger Weise qualifiziert, dieses Buch zu schreiben. Umfassend, klar und zutiefst mitfühlend geschrieben, ist Mutterhunger ein Liebesbrief an Frauen, die ankommen möchten.«

Alexandra Katehakis, PhD, Autorin von *Sex Addiction as Affect Dysregulation: A Neurobiologically Informed Holistic Treatment*